国家自然科学基金项目"金融排斥背景下信用环境与中国农村商业银行可持续发展研究——基于湖南省的实地调研数据"（面上项目）（项目批准号：71273220）

金融排斥背景下信用环境构建与农村金融机构可持续发展研究

谭燕芝◎著

人民出版社

策划编辑：郑海燕

责任校对：黎　冉

封面设计：王欢欢

图书在版编目（CIP）数据

金融排斥背景下信用环境构建与农村金融机构可持续发展研究/
　谭燕芝 著. —北京：人民出版社，2021.6
ISBN 978－7－01－023309－3

Ⅰ.①金…　Ⅱ.①谭…　Ⅲ.①农业信用-商业环境-关系-农村金融-
　金融机构-可持续性发展-研究-中国　Ⅳ.①F832.35

中国版本图书馆 CIP 数据核字（2021）第 062841 号

金融排斥背景下信用环境构建与农村金融机构可持续发展研究

JINRONG PAICHI BEIJING XIA XINYONG HUANJING GOUJIAN YU
NONGCUN JINRONG JIGOU KECHIXU FAZHAN YANJIU

谭燕芝　著

人民出版社 出版发行
（100706　北京市东城区隆福寺街 99 号）

中煤（北京）印务有限公司印刷　新华书店经销

2021 年 6 月第 1 版　2021 年 6 月北京第 1 次印刷
开本：710 毫米×1000 毫米 1/16　印张：20
字数：300 千字

ISBN 978－7－01－023309－3　定价：88.00 元

邮购地址 100706　北京市东城区隆福寺街 99 号
人民东方图书销售中心　电话（010）65250042　65289539

序　言

新中国成立初期构建的传统农村金融体系,是在工业化启动和加速时期为实施赶超战略而构建的一整套制度安排,毋庸置疑,这套制度体系为我国初级工业化建设作出了巨大贡献。改革开放后,我国农村金融体系经历了深刻的制度变迁,从"摸着石头过河"逐步向多元化、商业化、市场化方向理性推进,既有存量机构的改革,也有增量机构的新设,更有担保、抵押、信用环境等体制机制性配套措施的跟进。在这一过程中,农村金融的供给主体、产权结构、运行机制和运转环境均发生了深刻变化,农村金融机构在追求服务可持续发展的同时,显著提升了农村居民的信贷可及性和非信贷金融服务的可得性,进而为增加农民收入、缩小城乡收入差距贡献了强大的金融力量。

经济决定金融。理解我国农村金融体系的变迁历程,必须牢牢把握中国经济体制变迁由初级工业化向工业化深化阶段迈进这一宏阔的历史背景。在这一历史背景下,农业部门从为工业化和赶超战略提供农业剩余的部门,逐渐演变为与工业部门协调发展、互相促进的部门;从由农村向城市单向提供要素支撑的部门,逐渐演变为城乡之间均衡公平地实现双向对流、一体化融合发展的部门。只有深刻理解这一历史背景和逻辑主线,从动态的眼光和历史的高度来审视我国农村金融体系的演进过程和未来趋势,才有可能获得切合实际的、公允的结论。

在由农村金融排斥(Financial Exclusion)向包容性金融(Inclusive Finance,也译为"普惠金融")演变的过程中,农村金融的供给方和需求方以及整个农村金融利益相关者都参与到了这场深刻的变化之中。我国农村金融市场不仅存在着供给型金融抑制(由农村信贷成本约束和风险考量等因素而导致的农村金融供给不足),而且存在着需求型金融抑制(由涉农主体特别是农户信用不足和农业自然风险高等因素而导致的涉农信贷可及性低),而后者的重要性被学术界和决策部门严重低估了。从供给型金融抑制的矫正来看,主要应通过各种制度创新和机制设计改善农村金融机构的内在激励,这里面既包括通过降低准入门槛鼓励新型农村金融机构尤其是各种微型金融机构的发展,从而构建全新的农村金融谱系,着力完善农村金融市场的竞争结构,使竞争主体更加多元化;又包括大型商业银行、农村信用社等存量农村金融机构通过服务模式、服务手段和服务机制创新而提升农村金融服务的广度和深度。从需求型金融抑制的矫正来看,主要应从完善农村信贷需求主体的信用体系、改善农村金融生态、构建农村居民社会保障体系和农业风险补偿体系等方面来切入。在矫正农村供给型金融抑制和需求型金融抑制的过程中,政府扮演着不可替代的角色。政府既可以通过各种激励约束机制的设计和宏观政策的引导,鼓励农村金融机构加大对农村地区的信贷支持,增强农村金融机构自身的可持续性和发展动力;同时也可以在农村居民信用观念培育、信用评价体系建立和信用信息共享机制建设、涉农保险体系完善等方面发挥积极作用。

谭燕芝教授及其所带领的湘潭大学团队的新著《金融排斥背景下信用环境构建与农村金融机构可持续发展研究》,正是在我国经济体制变迁这一宏阔背景下,从供给和需求两个视角,对我国农村金融问题开展了全景式的深入研究。从农村金融供给主体角度,该书对农村商业银行、小额信贷公司等各类农村金融机构的市场竞争状况、财务可持续状况、网点扩张战略等方面进行了多维度分析研究;从农村金融需求主体角度,该书对农村信用环境建设给予特别的关注,并从社会网络和社会资本视角对农村正规金融和非正规金融的功能与绩效进行了系统研究,为金融排斥难题的解决提供了重要思路,对我国农村金融改革与创新具有重要的借鉴意义。

尤其值得赞赏的是,谭燕芝教授及其团队在完成国家自然科学基金项目的数年时间里,坚持田野调查和理论探索并重的方法,"行行重行行",踏遍三湘四水,并远及川浙等东西部地区,实地走访农村金融机构和农户,获得了大量第一手数据,同时也获得了丰富的理论灵感。这种脚踏实地的科学工作作风是值得敬佩的,也是值得倡导的,读者不难从这本书中感受到这种严谨求实的学术风范。在规范的研究文字当中,我们也不难读出作者对乡村所寄托的一份特殊的情怀与担当,不难体会到作者在严谨的学术工作中所浸透的坚韧的学术品格和一以贯之的探索精神。这种品格与精神,或许来自源远流长的湖湘文化无声的熏陶与影响。

当然,农村金融问题仍未根本破题,农村金融研究还有很多方面值得进一步探索,学术创新的空间很大。从更深远的视野来看,农村金融体系的创新发展乃是中国整个经济体制变迁和国家治理体制变迁的产物,农村金融体系的深刻变化必须建立在经济运行体制深刻的市场化转型基础上,必须建立在国家治理体系和治理能力现代化基础上。在这一历史性的伟大转型过程中,农村经营主体将会不断多元化并更加富有市场竞争力,农业和农村各类产业的业态将不断升级转化,乡村治理、社会结构和文化伦理形态也会发生深刻变迁,这些变化都将对农村金融体系的制度变迁造成深远影响。期待谭燕芝教授及其团队在农村金融领域继续力耕,未来有更多佳作问世。

王 曙 光
北京大学经济学院教授、博士生导师,
兼任中国农村金融学会副会长

2021 年 4 月于北京大学经济学院

目　录

前　言 ……………………………………………………………… 1

第一篇　金融排斥的破解路径

第一章　农村金融排斥与城乡收入差距 ………………………… 3
　　——基于我国省级面板数据模型的实证研究

　第一节　金融排斥与城乡收入差距的相关理论 ………… 3

　第二节　农村金融排斥影响城乡收入差距的机理分析 ……… 6

　第三节　农村金融排斥对城乡收入差距影响的实证分析 ……… 9

　第四节　农村金融排斥对城乡收入差距的影响 ………… 18

第二章　什么因素在多大程度上导致农村金融排斥难题 ……… 21
　　——基于 2010 年中部六省 667 县(区)数据的实证分析

　第一节　破解农村金融排斥难题的理论研究 ………… 21

　第二节　破解农村金融排斥难题的理论分析 ………… 24

　第三节　金融机构的数据选取与模型说明 ………… 25

　第四节　各因素对农村金融排斥的影响分析 ………… 29

　第五节　各因素差距在多大程度上解释金融排斥差距 ……… 35

　第六节　破解农村金融难题需要多策并举 ………… 38

第三章　金融排斥视角下的中国农户正规借贷行为研究 ……… 40

　第一节　正规借贷行为对农村金融的影响 ………… 40

第二节　农户借贷行为相关的统计描述与研究设计 ……………… 42

第三节　农户借贷行为的实证研究结果 ……………………………… 52

第四节　金融排斥对农户借款行为的影响分析 …………………… 56

第四章　获得贷款证能否缓解农户信贷约束 …………………… 58

　　　　——基于倾向得分匹配法的实证分析

第一节　农户信贷约束问题的提出 ………………………………… 58

第二节　农户信贷约束模型的建立 ………………………………… 61

第三节　农户信贷约束相关数据来源、变量和统计性描述 ……… 63

第四节　获得贷款证对农户信贷约束的实证结果与分析 ………… 67

第五节　获得贷款证带来的信贷约束强度分析 …………………… 74

第二篇　良好信用环境的构建

第五章　基于 Tobit 模型的农户信用分析 ……………………… 77

　　　　——来自 CFPS 的证据

第一节　农户信用相关问题的提出 ………………………………… 77

第二节　农户信任 …………………………………………………… 78

第三节　农户信贷样本基本情况 …………………………………… 80

第四节　农户信用相关变量说明与模型选择 ……………………… 82

第五节　农户信用能力实证结果分析 ……………………………… 86

第六节　提高农户信用水平 ………………………………………… 91

第六章　信用环境的经济绩效及其影响因素 …………………… 93

　　　　——基于 CEI 指数及中国省级、地级市数据的实证研究

第一节　信用环境问题的形成 ……………………………………… 93

第二节　信用环境问题的理论基础 ………………………………… 94

第三节　信用环境相关数据来源及说明 …………………………… 96

第四节　信用环境与经济绩效 ……………………………………… 98

第五节　信用环境的影响因素 ·················· 102

第六节　信用环境的重要性 ··················· 106

第七章　转型期农村金融的信用环境建设研究 ······· 108

第一节　农村信用环境的建设 ·················· 108

第二节　亲缘信用向契约信用的转变 ············· 109
　　　　——基于特殊信任的自我实施效率

第三节　转型期间的信用环境治理 ··············· 110

第四节　政府对农村信用环境建设的政策引导 ········ 112

第五节　信用环境建设任重道远 ················· 117

第三篇　农村金融机构的可持续发展

第八章　市场化竞争对金融支农水平影响的分析 ····· 121
　　　　——基于省际面板数据的实证研究

第一节　农村金融发展背景 ··················· 121

第二节　金融市场对金融中介的影响 ············· 122

第三节　农村金融支持的研究设计与实证分析 ········ 124

第四节　农村金融支持的描述性统计 ············· 127

第五节　农村金融支持的实证模型 ··············· 129

第六节　对农村金融市场格局的意见 ············· 134

第九章　农村小额信贷公司网点布局及支农成效研究 ··· 136
　　　　——基于东、中、西部355家农村小额信贷公司实证分析

第一节　小额信贷公司对支农的影响背景 ·········· 136

第二节　金融机构选址的影响因素 ··············· 137

第三节　金融机构支农成效理论分析 ············· 139

第四节　农村小额信贷公司网点布局的实证研究 ······ 141

第五节　农村小额信贷公司支农成效的实证研究 ······ 146

第六节　农村小额信贷公司网点布局的影响 ················· 149

第十章　农村金融网点扩张与县域资金外流 ··············· 151

　　——基于 2005—2012 年县域经验证据

第一节　农村资金外流的原因 ··············· 151

第二节　农村金融对资金流动的研究假设 ··············· 153

第三节　农村资金流动相关数据处理、变量设定和描述性

　　　　统计 ··············· 155

第四节　农村资金流动相关计量模型与内生性处理 ··············· 159

第五节　农村金融机构对资金流动的实证分析 ··············· 161

第六节　农村地区金融网点机构对资金外流的影响 ··············· 166

第十一章　中国非政府组织小额贷款机构的使命偏移研究 ··············· 168

第一节　非政府组织小额贷款机构产生的背景和原因 ··············· 168

第二节　小额贷款机构使命偏移的历史研究角度 ··············· 170

第三节　小额贷款机构数据选择及统计性描述 ··············· 173

第四节　小额贷款机构模型建立与实证分析 ··············· 176

第五节　对非政府组织小额贷款机构的政策建议 ··············· 183

第四篇　农村金融发展与展望

第十二章　后脱贫时代下社会网络、非正规金融是解决农户多维

　　　　　贫困的途径 ··············· 189

第一节　我国社会网络对多维贫困的影响 ··············· 189

第二节　社会网络的功能 ··············· 190

第三节　我国多维贫困数据来源与指标选取 ··············· 193

第四节　社会网络影响农户多维贫困的实证分析 ··············· 198

第五节　社会网络影响农户多维贫困的作用机制 ··············· 203

第六节　社会网络对我国扶贫的启示意义 ··············· 209

第十三章　非正规金融是促进农户脱贫的重要因素……………… 212

　　第一节　我国扶贫成果及问题 ……………………………… 212

　　第二节　金融发展与贫困减少的关系 ……………………… 213

　　第三节　非正规金融促进农户脱贫的理论假设与分析 ……… 215

　　第四节　非正规金融促进农户脱贫的实证研究 …………… 217

　　第五节　非正规金融发展对我国农户脱贫的启示及政策建议 ……… 226

第十四章　普惠金融支持农户创业是缓解贫困脆弱性的重要措施 …… 228

　　第一节　我国扶贫现状及特征 ……………………………… 228

　　第二节　国内外对创业减贫的研究 ………………………… 229

　　第三节　农户创业减贫数据来源与变量说明 ……………… 231

　　第四节　农户创业减贫实证结果与分析 …………………… 234

　　第五节　农户创业降低贫困脆弱性的影响机制分析 ……… 240

　　第六节　我国实现持续脱贫的政策性建议 ………………… 241

第十五章　金融能力、金融决策影响农村金融未来发展 ………… 243

　　第一节　国内外对影响贫困的因素研究 …………………… 243

　　第二节　金融能力与贫困理论框架及研究假设 …………… 246

　　第三节　金融能力与贫困数据来源及变量描述 …………… 248

　　第四节　金融能力影响贫困的实证分析 …………………… 254

　　第五节　"抑制效应"下金融能力影响贫困的内在机理 …… 262

　　第六节　金融能力对贫困的影响 …………………………… 266

第十六章　普惠金融发展与贫困减缓 ………………………… 268
　　　　　　——直接影响与空间溢出效应

　　第一节　我国的贫困问题与普惠金融 ……………………… 268

　　第二节　对普惠金融的具体探讨 …………………………… 270

　　第三节　普惠金融评价指标体系的构建 …………………… 272

　　第四节　我国普惠金融发展对贫困减缓的实证分析 ……… 275

　　第五节　普惠金融减贫的影响机制分析 …………………… 284

第六节 普惠金融减贫的政策建议 …………………………………… 285

结语 普惠金融的未来发展 …………………………………… 287

参考文献 …………………………………………………………… 291

后 记 …………………………………………………………… 302

前　　言

　　20 世纪末由于发展中国家优先发展现代化工业而产生的二元经济结构以及城乡资源错配问题,导致农村发展长期滞后于城市,经济发展结构持续性失衡,贫困问题及城乡发展不均衡问题始终是政学两界关注的重点。数据显示,2017 年我国城乡收入差距倍数高达 2.71 倍,基尼系数长期位于 0.4 以上,农村经济发展落后成为我国亟待解决的重大问题。2018 年中央"一号文件"发布以来,中央已经连续 15 年聚焦"三农"问题,"三农"发展是关乎我国国计民生的大问题,是实现伟大复兴中国梦的基础,也是党和国家的本质要求。破解城乡二元结构,实现农村或农业部门的快速发展,离不开资本机制的推动,而金融中介在资本的形成和积累中起到至为关键的作用。如何通过金融中介向弱势的农村或农业部门输送资金,为整个经济的持续快速发展创造条件,成为国家决策当局面临的重要议题。

　　然而,农村金融作为农村地区经济发展的核心,其发展态势疲软、供需严重失衡,成为制约农村地区发展的掣肘,也是亟待解决的世界性难题。改革开放以来,我国对农村金融改革发展始终高度重视,制定了一系列方针、政策,但农村金融排斥问题仍广泛存在。究其根本,商业银行的逐利性、农村低端市场的财务残缺是阻碍农村金融发展的桎梏所在。世界银行曾指出,农村金融的发展要实现三个指导性目标:农村金融机构的广覆盖、农户福祉的提高和农村金融机构的可持续发展。三者兼顾才能真正消除极端贫困、推进共同繁荣。作为农村金融服务供给的主体,农村金融机构肩负着农村金融体制改革的重任。但城乡二元经济结构下的农村,既缺乏必要的抵押担保品,也存在广泛的信息不对称问题,农村金融机构面临着支农使命和利润最大化的双重目标。

理论和实践均证实，信用环境的改善是破解农村金融排斥难题和实现农村金融机构可持续发展的关键。如何将三个指导性指标落实到农村金融体制改革的实践中，找寻金融排斥的破解路径，构建农村金融良好的信用环境，实现农村金融机构的可持续发展，正是本书探讨的重中之重。

金融排斥在理论范畴属于金融发展理论的组成部分，与门槛效应、减困效应、涓滴效应共同直接或间接地对农村金融发展产生作用与影响。金融制度演革至今，尚未完全具备竞争市场的理想功能，交易主体仍无法自由进出金融市场，市场也不能为每个主体提供公平、公开的交易机会，资金借贷并非完全由资金需求者的预期偿还能力决定，金融排斥问题无处不在。即使一些市场主体预期具有良好的偿还潜力，但由于现有资产量较低、不具备必要的社会关系或不够缴纳"金融租金"等门槛，难以改善当前的资金困局。这种机制不仅造成金融资源配置效率降低、金融风险积聚膨胀，而且正在成为经济发展和社会前进的阻碍。金融排斥对农村地区尤其是欠发达农村地区农民的脱贫致富具有显著的阻碍作用，并很容易使穷人陷入"经济落后—资金贫血—经济更落后"的"贫困陷阱"。为了解决金融排斥，深入推进包容性发展，实现经济成果共享成了必然选择。

金融排斥的破解思路可以从三个方面突破。第一，供给与需求的有效对接。金融机构的趋利性导致了金融资源在分配时对经济落后的农村地区实行数量配给、成本配给和风险配给，导致农村地区受到严重的金融排斥。因此，该关系的处理需要调动供给层面的积极性。被排斥的群体包括低收入群体、偏远地区群体、无证群体。被排斥群体的金融需求包括资金账户、储蓄、信贷、转账、支付、保险等金融产品或服务，普惠金融产品服务体系应能够有效反映并满足被排斥群体的金融需求。因此，农村金融改革和发展的着力点不单是对现有农村金融机构的重组和转型，而是要根据农户金融需求的多样性、层次性和动态性，调整和建设产权多样化、机构多元化的农村金融体系，调动供给层面的积极性，又需要把握我国农村金融需求"短、小、频、急"和"风险大、成本高"的特征。如此，才能实现农村金融供给与需求的动态对接。第二,政府与市场的合理平衡,发挥政府在商业化改革的大方向下宏观调控的科学性。在政府主导与干预的背景下,我国农村金融逐渐形成了以合作金融为基础,商业性金融、政策性金融相互配合的农村正规金融及非正规金融的二元金融结构的金融体系,为实现国家在特定时期的经济发展战略,政府主动介入与干预,金融市场,通过控制利率水平、设置存贷款利率上限等价格型抑制手段,有效引导资金;通过结构性抑制,实现储蓄动员和控制金融资源等。农村金融结构及运行有其特殊性,金融市场存在多种形式的"市场失灵",放任金融市场的自由竞争会造成金融体系的动荡,故政府干预不可或缺。因此,我国农村金融具有负外部性、信息不对称等缺陷,需要政府运用公权力介入与干预以维护农村金融市场秩序并保障农户的金融权利。政府在农村金融中遵循适度干预的原则,有所为,有所不为,即市场能够解决的问题,政府坚决不要干预,同时,政府供给更多有效的农村金融政策以规范和促进农村金融市场的发展,优化资源配置。第三,金融与经济实现共生共荣,需要国家将金融、经济、社会等涉农领域统筹起来,打政策组合拳,才能更好地破解金融排斥的困境。

此外,打破金融排斥困境的另一种方式是良好信用环境的构建。信用环境建设是经济发展过程中的重要问题。好的信用环境的第一功能在于降低信贷风险,最大化防止逆向选择和道德风险问题的发生。除此之外,好的信用环境还有利于降低交易成本,使得农村金融机构在筛选客户时信息更完整与透明。作为农村金融供给主导力量,农村金融机构具有点多面广、决策流程简单的特点,拥有服务好农村市场小微客户的比较优势和差异化优势。但是,由于长期以来二元经济格局的影响,农村地区的经济、社会、文化全方面滞后于城市,抵押、担保、保险机制欠缺,具有逐利性特点的农村金融机构因为"惜贷"而难免出现"一农难支三农"的局面。本书认为破解金融排斥难题,实现农村金融机构可持续发展,关键措施之一在于建设良好的信用环境——它既可以直接地提高农村金融机构的服务能力,又可以通过优化产权制度和治理结构而间接地支持农村金融机构的可持续发展。

然而,现有研究尚未能构建一个被广泛接受的用以刻画信用环境对相关主体作用传导机制的一般均衡框架。长期以来,我国农村地区信用基础薄弱,农村信用体系建设缺乏制度安排,仍处于起步阶段;农村信用体系建设协调配合机制不完善,尚未建立健全的农户信用信息共享平台、融资服务体系和信用奖惩机制;农村信用服务体系不完善等问题,在一定程度上制约了农村经济金融的可持续发展。

目前,关于农村信用体系建设的理论基础,大多是从信息不对称理论和交易成本理论进行研究。根据信息不对称理论,受调查成本、时间、范围等限制,农户信贷市场上存在信息不对称现象,有效的制度安排能够帮助交易双方作出决策,避免逆向选择和道德风险。根据交易成本理论,农户信贷一般呈现额度少、人数多、总金额大但单户金额小等特点,搜寻、签订、监督实施契约的过程中交易成本显著增加。因此,信息不对称和交易成本过高是制约当前农村融资问题的重要因素。农村信用体系建设,作为一项重要的制度安排,能够有效减少信息不对称,降低交易成本,缓解制约农村金融发展的瓶颈问题。随着我国市场化改革的持续推进,"三农"问题成为老百姓和政府密切关注的问题。在这一背景下,农村信用体系建设,作为提升农村信用基础、提高农村资金使用效率的有效手段,对中国农村经济社会发展有着重大的意义。

多年发展的实践经验证明,农村金融的发展、良好信用环境的征信体系的构建不能单纯依靠市场力量自发形成,中国人民银行在其中至关重要。由于农村金融具有特殊性,一般农户财务残缺、缺乏可抵押的有效资产,金融意识相对淡薄,且从事的农业行业易受自然条件等因素影响,风险大且具周期性,农户的金融需求又多具有"短、小、急、频"的特点。如果完全遵循市场化逻辑,因市场具有自发性、盲目性与滞后性的一面,金融资本的趋利性很容易造成低端农户出现金融排斥的局面,不利于贫困户参与到金融市场中享有基本且必要的金融服务,普惠金融难以实现。而中国人民银行,一方面作为"政府的银行",一定程度上代表着政府的权威,在其指导与约束下,通过政府导向、政策支持、法律沟通等手段为农村金融创造一个良好的外部环境是农村金融健康发展的坚实保障;另一方面作为"银行的银行",是各金融机构的管理与协调者,构建一个好的金融体系向农村地区特别是向贫困地区输送资金并形成良性循环一直是其关心的重点问题。通过涉农扶贫贷款的贴息补偿等金融优惠政策引导支持涉农金融机构主动参与到农村金融中去,为农村地区培育一个环境友好的金融市场至关重要。另外,中国人民银行推动打造的信用环境具备中央银行主导、非营利性质公共征信的特点,在防范金融风险、服务货币政策和金融监管、扶贫的精准识别与动态管理方面发挥着重要作用。此外,推进农村信用环境建设,要围绕建设社会主义新农村这个大局,坚持整体推进与重点突破相结合、制度建设与宣传教育相结合、行政推动与群众创建相结合、守信激励与失信惩戒相结合,以信用信息整合为基础、信用评价为手段、信用创建活动为载体、信用文化培育为支撑、完善农村信用服务为保障,逐步建立起农村信用环境建设的基本框架和运行机制,为农村金融体制改革营造一个良好的信用环境。

本书在研究主体的基础上,还对金融排斥背景下"三农"贷款的主要需求方——农户的经济金融行为进行了大量的研究。作为供给方的农村金融机构与作为需求方的农户实质上是一体两面,本书认为农村金融机构因其规模经济效应与比较优势的原因,必须坚定地将市场定位于农村这一低端市场,而作为农村金融机构主要客户群体的农户,其金融行为对农村金融机构的可持续发展存在显著影响。本书研究发现,良好信用环境的构建除依赖政府、中国人民银行等政策部门外,农户的金融意识与金融行为同样是信用环境建设中关键的一环。

农户经济行为是个复杂而又必须认真面对的问题。本书认为,基于历史的坐标轴,以一种动态的而非静态的时间视角来审视农户经济行为,也许更符合现实。因为小农经济生产虽然仍旧占据着农户经济行为的主体,但近年来农村经济的合作化和规模化特征日益显现,特别是随着农村劳动力的跨城乡流动,越来越多农户的经济行为越来越富有理性色彩。传统的农户之间小范围的个人信用有可能演变为农户之间可扩展的社会信用。这为农村信用体系建设提供了有利的对接口。此外,通过对农户信贷行为的进一步研究来分析农户信贷约束的微观制约机制,寻求相关理论和实证证据支持,将对破解农户的贷款难问题具有重要意义。

总而言之,农村金融难题的破题任重而道远,本书所做的工作为我国农村金融的破解提供一个可供参考的方向,推动中国农村的加速发展。但新的突破方向必然存在诸多不足与不完善之处,有关农村金融的研究还处于不断发展之中,对于中国农村金融的改革与发展还有待进一步的实践检验。我们也期待着与关心农村金融领域的各界人士加强交流,深入研讨,共同为我国"三农"发展以及全面建成小康社会贡献一分力量。

第 一 篇

金融排斥的破解路径

第一章 农村金融排斥与城乡收入差距

——基于我国省级面板数据模型的实证研究

本章导读

本章基于2006—2011年全国省级面板数据，从理论与实证角度分析金融资源分配的不公平如何导致收入分配的不公平。通过广义矩估计（GMM）模型发现，农村金融排斥显著影响城乡收入差距；其中，条件排斥、地理及营销排斥显著扩大城乡收入差距，价格排斥却能在一定程度上缩小城乡收入差距；回归方程分解分析结果表明，条件排斥、地理及营销排斥、价格排斥的平均解释程度分别为10.75%、1.00%和14.35%，农村金融排斥共解释城乡收入差距的26.1%。此外，非农业就业比例的提高与城镇化的有效推进对缩小城乡收入差距也有重要影响。因此，金融资源配置的"效率"与"公平"并重、提高农民家庭生产性固定资产的积累和增加农村金融服务宽度对于缩小城乡收入差距具有重大意义。

第一节 金融排斥与城乡收入差距的相关理论

金融排斥是社会排斥的一个子集，反映金融资源分配的"不公平"和"低效率"，并能引发"马太效应"进一步加剧收入分配的不公平。改革开放以来，我国以"效率优先，兼顾公平"的发展思路使社会经济步入了高速发展通道。过去十年我国的基尼系数一直高于国际警戒线0.4，城乡居民收入比达到3.3倍之多。金融机构的趋利性更是导致金融资源在分配时对经济落后的农村地区实施数量配给、成本配给和风险配给，导致农村地区受到严重的金融排斥。

城乡收入差距在我国收入不平等中的贡献最大,而经典的"库兹涅茨"假说认为在金融发展初期,由于富人比穷人更易获得金融服务,而导致收入差距进一步扩大。金融资源分配的"不公平"直接或间接导致城乡收入分配的不公平。因此,本章致力于回答两个问题:现阶段我国农村金融排斥如何影响城乡收入差距? 在多大程度上影响城乡收入差距?

城乡收入差距居高不降的原因究竟何在? 长期以来,大量文献一直对城乡收入差距的决定因素进行研究,李实(1999)、钟甫宁(2010)等认为农村劳动力的流动影响城乡收入差距;蔡昉(2003)、陈斌开等(2009)则将中国的城乡收入差距纳入制度经济学的分析框架;也有学者注意到城市化是城乡收入差距扩大或缩小的重要影响因素(陆铭和陈钊,2004;周云波,2009)。然而劳动力流动、制度框架和城市化本就是城乡收入差距的伴生现象,且这些因素具有时滞效应。换言之,将中国的城乡收入差距归结于这些因素尚未真正解释收入差距出现的原因。因此,我们有必要对造成城乡收入差距的根源和机制进行进一步研究。

麦金龙(McKinnon,1996)和肖(Shaw,1973)首次注意到发展中国家的金融抑制和信贷配给使得经济增长放慢,麦金龙认为在金融抑制的条件下,经济不发达导致金融资源短缺,形成信贷配给,造成两极分化,最终制约经济发展,形成恶性循环,加重收入差距。盖尔比斯(Galbis,1977)、斯蒂格利茨(Stiglitz,1997)、格林伍德和加瓦诺维克(Greenwood 和 Javanovic,1990)等均证明了相似观点,为揭示我国城乡收入差距的根源奠定了基础。

本章从金融排斥视角研究中国城乡收入差距出现的原因。事实上,国家长期实施赶超型经济发展战略,将大量资源尤其是金融资源输送给城市地区,在资源稀缺的条件下决定了金融资源配置的城市偏向行为,这种内生于经济发展战略的国家金融必然延伸到农村,强制性地使农村金融服务于经济发展战略,成为国家控制下向工业和城市输送农村经济资源与剩余的管道,农业贷款占总贷款比例从未超过15%,直接造成城乡金融资源分配的不平等。20世纪90年代中后期,我国金融改革全面启动,逐渐暴露出资本的趋利性和金融机构"嫌贫爱富"的本性,由于农村金融市场存在信息不对称、抵押物缺乏、特殊性成本与风险和非生产性融资四大基本问题,金融机构纷纷将农村地区的基层网点撤并,导致农村金融几乎处于完全贫血状态,甚至农村分配到的金融资源也被地方官员引向收益率不高甚至为负的项目,进一步加剧农村金融排斥状况。与此同时的情形是,城乡居民之间存在较大的收入差距,并且这种收入差距在进一步扩大。

综上所述,金融资源分配的"不公平"和"低效率"很可能成为中国城乡收入差距持续扩大的重要原因。克拉森(Claessens,2007)和佩罗蒂(Perotti,2007)通过构建一个分析金融与收入分配的新框架,认为在发展中国家,由于内部人为设置的障碍,弱势家庭和小企业从银行获取的信贷比率过低,这种限制会导致收入分配的不平等。尹希果等研究表明,农户和中小乡镇企业进入金融市场融资不仅面临着进入成本上的约束,同时金融部门在信贷资金配置上对农户和中小乡镇企业的歧视使得我国扭曲的金融发展中,金融排斥是拉大城乡收入差距的主要原因;刘渝琳和白艳兰论证了由于金融深化的"门槛效应",使得许多农村低收入居民没有动力、兴趣和能力去运用更多的金融资源,"不均衡效应"进一步使居民收入差距逐步拉大;王修华和邱兆祥的实证研究显示农村金融发展通过"减贫效应"缩小城乡收入差距,而通过"门槛效应"和"排斥效应"扩大城乡收入差距。金融发展的门槛效应与非均衡效应实质上是在金融排斥的条件下,金融资源配置的不合理而产生所谓的"门槛",从而对城乡收入差距产生影响。由此,农村金融排斥对城乡收入差距的影响成为本章研究的重点。

本章为分析我国城乡收入差距的决定因素提供了一个新的视角,与现有文献存在三个方面的不同:首先,本章强调农村金融排斥对城乡收入差距的影响,而不是劳动力流动和城市化等的影响(李实,1999;钟甫宁,2010;陆铭和陈钊,2004;周云波,2009);其次,我们具体分析农村金融排斥对城乡收入差距的贡献度,而不是一般地阐述金融排斥对城乡收入差距的重要性;最后,金融排斥的六大维度中,本章针对目前的具体形势提炼出四大维度、三大指标,并分别实证出这三大指标对城乡收入差距的贡献度,而目前鲜有文献从这一角度进行分析。

第二节 农村金融排斥影响城乡 收入差距的机理分析

城乡收入差距不断扩大的主要原因是城乡经济发展不均衡,尤其是农村经济发展缓慢。经济决定金融,金融服务经济,农村金融排斥影响城乡收入差距,主要是通过影响农村经济发展来实现的。借鉴新古典经济学的观点,本章认为农村金融排斥通过影响农村劳动力、资本积累和产业技术水平,然后作用于农村经济的发展,影响城乡收入差距。

一、地理排斥效应扩大城乡收入差距

据数据统计,地理排斥程度取决于金融机构的分布密集状况。金融机构在一个地区撤出金融服务一般是由于低经济增长、社会问题和衰落的环境,而一个地区缺少金融服务则可能遏制中小企业的起步和内向投资,抑制该区域的经济发展,由此产生财富自增强和贫困自增强的机制。2011 年年末,全国县及县以下农村地区的银行业金融机构网点仅占全国机构网点总量的 3%,全国未设立金融机构网点的"空白乡镇"有 2312个,这些农村地区连最基本的金融服务都无法获取,形成"区域金融荒漠化"。这种金融地域的长期割裂,直接造成金融和经济的滞后,而城市经济发展较快,使得劳动力由农村地区逐步向城市地区流动。劳动力资源重新配置的结果是农村地区剩余劳动力的生产力低下,生产效率不高,农村经济增长缓慢,农民收入得不到提高,收入差距进一步拉大。但有一个现象值得关注,即随着信息技术的发展,金融服务逐步向虚拟化发展,大有减轻地理排斥之势,但根据我国目前形势,农村地区通过电话和网络申请金融服务的比例还很少,因而不影响这一机理效应。

二、条件排斥效应扩大城乡收入差距

经济增长需要信贷资源的支持,但目前我国银行信贷资源的配置严重错位,农村资源的配置与农村经济的作用不协调。一个明显的事实是,2011年,农、林、牧、渔业的总产值占国内生产总值的9.6%,而同期农、林、牧、渔业国内贷款占全社会固定资产投资来源中国内贷款比例不到1%,可见资源配置的不合理程度。而造成这种资源配置不合理的原因是金融机构认为农村地区存在财务残缺、缺乏有效抵押品、农业生产风险大等问题,对农业生产活动"惜贷",甚至将农村资源抽离、输送给经济发达的城市支持房地产等商品经济的发展,农民以净存款人的身份为其他经济部门贡献了金融剩余。理论上讲,资本配置效率若能得到提高,则能调剂资金在不同资金需求主体间的有效流动,增加产出,但实际情形却南辕北辙,条件排斥导致资源配置低效率甚至错位,在城市经济发展的同时,农村经济因得不到信贷资源的支持而发生增长阻滞,农民收入得不到增长,城乡收入差距由此扩大。2006—2011年我国城乡信贷资源占有量及比较见图1-1。

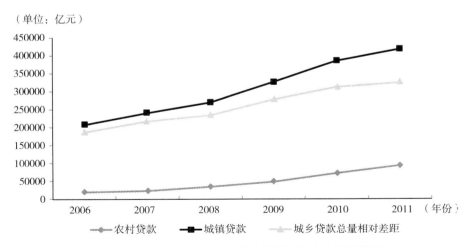

（单位：亿元）

图1-1　2006—2011年我国城乡信贷资源占有量及比较

资料来源:中国银行保险监督管理委员会网站的"农村金融服务分布图集"。

三、价格排斥效应扩大城乡收入差距

普惠性金融的发展目标是使所有的人都能获取金融服务,因此能够促进机会的公平和激发经济体的潜能;确保基本的金融服务如贷款、储蓄、汇款、保险和其他风险管理工具的可获得性和质量,能够促进经济的可持续增长。目前,农村地区社会保障体系还不太健全,农户储蓄主要是基于预防性需求,存款利率的过低加之农户从正规金融机构获得贷款机会较少的现实,对农民的储蓄积极性产生了消极影响,而城市地区居民可以基本享有储蓄、汇款、保险、证券交易等资本积累型金融服务。资本的积累可以缓解经济发展的压力,价格排斥直接造成城乡资本积累程度的不同,致使农村经济发展后劲不足,间接降低农村居民的收入增长,扩大城乡收入差距。

四、营销排斥效应扩大城乡收入差距

1997 年中央金融工作会议后,金融机构的市场化导向更加明显,在扩大整体金融机构服务种类与金融产品以及服务范围时,却不断收缩农村地区的机构网点。部分商业银行尤其是大型商业银行在进行金融服务营销时注重城市大中型企业、排斥乡镇小微企业,注重城市财务稳定的优质客户、排斥农户,农村金融因营销排斥而资金短缺、寸步难行。科学技术是生产力,不仅第二、第三产业的发展需要技术进步,农业生产专业化水平的提高同样也必须依靠技术进步,农村工业的技术创新和进步是连接农村金融发展、农村经济增长和农民收入增加的桥梁和纽带,物质资本的积累与技术进步的动态融合是我国经济增长的典型事实。农村工业的技术创新需要资金支持才能将成果推广与普及,从而使农业生产缩减成本、获取超额利润。但营销排斥阻断了农村金融的资金来源,即使满足劳动力与资本的积累,农村经济也难以得到长足发展,反观城市工业经济,能够很好地享受技术进步带来的成果,经济增长无后顾之忧。因此,营销排斥导致农村经济发展动力不足,加上其他因素的合力影响,严重制约农民收入增长,从而扩大城乡收入差距。

第三节　农村金融排斥对城乡收入
差距影响的实证分析

理论分析表明,农村金融排斥主要通过四大排斥效应对城乡收入差距产生影响,但由于我国各省级单位之间经济发展各有特色,金融发展差异化显著。因此,有必要对上述理论进行实证分析。

一、变量选择

（一）城乡收入差距指标

衡量城乡居民收入差距的指标大概分为两类:一类是我国最常用的城乡居民人均收入比率、基尼系数和洛伦兹曲线等;另一类则是考虑了城乡人口比重的泰尔指数和结构相对系数等。本章选择考虑了城乡人口比重变化的泰尔指数来衡量我国的城乡收入差距(GAP)。

$$GAP_{it} = \sum_{j=1}^{2} \left(\frac{p_{jt}}{p_t}\right) \ln\left(\frac{p_{jt}}{p_t} \Big/ \frac{z_{jt}}{z_t}\right) = \left(\frac{p_{1t}}{p_t}\right) \ln\left(\frac{p_{1t}}{p_t} \Big/ \frac{z_{1t}}{z_t}\right) + \left(\frac{p_{2t}}{p_t}\right) \ln\left(\frac{p_{2t}}{p_t} \Big/ \frac{z_{2t}}{z_t}\right)$$

$$(1-1)$$

式(1-1)中,$j=1$ 和 $j=2$ 分别表示城镇和农村地区,z_{1t} 和 z_{2t} 分别表示 t 时期的城镇和农村人口数量,z_t 表示 t 时期的总人口数量,p_{1t} 和 p_{2t} 分别表示 t 时期城镇和农村的总收入(用相应的人口和人均收入之积表示),p_t 表示 t 时期的总收入。

（二）农村金融排斥指标

肯普森(Kempson,1999)和威利(Whyley,1999)认为金融排斥包含六大维度:地理排斥(Physical Access Exclusion)、评估排斥(Assessing Exclusion)、条件排斥(Condition Exclusion)、价格排斥(Price Exclusion)、营销排斥(Marketing Exclusion)和自我排斥(Self-Exclusion)。由于评估排斥和条件排斥之间有高度的重叠性,且现阶段我国金融市场属于"卖方市场",农村地区对金融服务的需求旺盛,但供给不足,因而自我排斥的影响较小。因此,本章将农村金融排斥浓缩为地理排斥、条件排斥、价格排斥和营销排斥四个维度。

其一,地理排斥是指被排斥对象由于交通便利性问题而无法顺利获得金融服务甚至完全不能获取金融服务。农村地区金融机构的人均覆盖度反映了每单位经济主体能够获得的金融服务数量,即金融服务的地理可获取性,因此,地理排斥可用农村地区金融机构的人均覆盖度衡量。农村万人机构覆盖度($INST$)= 农村金融机构网点数×10000/农村人口数。

其二,条件排斥是指金融机构基于营利性、流动性和安全性原则,对金融产品的供给设置准入条件,对经济主体制定准入评估体系,从而将某些经济主体排斥在金融服务之外的现象。对我国经济主体而言,最普遍的金融服务和需求最旺盛的金融服务是贷款,人均贷款水平反映了经济主体对于主流金融产品的可获得性。农村人均贷款水平($PLOAN$)= 农业贷款总额/农村人口数。

其三,价格排斥是指金融产品价格过高或过低,将某些经济主体排斥在外的现象。衡量金融产品的定价是否合适,主要关注金融产品是否满足大多数人的需求。城镇居民的金融服务选择较多,如基金、保险和证券投资;而农村居民面临的金融服务选择较少,大部分只有储蓄,我国商业银行对农户小额存款收取高比例管理费,而仅支付象征性利息的行为,使农户不能以合理的价格获得金融品种,从而受到价格排斥。王修华等人以利率指标衡量价格排斥,本章则选择更加直接的指标——农村人均储蓄额来衡量。农村人均储蓄额($PDEP$)= 农户储蓄总额/农村人口数。

其四,营销排斥是指金融机构的目标营销策略往往将某些经济主体排除在金融服务之外。金融机构的趋利性,使其更愿意为富裕阶层服务,从而针对低收入和农村地区的金融服务被忽略。金融从业人员、机构网点和信息手段是影响金融机构营销水平的三大要素。因此,农村金融机构从业人员的拥有情况能较好地反映营销排斥现象。但由于这一指标与金融机构网点数相关性较强,因此,本章地理排斥与营销排斥共用地理排斥的衡量指标。

（三）其他影响城乡收入差距的控制变量

毫无疑问，经济增长会影响城乡收入差距，本章采用人口平均后能真实反映经济增长的农村人均 GDP 来衡量农村经济增长，农村 GDP 以第一产业总产值替代。（1）农村人均固定资产投资（PINV）。农村固定资产投资直接关系到农村基础设施的建设，间接减少农村居民的生活成本，在一定程度上也影响城乡收入差距。（2）非农业就业比例（EMP）。近年来，农村大量青壮年劳动力不断涌向城镇，然后将务工所得资金投向农村，因此，非农收入已成为农民收入增长的重要方式。（3）城镇化水平（URBAN）。李宪印（2011）、王哲（2012）等的研究均表明城镇化水平对缩小城乡收入差距有重要影响，因此也将其纳入模型，本章采用城镇人口与总人口之比表示城镇化水平。

考虑到农村金融排斥与城乡收入差距的非线性关系，减轻数据异方差带来的影响，本章对所有指标取对数；同时，鉴于城乡收入差距受前期影响较大，本章建立以下动态面板模型：

$$\ln GAP_{i,t} = \beta_0 + \beta_1 \ln GAP_{i,t-1} + \beta_2 \ln INST_{i,t} + \beta_3 \ln PLOAN_{i,t} + \beta_4 \ln PDEP_{i,t} +$$

$$\beta_5 \ln PGDP_{i,t} + \beta_6 \ln PINV_{i,t} + \beta_7 \ln EMP_{i,t} + \beta_8 \ln URBAN_{i,t} + \eta_i + \varepsilon_{i,t}$$

$$(1-2)$$

回归模型中，i 和 t 分别表示第 i 个省份和第 t 年；η_i 表示不随时间变化的各省级单位截面的个体差异；$\varepsilon_{i,t}$ 为随机干扰项。

二、数据说明

本章计算泰尔指数所使用的人口、城乡收入，农村 GDP 和农村固定资产投资等数据来自《中国统计年鉴》；农村机构网点数和农业贷款数据来自中国银保监会发布的"农村金融服务分布图集"；农户储蓄数据来自《中国金融年鉴》；非农业就业比例来自《中国区域经济统计年鉴》；由于西藏部分资料不全面及金融排斥相关指标数据的可得性，本章最终选取2006—2011 年我国 30 个省（自治区、直辖市）的面板数据。由于本章选取数据的时间跨度不长，因此未对数据进行消胀处理。主要变量的描述性统计见表 1-1。

表 1-1 主要变量的描述性统计性质

指 标	样本	均值	标准差	最小值	最大值
lnGAP(ln 泰尔指数)	180	-2.1280	0.5676	-3.8922	-1.2677
ln$INST$(ln 农村万人拥有机构网点数)	180	0.3023	0.3093	-0.9121	1.0284
ln$PLOAN$(ln 农村人均贷款)	180	8.7524	0.8157	6.8359	11.1812
ln$PDEP$(ln 农村人均储蓄额)	180	8.7470	0.8215	6.8135	10.9208
ln$PGDP$(ln 农村人均 GDP)	180	8.4820	0.4441	7.2585	9.6277
ln$PINV$(ln 农村人均固定资产投资)	180	7.7990	0.9195	4.4485	9.9209
lnEMP(ln 非农业就业比例)	180	-0.5198	0.2294	-1.3117	-0.0272
ln$URBAN$(ln 城镇化水平)	180	-0.7336	0.2633	-1.2924	-0.1132

三、实证过程及分析

由于本章设定的是动态面板数据模型,解释变量的内生性问题会导致参数估计的非一致性,故本章试图寻找合适的工具变量,通过工具变量法来估计参数。从表 1-2 中广义矩估计模型(GMM)的估计结果来看,系数联合显著性都在 1% 的水平上显著;由于 Sargan 检验值一般情况下会拒绝原假设,本章选择 Hansen 检验值,Hansen 检验的 p 值说明工具变量是有效的,即工具变量和误差项不相关;AR(2)检验值说明一阶差分后的残差不存在二阶自相关;因此本章的动态面板模型基本合理。

表 1-2 广义矩估计模型(GMM)的估计结果

解释变量	DIF1(1)	DIF2(2)	SYS1(3)	SYS2(4)
ln$GAP_{i,t-1}$	0.625 (0.53)	0.725 (0.46)	0.804 *** (0.16)	0.811 *** (0.11)
ln$INST_{i,t}$	-0.622 (0.52)	-0.947 ** (0.35)	-0.0717 (0.070)	-0.105 * (0.061)
ln$PLOAN_{i,t}$	-0.283 ** (0.14)	-0.303 *** (0.087)	-0.120 ** (0.049)	-0.142 *** (0.031)

续表

解释变量	DIF1(1)	DIF2(2)	SYS1(3)	SYS2(4)
$\ln PDEP_{i,t}$	0.469 (0.28)	0.471* (0.25)	0.0963 (0.068)	0.134*** (0.032)
$\ln PGDP_{i,t}$	−0.407* (0.23)	−0.431* (0.22)	0.0274 (0.035)	0.00142 (0.033)
$\ln PINV_{i,t}$	0.00711 (0.024)	0.0138 (0.021)	0.0129 (0.0083)	0.0110** (0.0051)
$\ln EMP_{i,t}$	−1.796 (1.55)	−1.614 (1.26)	−0.158 (0.16)	−0.257** (0.12)
$\ln URBAN_{i,t}$	1.152 (1.13)	1.034 (0.87)	−0.353 (0.24)	−0.310* (0.18)
F 检验值	4.01*** (0.002)	11.92*** (0.000)	313.28*** (0.000)	649.30*** (0.000)
Hansen 检验的 p 值	0.850	0.850	0.107	0.107
差分 Hansen 检验的 p 值	—	—	0.212	0.212
AR(2)检验的 p 值	0.189	0.185	0.564	0.466

注:(1) ***、**、* 分别表示在 1%、5%、10% 的水平上显著,方括号内为稳健标准误差。

(2)DIF1、DIF2 分别为差分 GMM 法一步估计、两步估计;SYS1、SYS2 分别为系统 GMM 法一步估计、两步估计。

　　在确保模型设定基本合理后,为了保证 GMM 估计结果的可靠性和滞后阶的稳健性,防止回归方程估计结果出现"伪回归"现象,继续对面板残差的平稳性进行检验。为提高检验功效,小样本应针对数据生成过程的特点联合多种检验法进行检验。本章主要采用三种经典的面板残差平稳性检验方法:Breitung 检验(Breitung),Hadri LM 检验(Hadri LM)和 Harris-Tzavalis 检验(HT),检验时均不包括时间趋势项,根据 AIC 准则选取的最大滞后期为 5,检验结果见表 1-3。检验结果表明四个模型的面板残差分别有两种方法检验的 p 值均小于 1%,这说明各面板残差均具有平稳性,上述 GMM 估计结果可信。

表1-3　面板残差的平稳性检验

GMM 模型	Breitung 检验	HT 检验	Hadri LM 检验
DIF1(1)	−2.9385 (0.0016)	−9.1877 (0.0000)	−1.8164 (0.9653)
DIF2(2)	−2.7190 (0.0033)	−9.1061 (0.0000)	−1.8761 (0.9697)
SYS1(3)	−3.6725 (0.0001)	−9.1373 (0.0000)	−1.9805 (0.9762)
SYS2(4)	−3.4202 (0.0003)	−9.1436 0.0000	−1.9410 (0.9739)

注:括号内为 p 值。

确保动态面板模型设定合理和工具变量有效后,对表1-2中的估计结果进行分析。根据表1-2中4列所汇报的 Hansen 检验的 p 值可知,差分 GMM 与系统 GMM 工具变量均有效;由于本章在用 Stata 11.0 估计时加入了稳健项 robust,因此自动修正了异方差问题;AR(2)检验的 p 值表明差分的误差项存在二阶自相关是不显著的;布伦德尔(Blundell,2001)、邦德(Bond,2001)和温德梅基尔(Windmeijer,2001)通过蒙特卡洛(MonteCarlo)模拟实验表明,当因变量一期之后项系数为 0.8—0.9 时,差分 GMM 相对于系统 GMM 存在估计的不准确性,估计结果有一定的偏差;因此本章通过比较第(3)列和第(4)列的各项检验值,最终选择第(4)列系统 GMM 模型的一致有效估计量。

结合理论部分,下面对表1-2第(4)列系统 GMM 模型回归结果进行分析。

(一)城乡收入差距滞后项视角

从表1-2中可以看出,城乡收入差距滞后项在 SYS1 和 SYS2 估计下,系数都在 0.8 以上,且均在 1% 的水平上显著,这说明当期城乡收入差距与前期已形成的差距高度相关,这与我国的现实也非常契合。虽然近年来,政府不断加大"三农"投入力度,农村经济得到一定的发展,农民收入得到提高,但城乡收入差距扩大的趋势未能有效缓解,原因在于前期城乡收入差距基数过大,导致短期内收效甚微。

（二）农村金融排斥视角

从表1-2中第（4）列可以看出，农村地区万人机构覆盖度在10%的水平上显著，系数为负，而农村地区万人机构覆盖度越低，地理排斥越严重，因此地理及营销排斥显著正向影响城乡收入差距。尽管近年来"三农"问题不断得到关注，农村商业银行不断组建，但真正定位"三农"、扎根"三农"、服务"三农"的农村金融机构少之又少，截至2011年年底，全国金融机构空白乡镇还有2312个。在农村金融发展缓慢时，城镇经济一派生机，城乡收入差距不断扩大。

在模型中，条件排斥以农村人均贷款余额衡量，表1-2中的四列回归结果显示，条件排斥系数均在5%的水平上显著，系数为负，表明条件排斥显著扩大城乡收入差距。目前，商业银行在进行信贷资源配置时，为追求利润最大化，不断将支行网点设立在经济发达的城镇地区，忽视农村地区的经济发展。部分服务"三农"的商业银行，也不断将农村资源输送给城市，支农功能严重边缘化。在此背景下，流向农村的信贷资源不足以支撑农村经济发展，而城镇经济却能够有效依靠金融支持得以发展，出现城乡收入差距扩大的情形。

农村人均存款余额系数显著为正，表明价格排斥程度与城乡收入差距负相关，即价格排斥越严重，城乡收入差距越小。看似不合常理，但这与我国的实际情况也是吻合的。近年来，各级农村信用社存款余额屡破新高，但高储蓄似乎并未转化为高贷款，由图1-1可知，农村贷款余额增长速度明显慢于城镇贷款。由此可推测，农村储蓄可能通过一定渠道向城镇转移，大部分转化为城镇贷款，农村存贷"反馈"机制受阻，而价格排斥能够减少农村储蓄额，在一定程度上减慢了农村资源向城市输送的速度，间接缩小城乡收入差距。

（三）其他影响城乡收入差距的控制变量视角

1. 农村经济增长视角

农村经济增长对城乡收入差距的影响不显著，说明经济增长不会自发地有利于农村，尤其是城市化偏向政策使得经济增长失去收入均等化效应，高增长创造的经济福利并没有通过收入扩散机制让城乡居民平等地分享成果。但经济增长能使农村居民的收入增加,其减贫作用不可否认,缩小城乡收入差距离不开经济增长,今后应推进公平的发展战略来促进经济增长。

2. 农村人均固定资产投资

从表1-2第(4)列系数来看,农村人均固定资产投资在5%的水平上显著扩大城乡收入差距,系数为0.0110,这可能是由于农村固定资产投资对城乡收入差距缩小的作用小于城镇固定资产投资对城乡收入差距扩大的作用,因此,就最终结果而言,可能表现出农村固定资产投资反而扩大城乡收入差距。

3. 非农业就业比例

现阶段由于农业发展受到限制,不少农村地区的劳动力外出务工,从事第二、第三产业的农村劳动力显著增加,一方面可以发挥劳动力的劳动生产率;另一方面增加了农民的非农收入,间接缩小了城乡收入差距,李实和盛来运等也持相似观点;但利普顿(Lipton,1980)认为,年轻劳动力的流失使留守者可能在收到汇款之后倾向于消费闲暇,由于劳动力的流失,在增加非农收入的同时反而降低了农业收入,这一观点本章无法论证。在模型中,城镇化水平显著缩小城乡收入差距,陆铭和陈钊认为城市化对城乡收入差距同时存在"正面效应"和"负面效应",显然本章中前者效应更大。但是,我们不能直接量化金融排斥对于城乡收入差距的影响,需要借助基于回归方程的分解分析方法进行进一步的研究。

Oaxaca-Blinder 分解法是回归方程分解分析法的先驱,该方法只分解了收入均值的差异,并未涉及单个解释变量对被解释变量的贡献度。随后,费尔德和侑(Fields 和 Yoo)以及莫达奇和斯库勒(Morduch 和 Sicular)基于回归方程识别和量化各影响因素的贡献度,费尔德和侑要求使用半对数形式的线性收入决定函数,并使用变异系数平方来衡量差距程度。由于本章采用双对数模型,因此采用张晓波和张宏霖的分解方法,具体公式见式(1-3):

$$Y = a + \sum \beta_i X_i + \varepsilon \tag{1-3}$$

那么可以推导出式(1-4)：

$$\sigma^2(Y) = \sum \beta_i \text{cov}(Y, X_i) + \sigma^2(\varepsilon) \qquad (1-4)$$

其中，$\sigma^2(Y)$ 表示因变量 Y 的方差，β_i 表示多元回归方程中各自变量的系数，$\text{cov}(Y, X_i)$ 表示因变量 Y 与自变量 X 的协方差。基于表1-2中第(4)列系统 GMM 模型两步估计结果，根据式(1-4)，对回归方程进行分解分析，分解结果见表1-4。

表1-4　各因素对城乡收入差距的解释程度　　　　（单位:%）

因　素	平均解释程度	最高解释程度	最低解释程度
城乡收入差距滞后项	80.07	82.44	79 76
农村万人机构覆盖度（地理及营销排斥）	1.00	1.95	0 29
农村人均贷款余额（条件排斥）	10.75	10.95	8 59
农村人均存款余额（价格排斥）	−14.35	−15.08	−12 91
农村经济增长	−0.04	−0.04	−0 02
城镇化水平	12.88	13.57	12 22
非农业就业比例	8.17	8.58	7 82
农村人均固定资产投资	−0.89	−1.33	−1 13
模型总体解释程度	97.59	99.80	94 62

表1-4的分解结果表明，城乡收入差距滞后项、地理及营销排斥、条件排斥、价格排斥、农村经济增长、城镇化水平、非农业就业比例及农村人均固定资产投资这8个变量，平均解释了城乡收入差距的97.59%，其中最高年份达到99.80%。这进一步说明模型总体可靠，远取的变量能解释绝大部分城乡收入差距产生的根源。

从表1-4可以看出，前期城乡收入差距是当前城乡收入差距居高不下的主要原因。但这并不意味着我们的改革无效，从分解分析的结果来看，前期城乡收入差距对当期城乡收入差距的解释度是逐渐下降的[1]，这说明缩小城乡收入差距的改革是一个必要的长期过程，不能一蹴而就。

---

[1]　本章详细分解了2007—2011年影响城乡收入差距各因素的解释程度，鉴于篇幅，分年的详细数据未在文中列出。

本章主要关注影响城乡收入差距扩大或缩小的当期因素的贡献度,为总体改革提供初步思路。

从表1-4还可以看出,农村金融排斥解释了城乡收入差距的解释程度,其中地理及营销排斥、条件排斥显著扩大城乡收入差距,平均解释程度分别为1%、10.75%,价格排斥显著缩小城乡收入差距,解释程度为14.35%。表明现阶段我国农村地区分布的金融机构网点数量还不够,不能够满足农村地区居民对金融服务的需求,农村经济发展也未能得到充足的信贷资源,得不到"新鲜血液",自身"造血"机制自然不能充分发挥;同时农村居民应该充分调动自有资金,合理配置自身现有资源,助力农村经济发展,提高自身收入水平,若是依靠存款利息壮大自身资本,则很可能沦为城镇经济发展的"输液人"。

非农业就业比例城乡收入差距平均解释程度为8.17%,对当期缩小城乡收入差距发挥出举足轻重的作用。李实(1999)、盛来运(2007)等研究表明非农业就业比例对缩小城乡收入差距的巨大作用,本章的分解结果再次证明了相似观点。

城镇化水平对城乡收入差距的平均解释程度为12.88%,这与卢卡斯(Lucas,1988)和郭剑雄等认为城市化水平对城乡收入差距作用显著的观点一致。这也可以解释我国目前为什么要推进城镇化改革的进程,但城镇化水平的体现不能仅仅是人口城镇化,还应包括土地城镇化,如此才能使城镇化水平在缩小城乡收入差距方面发挥更加重要的作用。

第四节　农村金融排斥对城乡收入差距的影响

本章在分析农村金融排斥影响城乡收入差距机理的基础上,运用我国2006—2011年30个省份动态面板数据,实证分析了农村金融排斥对城乡收入差距的影响。研究表明,目前农村金融排斥中地理及营销排斥、条件排斥显著扩大城乡收入差距,价格排斥却能缩小城乡收入差距;进一步,基于回归方程分解分析,本章将各因素对城乡收入差距的贡献度一一进行分解,基于各因素的贡献度,再提出缩小城乡收入差距轻重缓急的建议。

一、金融资源配置要"效率"与"公平"并重

本章发现我国信贷资源在配置时更注重效率而非公平,大部分信贷资源被配置到城市,导致农村地区出现金融荒漠化,使农村的经济发展落后于城市,城乡收入差距进一步扩大。近年中央金融政策不断向"三农"倾斜,以此为契机,各大商业银行应加大针对"三农"特性的产品创新,将农村资金反哺农村,助力农村经济发展;构建多元化的金融市场,可将农村信用社、村镇银行、小额信贷公司等小型金融机构打造成服务社区、服务县域、服务"三农"的金融体系,真正做到"效率"与"公平"兼顾。

二、充分调动农村现有资源,增加农村居民家庭的生产性固定资产的积累

本章发现价格排斥呈现出缩小城乡收入差距的效应,原因在于农村居民的存款较少用于自身,而是大部分输送给城市,价格排斥的存在,使得这一通道堵塞,间接放慢城镇经济的发展,缩小城乡收入差距。因此,农村居民应充分利用各项农业与非农收入,提高现有资金配置效率,增加生产性固定资产的积累,降低后期农业生产成本,间接提高农民收入;乡镇党委应鼓励农村居民利用地域优势,结合实际情况,宜工则工,宜农则农,拉动农业产业化,推进农村工业化,继续促进农村居民增加收入;同时应加快完善农村居民的保障制度,降低其生活的不可预测性成本。

三、铺设机构网点,增加服务人员数量

本章证明地理及营销排斥显著拉大城乡收入差距。因此,今后加强对农村地区金融服务的首要任务则是应加大农村金融机构的铺设力度,规范农业银行、邮政储蓄银行和农信社等支农金融机构的经营与运作,并制定相应的激励措施鼓励现有金融机构承担社会责任,防止资金外流。同时,还可根据农村地区的具体情况,设置移动村镇银行或增设电子机具等设备。

四、努力提高农村居民的涉农收入比重

本章发现非农业就业比例能显著缩小城乡收入差距,其平均解释程度达8.17%,表明目前我国农村劳动力不断流向生产效率较高的第二、第三产业的状况,增加了农村居民的工资性收入,且占农村居民总收入的比例在不断上升,对缩小城乡收入差距发挥着非常重要的作用。但随着经济增长方式从劳动密集型向资本密集型和技术密集型的转变,使农村居民的技术知识可能面临被淘汰的风险。因此,今后在转变增长方式的同时,还应该按照我国当前资源禀赋的特点,继续大力发展劳动密集型产业。同时深化户籍制度改革,以农村劳动力流向第二、第三产业为契机,大力发展城市人口,推进城市化进程。最后,还应该大力推广以学校教育、职业教育、成人教育等为主要形式的教育,提高农村劳动力向非农产业转移就业的能力,实现农村剩余劳动力合理有效流动,以达到缩小城乡收入差距的目的。

五、本章的不足

由于本章选取面板数据的时间跨度较短,各衡量指标未进行消胀处理,可能使本章回归结果与真实结果存在偏差。同时,农村金融排斥指标的选择可能有待商榷,若能找到直接衡量农村金融排斥的指标,则结论会更具说服力,这也为本章的后续研究提供了一个思路。

第二章 什么因素在多大程度上导致农村金融排斥难题

——基于 2010 年中部六省 667 县(区)数据的实证分析

| 本章导读 |

　　本章基于 2010 年中部六省 667 县(区)的经济数据,从理论与实证的角度,分析了什么因素在多大程度上导致农村金融排斥难题。文章发现,县域经济发展水平与农村金融机构多寡呈显著正相关关系,并且基于回归方程的分解分析证实,县域经济水平差距大约解释了农村金融排斥差距的 33%。这一结论对商业类金融机构和农村类金融机构在县(区)的布局设点同样适用。城镇化因素在破解农村金融排斥问题方面具有不可替代的作用,在控制住其他变量的条件下,如果各县(区)城镇化水平均等,那么农村金融排斥的差距大约会缩小 20%。建设更加富有竞争性的农村金融市场以及设法实现农民收入更快增长,也是破解农村金融排斥难题的关键。在未来打政策组合拳时,既要有轻重缓急,又要做到因地制宜。

第一节 破解农村金融排斥难题的理论研究

　　农村金融排斥问题形成的根源,在于发展中国家重工业优先发展战略引导下所形成的城乡二元经济体制(King 和 Levine,1993)。在二元体制背景下,农村和农业通过多种途径扮演着为城市和工业廉价输送资金、原材料等要素的角色,其中,资金的输送主要是通过国家自上而下设立的国有专业银行分支机构来完成(汪小亚,2009)。自1997年中央金融工作会议提出国有银行要加快商业化改革步伐后,利润最大化动机驱使下的国有银行加速离乡,"系统性负投资"状况持续恶化,城乡收入差距也在波动中逐步扩大,从1984年的1.8上升到2002年的3.2。2003年后,农村经济体制改革重新成为重点,特别是本轮世界金融危机中,农村经济稳定程度总体好于城市,农村和县域在"扩内需、稳增长、调结构"中的作用受到高度重视,得益于一系列"强农、惠农、富农"政策,城乡收入差距拉大的势头得到遏制。相应地,农村金融改革发展问题也由冷转热,由"摸着石头过河"转为理性推进,重新成为政府施策、学界关注的热点。

本章正是在上述背景下进行写作的。在农村经济金融改革发展进入新阶段时,试图对破解农村金融排斥难题进行理论和实证分析,以期提出有针对性的政策建议。

金融排斥(Financial Exclusion)最早是从社会排斥中分化出来的一个概念(周立,2010),主要是从供给层面研究特殊地区和特殊群体面临的金融服务短缺问题。罗西特(Rossiter,1997)认为,判定是否存在金融排斥,最浅显的方式是考察该地区是否存在金融机构等。肯普森(1999)和威利(1999)认为金融排斥是一个多维度的动态复合概念,包括六个维度:地理排斥、价格排斥、条件排斥、营销排斥、评估排斥和自我排斥。但是澳新银行(ANZ)认为六个维度之间存在高度的重叠性,且遗漏金融知识等要素的影响。德米戈尔—昆特(Demirgü-Kunt,1999)和马克西莫维奇(Maksimovic,1999)则在澳新银行的研究基础上进一步将金融排斥分为金融供给方的被动排斥和金融需求方的主动排斥。可见,对金融排斥问题的表征并不统一。以金融机构存在与否的单维度表征观点,被批评不够全面,但却简单易行;以动态和多维度视角审视金融排斥的观点,虽然全面,但却可能存在同义反复。

接下来的问题是,什么因素导致金融排斥难题的存在? 从既有研究看,经济环境和社会因素被看作是两个最主要的宏观因素。例如,阿梅希等(Amaeshi 等,2007)认为尽管不同国家不同地区金融排斥的诱因不同,但区域宏观经济环境对金融排斥起到了主要作用。循着经济决定金融的主线,微观经济运行的微观主体即企业运转情况,也被看作是影响金融排斥的关键变量(徐少君和金雪军,2009;周立,2010)。经济发展水平与收入水平息息相关,很多研究发现,居民收入低的地区,金融排斥一般更严重。例如,肯普森(1999)和威利(1999)认为金融排斥是收入的减函数,即收入低的群体更易受到金融排斥。李涛等(2010)也发现,家庭资产的增加和社会互动程度的提高都可以降低居民受到金融排斥的可能性。联合国开发计划署等机构的反贫困调查报告中提出的"双 W 原则"(Who和 Where),实际上表达了同样的观点,即由于发展中国家的农民收入较低,加之地理位置偏远、交通不便、担保抵押不足和信息严重不对称等问题,金融机构会倾向于减少向这些地区配置金融资源,结果导致农村地区金融排斥普遍存在。除了宏观因素,分析金融服务需求者的个体特征,如居民受教育程度、语言、宗教信仰和人口结构等,是研究金融排斥问题的另一个主要思路(Kempson 和 Whyley,1999)。综上所述,鉴于数据可得性,对金融排斥影响因素的研究大致分为宏观因素主导论和微观属性主导论两种观点,不论哪种观点,均认为发展中国家的金融排斥具有"最大的被排斥主体是农民,最大的被排斥地区是农村"的特征,即发展中国家最大的金融排斥是农村金融排斥问题。

既有的研究还达成一个共识,即分析金融排斥问题时需要树立地区差异的思维。这一点对分析我国农村金融排斥问题尤为重要。因为我国2000多个建制县经济社会发展水平参差不齐,可以说"一县一特色",金融排斥问题并不存在"一刀切"的解释模式。例如,马约(Mayo,1997)发现金融排斥的区域差异显著。而英格兰东南发展机构(FSA)利用一系列数据,计算出了英格兰各地的金融排斥指数,发现北部与西北部、大伦敦和威尔士金融排斥较严重。我国学者的研究也证实,农村金融排斥在中国存在"东低西高"的特征(田霖,2011)。总体看,关于金融排斥问题特别是农村金融排斥问题的研究,定性分析者多而实证分析者少,聚焦典型地区进行理论和实证分析的文献更少,具体测度出哪些因素到底在多大程度上导致农村金融排斥的文献,更是少之又少。本章拟在规避上述研究的不足方面,尝试作出探索。

第二节　破解农村金融排斥难题的理论分析

在特定约束条件下,金融机构布局设点的主要依据是利润最大化。一般而言,地区经济越发达,人口密度越大,相应的基础设施就会越好,行政壁垒也会越低,信用环境则会越健全,金融机构的运转成本和风险会越低,利润最大化目标则越容易实现。这可以从 Circle Hotelling 模型中得到证实(谭政勋和王聪,2010),该模型是研究市场化条件下厂商(金融机构)如何设置营业网点以实现利润最大化。

假设:(1)企业和居民等金融服务需求者均匀地分布在密度为 D 的单位圆上;(2)储户把收入存入金融机构的机会成本为 s;(3)储户到金融机构的距离为 x;(4)每单位路程的交通费以及办理储蓄业务的成本为 b;(5)存款利率为 r,如果 $r-bx \geq s$,则储户愿意把收入存入金融机构;(6)金融机构将存款用于投资的收益率为 L;(7)开设分支机构的固定成本和营业费用为 F。

如果在完全竞争市场上,n 家金融机构均匀分布在单位圆上,相邻两家金融机构提供的存款利率为 r_1、r_2,储户到两家金融机构的距离分别为 xc、$1n-xc$,则储户从两家金融机构获得的收益分别为:

$$r_1 - bx^c, r_2 - b\left(\frac{1}{n} - x^c\right) \tag{2-1}$$

那么,金融机构所获得的利润为:

$$\pi_i = 2\int_0^{x^c} D(L - r_i)\,dx - F \tag{2-2}$$

在完全竞争市场上,$\dfrac{d\pi_i}{dr_i} = 0$,因此求得均衡解:

$$r_c = L - \frac{b}{n}, x^c = \frac{1}{2n} \tag{2-3}$$

将式(2-3)代入 $r - bx \geq s$ 得:

$$L > s + \frac{3b}{2n} \tag{2-4}$$

金融机构只有满足这个条件,即收益大于成本时,才会开设分支机构,假设:

$$r - bx = s \qquad (2-5)$$

将均衡解 $x_c = \dfrac{1}{2n}$ 代入式(2-5)中得到:

$$r_c = s + \frac{b}{2n} \qquad (2-6)$$

所以,金融机构在竞争均衡点的利润为:

$$\pi_c = 2 \int_0^{\frac{1}{2n}} D(L - r_c)\, dx - F = \frac{D}{n}\left(L - s\frac{b}{2n}\right) - F \qquad (2-7)$$

从金融机构的利润函数式(2-7)可以看出,在 L、s 和 F 固定的条件下,D 越大,b 越小,金融机构的利润就越高,金融机构开设分支机构的概率就越大。由于 D 代表企业和居民等金融服务需求者的分布密度,一般经济越发达的地区,企业和居民的分布密度就越大。所以一个地区企业和工商个体户等微观主体越多、人口规模越大、交通越便利、市场化程度越高,该地区的经济发展水平就越高,就越能为追逐利润的金融机构下乡提供对接基础;反之,则相反。

第三节　金融机构的数据选取与模型说明

一、数据的选取

研究农村金融问题不能泛泛而谈,加之破解欠发达地区农村金融难题被认为是整个农村金融改革的关键(中国农村金融学会,2008),因此,本章研究聚焦于欠发达县域相对较多的中部六省①,并以 2010 年为例。实证数据来源于中国银保监会网站农村金融服务分布图集。中部六省是农业、资源大省,第一产值占比高,农业和农村人口比重大,但金融服务水平较低,且服务覆盖不均匀。中部地区第一产业总产值和总人口占全国

---

① 中部六省包括山西省、河南省、湖北省、湖南省、江西省和安徽省。

比重分别为 29.2% 和 27.5%,但金融机构服务网点却只占 24.02%(见表 2-1),可见,中部地区人均拥有的金融机构服务网点数与第一产业平均配比的网点数均未达到全国平均水平。而且金融机构网点数的均值为 62,标准差为 38,最小值为 0,最大值为 375(可根据表 2-2 计算得到),可见中部地区不仅金融排斥严重,而且县域间金融机构的分布极不均衡。概言之,设法破解中部地区农村金融排斥难题迫在眉睫。

表 2-1 2010 年中部地区经济金融概况

各类指标	土地面积 (平方米)	总人口 (万)	乡村人口 (万)	第一产业总产值 (万元)	金融机构网点数 (家)
全 国	9885661	134539	82081	38415.9	193688
中 部	1027885	36979	24367	11212.8	46530
占 比	10.7%	27.49%	29.69%	29.19%	24.02%

二、模型说明

判定某一地理区域是否存在金融排斥,最简单的方式就是考察是否存在金融机构(Rossiter,1997),一般来说,金融机构密布的地区,金融生态环境相对良好,居民可以比较方便地获取金融产品和金融服务,该区域的金融排斥程度相对比较低;反之,则相反。在考虑到构建金融排斥指数存在较多限制的情况下,银行营业网点数量是金融排斥的直观体现(董晓林和徐虹,2012)。因此,本章选用县域金融机构网点数(Y_1)来间接衡量金融排斥。另外,考虑到金融机构间的不同比较优势和市场定位,厘清"商业类"金融机构和"农村类"金融机构在布置营业网点时的不同偏好,使得分析结论更稳健,本章进一步将县域金融机构分为"商业类"[①](Y_2)和"农村类"[②](Y_3)两大类型进行分析。

---

① "商业类"机构包括中国工商银行、中国建设银行、中国农业银行、中国银行、中国交通银行、股份制商业银行、城市商业银行、城市信用社和农业发展银行。

② "农村类"机构包括各级信用社、农村合作银行、农村商业银行、邮政储蓄机构和新型农村金融机构。

借鉴已有成果,结合前文理论分析,本章将影响金融排斥的因素分为:

(一)县域经济发展水平

包括县域生产总值(GDP)、县域企业总数(Company)、县域个体工商户总数(Individual)和第一产业生产总值(Primary)。县域生产总值(GDP)是总量指标,其他指标是结构指标,反映县域微观主体活跃水平以及产业结构水平。一般而言,县域经济发达、微观主体活跃,更利于吸引金融机构下乡,而产业结构层次偏低,意味着风险更大,对金融机构下乡产生负激励。

(二)人口规模和人均收入水平

本章将人口规模表征为乡村人口(Pop_rural)、城镇人口(Pop_urban)和人口密度(Density)三个维度。人均收入分为农民人均纯收入(Income_rural)和城镇居民人均可支配收入(Income_urban)两个方面。不难预测,人口规模和密度大的地区或者人均收入高的地区,更有利于金融服务发挥规模经济和范围经济的作用,因此对金融机构布局设点有正向激励。

(三)金融市场结构

本章选用赫芬达尔指数(HHI)来衡量金融市场的"垄断—竞争"程度。如果该指数大于 0.18,说明垄断相对集中。中部六省所有县域的 HHI 值,最小为 0.240,最大为 1,均值为 0.420(可根据表 2-2 计算得到),均大于 0.18,可以断言市场结构缺乏竞争。竞争不充分的地区金融排斥自然更高。

由于我国农村金融具有典型的"政治经济学"特征,即政府在其中发挥了重要作用,故而本章还引入了政府规管(Govan)变量。政府规管即政府对市场的介入和干预,用县域财政支出占县域生产总值的比重来间接衡量。金融排斥本质上是一种市场失灵,政府合理介入有利于信用环境改善以及抵押担保难题破解,故而能减轻金融排斥程度,但如果行政干预过度,反而不利于金融机构的发展(陈雨露和马勇,2010;董晓林和徐虹,2012)。因此,对政府规管的影响效应预测不确定。另外,由于农村金融服务分布图集数据除了包含县和县级市,还包括含有农村人口的地级市行政区,因此本章引入了体现区域差异的地区虚拟变量(D_j)。其中,县市取值为1,地级市行政区取值为0。

综上所述,建立以下多元回归模型:

$$\ln(Y_i) = \beta_0 + \beta_1\ln(GDP) + \beta_2\ln(Company) + \beta_3\ln(Individual)$$
$$+ \beta_4\ln(Primary) + \beta_5\ln(Pop\_rural) + \beta_6\ln(Pop\_urban)$$
$$+ \beta_7\ln(Density) + \beta_8\ln(Income\_rural) + \beta_9\ln(Income\_urban)$$
$$+ \beta_{10}\ln(HHI) + \beta_{11}\ln(Govan) + \beta_{12}D_j + \varepsilon_i$$

$$(2-8)$$

其中,ε_i 是均值为 0 的正态分布,方差未知。数据经过 winsor 处理后,取对数后各变量的统计性描述见表2-2。结果表明,11 个变量均符合正态分布。

表 2-2 指标选择及描述性统计分析结果

变量	中位数	均值	标准差	最小值	最大值	偏度	峰度	样本
$\ln(Y_1)$	4.0604	4.0188	0.5676	2.0794	5.9269	-0.3747	3.4882	667
$\ln(Y_2)$	2.5649	2.6210	1.0065	0	5.7038	0.0872	3.0037	667
$\ln(Y_3)$	3.6636	3.5991	0.5757	0	5.0106	-1.3362	7.2017	667
$\ln(GDP)$	13.6341	13.5724	0.7842	12.0273	14.9294	-0.1901	2.2999	667
$\ln(Company)$	7.1499	7.1060	1.1610	4.2767	9.7649	-0.1281	3.1030	667
$\ln(Individual)$	9.0977	8.9801	0.9644	5.8972	10.7875	-0.8101	4.2615	667
$\ln(Primary)$	11.6054	11.3670	1.1886	8.8537	12.9359	-0.5885	2.3174	667
$\ln(Pop\_rural)$	12.5677	12.2768	1.2448	8.9843	13.7953	-1.0676	3.5631	667
$\ln(Pop\_urban)$	11.6308	11.6069	0.8164	10.0433	13.0121	-0.1387	2.1877	667
$\ln(Density)$	6.0460	6.0770	1.0433	4.3534	8.3342	0.3937	2.6246	667
$\ln(Income\_rural)$	8.6721	8.5824	0.3839	7.7673	9.1977	-0.5516	2.5001	667
$\ln(Income\_urban)$	9.5308	9.5145	0.2515	8.9513	9.9754	-0.2556	2.8442	667
$\ln(HHI)$	-0.9366	-0.8935	0.2174	-1.4278	0	1.0011	4.5316	667
$\ln(Govan)$	-1.9523	-2.0282	0.6720	-3.3238	-0.8389	-0.2105	2.3302	667

第四节 各因素对农村金融排斥的影响分析

一、多元回归结果分析

本章利用 Stata 11.2 统计软件的 vif 和 hettest 命令检验表明,三个模型(Y_1、Y_2、Y_3)有异方差问题,但没有多重共线性问题(所有自变量的 vif 都小于 10),因此用 robust 命令对异方差进行修正。许多文献表明金融发展和经济增长之间存在显著的关系,存在内生性问题。但由于本章并未直接选取一般文献中的金融发展指标,而是选择金融机构网点数作为金融发展状况的指标,因此,本章中金融发展状况与经济发展指标之间可能不存在内生性问题。并且本章对总体模型进行拉姆齐 t 检验(Ramsey RESET test),检验结果显示不拒绝原假设,因此模型不存在内生性问题,可以对回归结果进行分析。回归结果见表 2-3。

表 2-3　各县金融机构网点数影响因素的 OLS 回归结果

变　量	模型 1 Y_1	模型 2 Y_2	模型 3 Y_3
$\ln(GDP)$	0.313 *** (7.46)	0.418 *** (7.50)	0.23∠ *** (5.66)
$\ln(Company)$	0.0431 *** (3.27)	0.0590 *** (2.85)	0.0295 ** (2.08)
$\ln(Individual)$	0.0841 *** (4.40)	0.125 *** (4.26)	0.0754 *** (4.16)
$\ln(Primary)$	−0.0564 ** (−2.29)	−0.0744 ** (−2.42)	−0.0180 (−0.64)
$\ln(Pop\_rural)$	0.0837 *** (3.31)	0.0301 (0.92)	0.159 *** (5.66)
$\ln(Pop\_urban)$	0.269 *** (9.52)	0.390 *** (8.83)	0.222 *** (6.97)
$\ln(Density)$	−0.0228 (−0.90)	0.0697 ** (1.99)	−0.123 *** (−4.63)

续表

变 量	模型 1 Y_1	模型 2 Y_2	模型 3 Y_3
$\ln(Income\_rural)$	-0.0853^* (-1.86)	0.117^* (1.73)	-0.115^{**} (-2.17)
$\ln(Income\_urban)$	0.114^* (1.81)	0.0901 (0.97)	0.148^{**} (2.48)
$\ln(HHI)$	-0.270^{***} (-3.09)	0.330^{***} (2.91)	-0.502^{***} (-4.77)
$\ln(Govan)$	0.0921^{***} (3.12)	0.0898^{**} (2.12)	0.0717^{**} (2.19)
$Dummy\_var$	-0.0729 (-1.34)	-0.556^{***} (-6.87)	0.180^{***} (3.35)
$Constant$	-5.015^{***} (-7.88)	-10.07^{***} (-10.8)	-4.884^{***} (-7.87)
R—squared	0.64	0.75	0.61

注：***、**、* 分别表示在1%、5%、10%的水平上显著，括号内为异方差稳健性修正后的 t 统计值。

先看模型1。总体来说，首先县域生产总值、县域企业总数、县域个体工商户总数、乡村人口、城镇人口和政府规管均显著正向影响县域金融机构网点数。其次，金融市场结构和第一产业生产总值显著负向影响县域金融机构网点数。上述两点均与前文理论分析高度一致，不再赘言。最后，农村居民人均纯收入与金融机构网点数显著负相关，与预期不符，这可能说明，我国目前县域网点配置效率有待改进（主要是农村类金融机构）。

再看模型2。不合乎逻辑的是，金融市场结构对"商业类"机构网点数有显著正向影响，即金融市场越垄断，"商业类"机构网点数越多，金融排斥越小。其实，这并不难理解，从技术上讲，由于本章衡量的县域"商业类"机构网点数中大型商业银行占主导，而金融市场结构是用各类银行存款份额计算的，其中大型商业银行的存款份额占比很高，所以导致金融市场结构与"商业类"机构网点数呈高度正相关关系；从金融机构间博弈上讲，现有金融机构为维护其垄断地位，获取垄断利润，可能会通过增加营业网点数，扩大服务宽度来遏制其他金融机构进入，从而导致金融市场越垄断，"商业类"机构网点数越多；从理论上讲，我国金融机构的行政性进入壁垒高,对非国有银行在市场参与权、参与地域范围、参与程度等方面都施加了政策壁垒,这些行政性进入壁垒维系了大型国有银行的市场份额(陈伟光,2007),导致在地方行政色彩浓厚、金融市场欠发达的中部县域地区,金融市场结构越垄断,"商业类"机构网点数越多,这从侧面说明,降低农村金融进入门槛,加大市场竞争程度,鼓励发展新型农村金融机构既必要,也重要。

然后看模型3。农民人均纯收入显著负向影响"农村类"机构网点数,与模型2实证分析结果相反。可能的原因是,商业银行在网点设置上更市场化和商业化,而"农村类"机构的主体农信社和农村商业银行,受到地域限制及商业化改革滞后等原因的影响,网点配置效率比其他商业银行低(许圣道和田霖,2008)。另外,人口密度显著负向影响"农村类"金融机构,是因为人口规模、密度大的地区,自然环境相对优越,经济发展较好,一般是经济发展具有规模经济效应的大中型城市,这些地区大中型商业银行密集,"农村类"金融机构客户基础弱,营业网点少。

最后,综合模型2和模型3看,县域企业总数、县域个体工商户总数、县域生产总值和城镇人口都显著正向影响机构网点数,与模型1一致,再次印证了前文理论分析的结论。但是,第一产业生产总值对模型2和模型3产生的作用相反。这主要是因为,现今我国农业产业化和现代化水平尚低,"商业类"机构基于自身比较优势的考量,更倾向于服务工业企业等规模客户,而"农村类"机构由于扎根县域,更多地发挥了服务"三农"主力军作用。这也从侧面启发我们,要引领"商业类"金融机构下乡,并提高农业的规模化、现代化、集约化水平。另外,地区虚拟变量对模型2和模型3的影响也相反,这符合正常逻辑和现实情况,即相对地级市行政区而言,县市的商业银行显著减少。

需要重点强调的是,三个模型中,政府规管均对破解农村金融抑制问题产生显著正向影响。这说明,政府财政实力雄厚,可为银政合作深化农村金融服务提供更大平台。但必须强调的是,这是建立在服务型政府的前提之下,实际情况是,一些市场化水平低的地区,地方政府在 GDP 冲动和政绩观的引导下,常强行要求金融机构与高风险客户联姻。

二、稳健性检验——分位数回归

分位数回归通过分位的选择可对变量分布的头尾部分进行研究,在有效性等方面优于一般的线性回归,并能提供变量之间更加丰富完整的信息(Coad 和 Hölzl,2009)。本章选取 4 个代表性的分位点(0.1、0.25、0.5、0.75),研究金融机构网点数量多(高分位点)或者少(低分位点)的县域各个变量的影响程度。借助 Stata 11.2 统计软件的 qreg 命令,运行得到分位数回归结果见表 2-4、表 2-5、表 2-6。

表 2-4 县域金融机构网点数影响因素的分位数回归结果

变　量	模型 1 Y_1	模型 1 Y_1	模型 1 Y_1	模型 1 Y_1
	q=0.1	q=0.25	q=0.5	q=0.75
ln(GDP)	0.277 *** (5.09)	0.273 *** (7.23)	0.279 *** (9.02)	0.274 *** (7.28)
ln(Company)	0.0410 ** (2.24)	0.0320 ** (2.07)	0.0313 ** (2.28)	0.0336 ** (1.99)
ln(Individual)	0.0847 *** (3.40)	0.0824 *** (4.71)	0.0893 *** (5.37)	0.0673 *** (2.95)
ln(Primary)	−0.141 *** (−4.84)	−0.110 *** (−5.08)	−0.0920 *** (−5.00)	−0.0185 (−0.82)
ln(Pop_rural)	0.273 *** (15.2)	0.182 *** (11.8)	0.116 *** (7.51)	0.0180 (0.79)
ln(Pop_urban)	0.293 *** (8.50)	0.251 *** (8.79)	0.265 *** (11.0)	0.243 *** (8.14)
ln(Density)	−0.0814 *** (−2.68)	0.0184 (0.79)	0.0111 (0.56)	0.0436 * (1.90)
ln(HHI)	−0.282 ** (−2.49)	−0.308 *** (−3.87)	−0.236 *** (−3.69)	−0.196 *** (−2.61)
ln(Govan)	0.0581 (1.34)	0.0767 ** (2.39)	0.0824 *** (2.85)	0.0620 * (1.81)
Constant	−5.988 *** (−11.1)	−4.960 *** (−13.3)	−4.341 *** (−14.6)	−3.474 *** (−9.92)
Observations	671	671	671	671

注:*** 、** 、* 分别表示在 1%、5%、10%的水平上显著,括号内为异方差稳健性修正后的 t 统计值。

从总体来看,县域生产总值、县域企业总数、县域个体工商户总数、城镇人口、金融市场结构等因素在各分位点上均显著影响县域金融机构网点数,与上文 OLS 回归结果得出的结论基本一致。第一产业生产总值和乡村人口指标的系数随着分位点上升而下降,且二者在 0.75 分位点上均未通过显著性检验,说明金融机构网点数越多的县域,第一产业生产总值和乡村人口对金融排斥的影响越小。政府规管在 0.1 分位点上未通过显著性检验,说明在金融机构网点数少甚至出现空白的县域,政府的介入也无法有效缓解其金融排斥状况。这预示着,设法扩大金融服务覆盖面、消除零金融服务区域十分必要。

表 2-5 县域"商业类"机构网点数影响因素的分位数回归结果

变 量	模型 2 Y_2	模型 2 Y_2	模型 2 Y_2	模型 2 Y_2
	q = 0.1	q = 0.25	q = 0.5	q = 0.75
ln(GDP)	0.404*** (4.51)	0.423*** (5.78)	0.369*** (7.04)	0.407*** (5.86)
ln(Company)	0.133*** (2.97)	0.0681** (2.23)	0.0533** (2.31)	0.0149 (0.46)
ln(Individual)	0.177*** (3.69)	0.166*** (4.72)	0.104*** (3.63)	0.102** (2.46)
ln(Primary)	−0.235*** (−3.40)	−0.154*** (−3.54)	−0.0960*** (−3.07)	−0.0671* (−1.76)
ln(Pop_rural)	0.145*** (3.17)	0.0417 (1.20)	−0.0404 (−1.54)	−0.0861** (−2.27)
ln(Pop_urban)	0.496*** (5.74)	0.399*** (6.76)	0.454*** (11.1)	0.411*** (7.42)
ln(Density)	0.105 (1.57)	0.196*** (4.32)	0.201*** (6.04)	0.216*** (5.19)
ln(HHI)	0.699*** (3.61)	0.621*** (4.07)	0.431*** (3.92)	0.528*** (3.61)
ln(Govan)	0.0519 (0.79)	0.0646 (1.08)	0.0213 (0.44)	0.00261 (0.043)
Constant	−10.83*** (−10.7)	−9.299*** (−13.5)	−8.138*** (−16.2)	−7.390*** (−11.6)

注:***、**、*分别表示在 1%、5%、10%的水平上显著,括号内为异方差稳健性修正后的 t 统计值。

表2-5显示,县域生产总值、县域个体工商户总数、城镇人口和金融市场结构等因素在各分位点上都显著正向影响"商业类"机构网点数,与上文OLS回归结果得出的结论基本一致。县域企业总数的系数随着分位点的上升而下降,且在0.75分位点上未通过显著性检验,说明"商业类"机构越多的县域,越注重企业的质量而非企业数量。总数第一产业总产值在各分位点上都显著负向影响"商业类"机构网点数,且系数随着分位点的上升而下降,表明在"商业类"机构越多的县域,服务越面向第二产业等规模客户,第一产业的影响越小。人口密度的系数随着分位点的上升而上升,表明"商业类"机构越来越重视人口密集区域的布局设点工作。

表2-6 县域"农村类"机构网点数影响因素的分位数回归结果

变 量	模型3 Y_3 q=0.1	模型3 Y_3 q=0.25	模型3 Y_3 q=0.5	模型3 Y_3 q=0.75
ln(GDP)	0.181*** (3.13)	0.185*** (4.99)	0.247*** (11.4)	0.244*** (6.36)
ln(Company)	0.00759 (0.33)	0.0321** (2.09)	0.0263*** (2.77)	0.0227 (1.36)
ln(Individual)	0.0321 (1.20)	0.0615*** (3.43)	0.0639*** (5.45)	0.0588*** (2.62)
ln(Primary)	−0.0985*** (−3.00)	−0.0780*** (−3.73)	−0.0112 (−0.88)	0.0128 (0.54)
ln(Pop_rural)	0.414*** (18.7)	0.355*** (24.3)	0.214*** (19.7)	0.133*** (5.53)
ln(Pop_urban)	0.239*** (5.43)	0.159*** (6.18)	0.141*** (8.34)	0.138*** (4.20)
ln(Density)	−0.162*** (−4.54)	−0.127*** (−5.85)	−0.103*** (−7.44)	−0.0656*** (−2.72)
ln(HHI)	−0.679*** (−5.24)	−0.529*** (−7.01)	−0.461*** (−10.3)	−0.336*** (−4.36)
ln(Govan)	0.0354 (0.72)	0.0485 (1.46)	0.0991*** (4.92)	0.116*** (3.31)
Constant	−5.877*** (−10.4)	−4.789*** (−13.3)	−4.206*** (−20.2)	−3.218*** (−9.29)

注:***、**、*分别表示在1%、5%、10%的水平上显著,括号内为异方差稳健性修正后的t统计值。

表 2-6 显示,对"农村类"机构而言,县域生产总值、乡村人口、城镇人口、人口密度和金融市场结构等要素在各分位点上都有显著影响,其中人口密度和金融市场结构影响为负,其他因素影响为正,与上文 OLS 回归结果得出的结论基本一致。县域企业总数、第一产业生产总值和政府规管的影响,分别在 0.1、0.75;0.5、0.75;0.1、0.25 分位点上未通过显著性检验,县域个体工商户总数则在 0.1 分位点上未通过显著性检验。这说明,"农村类"机构网点的多少,与各因素之间的关系更为微妙和复杂,难用标准模型简单给出标准化解释,这与前文 OLS 分析得出的部分结论具有一致性,也印证了农村金融的复杂性,同时说明,政府设法引导"农村类"机构在市场化方向下改进金融服务,是一项富有意义的工作。

上述分析虽然有利于我们从总体和结构的角度,窥视各影响因素与金融排斥的纷繁复杂关系。但受制于分析方法,无论是对正向影响因素还是负向影响因素,我们均无法得知它们究竟多大程度上解释了农村金融排斥问题,这需要诉诸基于回归方程的分解分析,详见下文。

第五节　各因素差距在多大程度上
解释金融排斥差距

回归方程分解分析方法的先驱是分解收入均值的组间差异方法,但该方法未量化各解释变量对被解释变量的贡献度。随后有学者提出了基于回归方程识别和量化各影响因素的贡献度,但该方法要求过于严格。之后万光华(Wan,2004)进行了改进,使该方法可以采用灵活的函数形式,并且能够对常数项和残差项的贡献度进行测度,但该方法需要借助专用的计量软件,这限制了该方法的广泛运用。鉴于本章模型采用双对数形式,因此借用张小波和张凯霖(2003)的分析方法。

回归方程分解分析法的基本思路是:如果 $Y = a + \sum \beta_i X_i + \varepsilon$,那么可以得到:

$$\sigma^2(Y) = \sum \beta_i \mathrm{cov}(Y, X_i) + \sigma^2(\varepsilon) \tag{2-9}$$

其中，$\sigma^2(Y)$ 表示因变量 Y 的方差，β_i 表示多元回归方程中各自变量的系数，$\mathrm{cov}(Y, X_i)$ 表示因变量 Y 与自变量 X 的协方差。因此，针对金融排斥差距贡献度的分解分析，根据上式对回归方程进行分解，可得：

$$\sigma^2[\log(Y)] = \begin{cases} \sum_{i=1}^{n} \beta_{1i}\mathrm{cov}[\log(Y_1), \log(X_i)] + \sigma_1^2(\varepsilon) \\ \sum_{i=1}^{n} \beta_{2i}\mathrm{cov}[\log(Y_2), \log(X_i)] + \sigma_2^2(\varepsilon) \\ \sum_{i=1}^{n} \beta_{3i}\mathrm{cov}[\log(Y_3), \log(X_i)] + \sigma_3^2(\varepsilon) \end{cases} \quad (2-10)$$

其中，n 表示自变量个数，分解结果见表 2-7。

表 2-7　分机构考察金融排斥影响因素的解释程度　（单位:%）

模型 1 Y_1		模型 2 Y_2		模型 3 Y_3	
影响因素	解释程度	影响因素	解释程度	影响因素	解释程度
GDP	29.5778	Pop_urban	24.0815	Pop_rural	19.9167
Pop_urban	26.2673	GDP	22.4403	GDP	13.4640
Individual	7.6835	Dummy_var	14.1993	Pop_urban	10.1338
Company	4.2684	Individual	5.5385	HHI	5.6224
Pop_rural	4.1990	Density	5.0448	Individual	5.3898
Govan	3.7963	Govan	3.2465	Dummy_var	5.1172
Primary	3.2550	Company	3.1699	Primary	2.0449
Density	1.8297	Income_rural	2.2004	Company	1.7756
Income_rural	1.7829	HHI	1.9007	Density	1.4231
Income_urban	1.4913	Income_urban	0.9661	Income_urban	0.2392
Dummy_var	0.9623	Pop_rural	0.3655	Income_rural	0.2119
HHI	0.3173	Primary	0.0403	Govan	0.0212
总体解释程度	85.43	—	83.19	—	65.36

表 2-7 的分解结果表明，12 个影响因素的差距大约分别解释了县域金融机构网点数（模型 1）、"商业类"机构网点数（模型 2）和"农村类"机构网点数（模型 3）区域差异程度的约 85%、83% 和 65%，解释程度较好。

总的来说，县域生产总值（GDP）差距解释了三个模型中金融抑制差距约22%，最高的解释了约30%（模型1），最低的也解释了约13%（模型3）。如果按照前文对"县域经济发展水平"的定义，将县域生产总值（GDP）、县域企业总数（Company）、县域个体工商户总数（Individual）和第一产业生产总值（Primary）加总，则经济因素差异对三大模型测度的金融抑制差异，总解释程度平均高达约33%，充分体现了"经济决定金融"的基本理念。

城镇人口（Pop_urban）是第二大解释变量。对模型1的解释最高，达到约26%，对模型2和模型3的解释分别约是24%和10%，平均解释程度约为20%。这说明，缩小农村金融排斥差距，必须坚持城乡一体化的施策思路，关键之一是通过建设新型城镇化来拉动投资增长、释放消费潜能，进而为经济与金融的良性互动创造利好条件。

但是，在三个模型中，部分变量的解释程度差异较大，需要重点分析。以乡村人口（Pop_rural）为例，其差距分别解释了模型1、模型2和模型3中农村金融排斥差距的约4%、0.4%和20%。之所以产生如此大的解释差异，主要原因是，"商业类"机构和"农村类"机构的市场定位不同，主要面向农村、农业和农民的农信社等"农村类"机构，受到农村人口规模的影响更大。在当前金融市场化改革尚未全面推广的情况下，乡村人口数量的多寡往往决定着"农村类"机构能否实现规模经济效应，并对赢利产生显著影响。这一点，还可以从地区虚拟变量中看出（Dummy_var），它对"商业类"机构差距的解释度高达约14%，对"农村类"机构差距的解释度却仅为约5%。但总体看，以农村人口占比下降为标志的城镇化水平提高，应该是破解农村金融抑制问题的重要出路。

前文的分析表明，居民收入水平高低是决定金融排斥水平的重要因素。但模型测度表明，综合农民人均纯收入和城镇居民人均可支配收入（Income_rural 和 Income_urban）两个变量，对三大模型金融排斥差距的平均解释程度只有约1.1%。这并非说明收入因素不重要，相反，主要是因为中部六省居民内部收入差距较小，且总体水平较低，使得收入变量并不构成金融机构在不同县（区）布局设点时考虑的决定性因素。未来，多维度增加居民收入应受到重视。

市场垄断因素（HHI）对农村金融排斥的影响，在模型 1 和模型 2 中并不明显，但该因素对模型 3 的贡献高达近 6%。这说明，降低农村金融市场进入门槛，对"商业类"机构少的农村地区，显得更为重要。

第六节　破解农村金融难题需要多策并举

首先，要大力发展县域特色经济并积极稳妥推动新型城镇化，这是解决农村金融排斥问题的根本出路。经济与金融是共生共荣而非简单的支持与被支持的关系。未来，地方政府要通过加大基础设施建设、创建产业园区、推动土地流转和降低投融资成本等多种举措，为具有比较优势的特色产业的发展保驾护航，特别是要围绕特色经济打造具有品牌效应的现代农业和农业产业化龙头企业，在拉动地区经济增长的同时，为商业银行下乡支农建立高质量的对接平台。同时，要积极稳妥推进新型城镇化，促进城镇建设、产业培育以及社会、文化、生态等各领域协调发展，通过城镇的规模经济和范围经济效应，吸引各类金融机构加快在农村地区布设网点和网络的步伐。

其次，地方政府应通过市场化手段，积极合理介入农村金融市场，努力形成良好的银政合作关系，这是破解农村金融抑制问题的基本保障。应该赋予农村金融机构更多的经营自治权，这被世界银行认为是支持发展农村金融新方法的重要内容之一，但是银政合作对农村金融抑制问题的破解又必不可少。为此，地方政府要努力做到：一是要有所侧重地运用财政、税收、监管和法律等政策对商业类农村金融机构进行有效激励和引导；二是通过政策性银行发挥金融服务"三农"的基础性作用，避免商业金融机构业务政策化。另外，还可由政府牵头，努力健全涉农保险以及抵押担保机制等。

然后，在存量金融机构改革的同时，重点通过降低各种门槛等方式，加大增量机构改革力度，这是消除农村金融抑制问题的关键。金融机构下乡动力不足，除了农村地区经济不发达以及担保、抵押、保险和信用机制的缺失等原因外，主要是缺乏能有效满足农村金融需求的小微金融机构。客户分层理论决定了大型金融机构在服务规模化客户上更有优势，现有农户和小微企业等客户，更适宜由村镇银行和小额信贷公司等微型金融机构服务。为此，要通过民营化、低门槛等政策措施，批量培育村镇银行等新型农村金融机构，以克服农村金融市场缺陷，并且针对当前部分新型农村金融机构表现出的脱农倾向（服务对象非农化和高端化、服务区域城镇化），及时出台明确的惩罚措施。

最后，努力提高农民收入，特别是侧重提高农民非农收入，这是规避农村金融抑制难题的基本动力。农民收入水平低对农村金融抑制具有多种效应，如不利于消费金融的拓展、制约了还款能力等。增加农民收入是个复杂的过程，金融并非唯一重要的因素，促进农村劳动力流动、增加教育投资、发展乡镇企业、推动城镇化建设、公平配置公共品等均十分重要。或者说，国家要通过打"经济+金融+社会"的政策组合拳增加农民收入，这将最终有利于提高农民利用现代农村金融制度的能力。研究显示，实现农民收入更快增长的根本出路，在于设法增加农民非农收入，为此，还要重点通过大力支持龙头企业发展以及鼓励农民工回乡创业等多种方式，拓展农民非农就业渠道。只有农民收入实现了更快增长，城乡收入差距才会缩小，农村经济与金融的良性互动才可期待。

综上所述，破解农村金融难题需要多策并举。但需要强调的是，打政策组合拳虽意味着有所侧重，但切忌"一刀切"。因为正如本章分析结论所证实的，对金融机构分布情况不同的县域，不同因素的作用机制和作用力度往往千差万别，这需要政府和金融机构等利益相关者因地制宜地采取服务策略。

第三章　金融排斥视角下的中国农户正规借贷行为研究

▌本章导读 ▶

　　本章基于中国人民银行委托国家统计局 2007 年在全国范围进行的抽样调查取得的 10 省 2 万农户的大样本微观调查数据,从金融排斥视角考察中国农户正规借贷行为。本章采用 Tobit 模型分析金融排斥对农户借款行为是否有异质性影响。实证研究表明:第一,授信额度的增加将提高农户正规借款数量,减少农户民间借款数量;第二,当地民间借贷组织将增加农户非正规借款数量。

第一节　正规借贷行为对农村金融的影响

　　获得正规贷款被普遍认为对发展中国家的农村居民提高收入水平和改善生活状况具有重要意义。由于发展中国家的农村金融市场具有贫穷、人口密度低、市场隔离、风险高、季节性因素导致的高交易成本、贷款额度小、缺少传统的抵押品、信用记录缺失、收入波动较大、分散风险的机会有限等特征(Yaron 等,1997),使得相当部分的农户被排除在正规金融市场之外,即为金融排斥(Financial Exclusion)的表现。理论上,金融排斥是指人们(主要包括弱势群体)在接近(accessing)或使用(using)正常的社会生活所必需的金融产品和服务过程中面临诸多困难和障碍的一种状态(European Commission,2008)。温家宝同志在 2012 年全国金融工作会议中强调,特别要加快解决农村金融服务不足、小型微型企业融资难问题。为了解决这一难题,中央政府通过继续推进改革开放以来一直遵循的增加农村金融市场供给的改革思路,包括通过采取放松农村利率管制、放宽市场准入限制、改革农村信用社和成立新型农村金融机构等措施,来减少农村金融服务空白乡镇、提高农村金融服务质量和水平,并取得了显著成效。因此,研究农户正规借贷行为对了解农户金融决策模式、深化农村金融改革、解决"三农"问题具有至关重要的意义。本章将以发展中国家农村金融市场普遍存在的金融排斥现象为出发点,思考我国农户的正规借贷行为及其对农村金融改革的影响。

事实上,中国的农村金融服务市场规模巨大,覆盖了大量人口,地域包括 2800 个县、40000 个乡镇以及大约 400000 个村,我们需要认识到这些地区之间所存在的重大差异。一方面,历经了几千年的传统农业社会,中国还存在许多的主要经济形态为小农经济的农耕地区,我国的贫困地区主要集中于此;另一方面,随着农村工业化的加速和我国社会经济转型的不断深入,现代工业社会开始对农村发展产生重要影响。有些县(市)虽然属于农村金融体系的覆盖范围,却拥有中国赢利水平最高的产业和最具创新能力的中小企业,如江苏省南部的苏州市张家港、昆山等地区。对于许多这样的县(市)来说,农业属于次要产业,工业则占据着地方经济的主导地位。所以,我们应把中国的农村地区看作一个既有高度工业化的城镇也有乡村的地区,建立起这样的认识对我们理解农户正规借贷行为具有重要意义。

本章将主要从以下三个方面展开研究。一是研究数据方面。目前相关研究的数据来源较单一,主要是以一个或者几个地区选择几十户或者上百户农户的调查数据,缺乏全面性、权威性和专业的农村微观层面的大样本数据,相关研究结论容易陷入"数据驱动"的困境。本次调查数据是中国人民银行联合国家统计局于 2007 年在全国范围开展的农户借贷需求专项问卷调查,这为我们的研究提供了绝佳的数据。样本不仅包括发生了借贷行为的农户,而且包含了那些未发生借贷行为的农户,这使得我们的研究结论能够全面地涵盖农户真实的借贷行为。二是研究视角的创新性层面。以农户作为融资选择的主体,从农户受到的金融排斥这一微观角度着手,在控制对农户获得信贷支持的客观条件和"家户"等特征因素的条件下,以农户的正规借贷数量作为研究的因变量,还进一步考察了金融排斥对农户非正规借贷的影响,从而有利于从金融排斥这一特定角度对农村金融市场发展的微观基础进行深入分析。三是应用微观计量统计方法进行实证研究。选取处理截尾数据的 Tobit 模型分析金融排斥对农户借款行为是否有异质性影响。

第二节　农户借贷行为相关的统计描述与研究设计

一、数据来源和处理

本章数据来源于 2007 年中国人民银行委托国家统计局在全国范围进行的抽样调查取得的农户问卷调查数据库。关于样本数据的选择,一方面我们认为此次调查取得了权威全面的、不可多得的大样本数据,具有重要的研究意义;另一方面,中国农户的借贷行为并非一朝一夕所能改变,甚至要从自西周开始的千年历史长河中去理解国家农贷制度(张杰,2005)。因而,尽管此次调查已有 6 年之久,我们仍选取这个数据进行分析。此次问卷调查的对象是农户而不是为农户提供信贷的金融机构,问卷调查的范围涉及全国 10 个省(自治区),其中东部地区有江苏省、福建省;中部地区有吉林省、安徽省、河南省、湖南省;西部地区有内蒙古自治区、四川省、贵州省、宁夏回族自治区,共抽选 263 个县、2004 个村,除河南省调查了 2040 户外,其他省份均调查 2000 户,获取了 20040 家农户的有效样本,这也是到目前为止此类调查中收集样本量最大、涉及面最广、代表性最强的专项调查。

为了增强研究数据的准确性,在开展实证研究前我们对调查数据进行了相关处理,数据清洁处理的办法主要是通过数据逻辑对调查数据的奇异值进行处理,对一些违背常理的数据进行了剔除,例如:研究变量是设定比例的数据,通过数据逻辑值设定大于等于 0 小于等于 1;否则,作无效数据处理。我们采用 Stata 10.0 统计分析软件进行研究。

二、统计描述

在被调查的 20040 户农户中,户均常住人口为 4 人/户,户均家庭总收入为 19665.9 元,农户借款的用途较为分散,用途呈现多样化的特征,但主要仍用于生活支出,具体可见表 3-1。从总样本来看,农户借款用途的分布由大到小的排序分别为:生活支出(包括看病、红白喜事和建房)、种养业投入(包括购买农资、购买畜禽和购置农机)、其他(包括外出打工、归还其他借款等内容)、孩子学杂费和工商业。这反映出,不同于经典西方经济学中消费者和生产者分离的理论分析框架,农户实质上是作为一个集消费和生产于一体的经济单位,甚至其贷款资金和个人资金经常都是混合使用的,农户的借款用途在生活、生产方面很难根本分开进行。从分省的数据来看,借款用途主要分布在种养业和生活支出的结论与总样本保持一致。各省间的差异主要是由当地非农产业的发达性使得各自的占比有所不同。实际上,中国的城乡二元经济和区域差距巨大,这种显著的差异性使得必须实行有效的差异化的农村金融政策,因而无论是推进全国金融机构空白乡镇全覆盖工作,还是新型农村金融机构的培育工作,都需考虑到各省各方面实际上的差异,从而进一步提升农村金融服务的水平。

表 3-1　各省农户借款用途分布　　　　　　(单位:%)

借款用途 / 省份	工商业	种养业投入	生活支出	孩子学杂费	其他
总样本	6.4	20.6	40.4	12.9	19.7
内蒙古自治区	1.5	40.4	21.8	15.8	20.5
吉林省	1.2	38.9	22.7	16.0	21.2
江苏省	13.1	12.5	44.9	14.1	15.4
安徽省	4.3	20.2	44.4	12.9	18.2
福建省	12.6	11.0	47.7	8.9	19.8
河南省	8.3	19.2	49.1	9.4	14.0

续表

借款用途 省份	工商业	种养业投入	生活支出	孩子学杂费	其他
湖南省	6.0	18.6	38.2	13.3	23.9
四川省	4.4	16.9	43.9	16.3	18.5
贵州省	3.0	21.8	34.2	11.9	29.1
宁夏回族自治区	6.6	27.4	32.3	9.1	24.6

从图 3-1 可以发现,总体而言,家庭平均收入越高的农户得到的农村信用社授信额度相对而言就较高。图 3-2 直观地显示了授信额度越低农户的正规贷款缺口比越高,特别是授信额度在 10000 元以下的农户,其中农户授信额度缺口比=(农户期望得到的借款金额-农户实际得到的授信额度)/农户实际得到的授信额度。这一方面说明农户正规借贷受到严重的信贷配给限制,另一方面说明农村地区的正规金融机构提供的贷款金额与农户期望的差距较大。

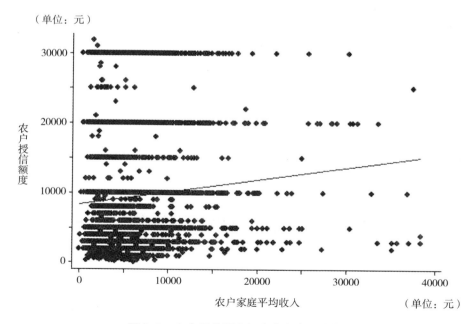

图 3-1　农户授信额度与农户家庭平均收入

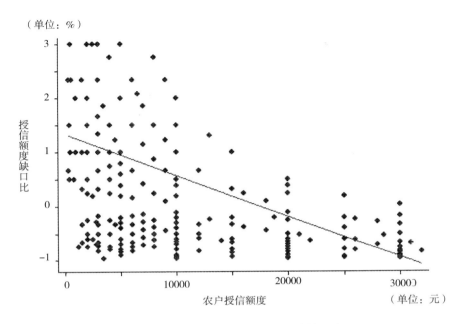

图 3-2　农户授信额度与授信额度缺口比

观察图 3-2,我们可以发现农村信用合作社对农户信用评级后授予的信用额度在省内外之间的差异都比较大,并且授信额度普遍偏小。从总样本来看,农户得到的授信额度平均为 10906 元,而农户期望的贷款额度平均达到了 22136 元,显然这种差异是巨大的。从分区段的数据可以发现,授信额度在 5000 元以下的比重太大和授信额度在 30000 元以上的比重太小,这清晰地表明金融供给主体设定的授信额度与农户实际需求之间存在较大的差距。

另外,我们还发现,农户的授信额度与经济发展相关程度不高,例如,江苏省和福建省这两个东部地区农村信用社的授信额度缺口比中部地区的吉林省和贵州省要大得多,根据了解,吉林省和贵州省农村信用社的授信工作在全国范围内是开展得相对较好的(何广文,2005;中国人民银行农户借贷情况问卷调查分析小组,2009),这在事实上支持了近年来中央政府力推的农村金融服务乡镇覆盖工作的政策。实际上,农户所得到的授信额度和正规借款金额均受到当地经济发展状况和农户不可观测的能力的影响,但我们强调的是,农户得到的具有浓厚行政化色彩的农村信用社的授信额度在全国范围内都具有很强的"刚性",农户并不能像市场化的商业银行的信用卡用户一样能够预期和选择自己能够得到的授信额度,不同经济发展水平地区的农户得到的农村信用社的授信额度差异并不显著,如吉林省和江苏省。实践中,具有典型政治经济学特征的且与当地政治科层组织密切相关农户授信工作的好坏将在很大程度上直接影响到农户所得的授信额度,进而影响其正规借贷数额,并不是"经济发展水平高和农户收入高→农户授信额度高→正规借款多"这样简单的关系,见表3-2。

表3-2 样本农户被农村信用社授信和期望得到的贷款额度分布

借款额度 省份	平均值		5000 元及以下		5001—10000 元		10001—30000 元		30001 元及以上	
	授信	期望	授信	期望	授信	期望	授信	期望	授信	期望
总样本	10906	22136	52.6	29.2	24.1	28.2	19.7	27.4	3.5	15.0
内蒙古自治区	9850	16974	48.9	29.0	28.8	38.2	21.3	22.1	1.1	10.7
吉林省	12307	16955	37.2	31.9	32.4	25.5	27.5	33.7	2.8	8.9
江苏省	12545	26483	58.7	33.2	23.3	23.4	10.2	25.8	7.8	17.5
安徽省	9265	22218	59.7	29.4	24.0	26.5	12.5	27.8	3.8	16.3
福建省	15113	36707	56.1	12.9	21.5	27.0	14.2	32.6	8.1	27.5
河南省	12388	26194	41.3	15.8	27.6	35.8	27.6	29.7	3.5	18.8
湖南省	7490	20091	66.9	32.5	15.7	23.1	16.3	31.5	1.2	13.0
四川省	9894	17035	49.2	37.4	24.3	27.0	26.1	25.0	0.4	10.5
贵州省	10726	14451	50.2	43.3	26.1	28.2	21.1	18.7	2.7	9.3
宁夏回族自治区	15473	31622	49.8	15.7	18.4	28.5	20.3	31.9	11.5	23.8

实践中,有着鲜明行政化色彩的农村信用社还没有真正实现市场化经营,一方面,被本应作为行业自律协会的各省级信用联社管理得过死,对搞活农村经济的作用还需进一步发挥;另一方面,尽管农村信用社近年来进一步厘清了产权,但是由于其在农村金融市场的寡头垄断地位,人

员、战略等方面的改制并非一日之功。此外,随着新型农村金融机构如村镇银行的批量设立和放宽民间资本进入等增量方面的措施,加上中国邮政储蓄银行 2011 年的改制等存量层面的变化,这都将对今后我国农村金融市场的发展和农户正规贷款的供给产生重大影响。

三、变量设定

影响农户金融排斥和农户正规借贷行为的因素较多,本书既借鉴了以往研究文献所考虑的影响农户正规借贷的因素,还进一步结合当前中国农村地区经济社会发展的实际情况,影响农户正规借贷的金融环境、农户特征、经济状况等因素选取实证研究变量。通过仔细对比相关文献和对相关数据的综合分析,我们认为在欠发达的农村地区,农户得到的农村信用社的授信额度是个比较合适的衡量农户所受金融排斥指标的逆向代理变量,它是肯普森和威利(1999)提出的金融排斥六个动态维度:地理排斥、评估排斥、条件排斥、价格排斥、营销排斥和自我非斥的集中深刻的反映。《中国银行业监督管理委员会 2011 年年报》的数据显示:截至 2011 年年底,农村信用社共有机构网点 7.7 万个,从业人员 76 万,提供了全国 77.4%的农户贷款,承担了 76%的金融机构空白乡镇覆盖任务,以及种粮直补、农资综合补贴等面向广大农户的国家政策补助资金发放工作,是我国农村地区机构网点分布最广、支农服务功能发挥最为充分的银行业金融机构,为农业增产、农民增收和农村经济社会发展作出了历史性贡献。这进一步支持了我们的观点。各变量见表 3-3。

表 3-3 变量说明及预期符号

变量类别	变量名称	变量描述	预期
因变量	正规借贷数量	从正规金融机构(包括农村信用社、邮政储蓄银行或其他银行)得到的贷款额度	—
解释变量	授信额度	被授予的信用贷款额度	+
金融环境	是否有正规金融机构	本村是否有正规金融机构业务网点(有村信贷员也算是网点),有赋值为 1,没有赋值为 0	+
	是否有民间借贷	当地是否有民间融资活动,有赋值为 1,没有赋值为 0	—

续表

变量类别	变量名称	变量描述	预期
农户特征	劳动力平均年龄	16岁以上劳动力年龄平均值	
	劳动力最高受教育程度	根据家庭劳动力成员中最高受教育程度测定,文盲赋值为0,小学为1,初中为2,高中或中专为3,大专及以上学历为4	
	是否有在校学生	有赋值为1,没有赋值为0	
	家庭抚养比	家庭抚养比=1—16岁以上劳动力人数/2006年年末家庭常住人口数	−
	外出务工劳动力人数	2006年外出务工劳动力人数	−
	实际经营耕地面积	实际经营耕地面积(亩)	+
经济状况	家庭平均收入	家庭总收入/家庭常住人口数	+
	家庭主要收入来源类型	农业生产经营收入赋值为1,非农业生产经营收入为2,工资性收入为3,其他收入为4	−
	是否有储蓄存款	是否有储蓄存款,有赋值为1,没有赋值为0	−
	储蓄金额	1000元以下赋值为1,1000—3000元为2,3000—5000元为3,5000—10000元为4,1万—2万元为5,2万—5万元为6,5万—10万元为7,10万元以上为8	−
地区特征	东部地区	根据调查农户所在省份按照通常的地区经济发展水平划分方法,分为东部、中部、西部	−
	中部地区		−

(一)农户家庭特征

例如年龄、受教育程度、家庭抚养比、是否有在校学生、外出务工劳动力人数和实际经营耕地面积等。根据已有研究结果(周小斌、耿洁和李秉龙,2004;李锐和李超,2007;汪小亚,2009),我们预期农户劳动力受教育程度越高,农户正规借贷金额越低;外出务工劳动力人数越少、实际经营耕地面积越多,则农户正规借贷金额越低,因为以务农为主业、家庭人口较多的农户家庭的收入波动相对更大,更有可能需要进行正规借贷来平滑现金流;农户家庭抚养比也会影响正规借贷金额。一般而言,传统的家庭观念浓厚的乡土社会的典型特征仍然在中国广大的农村地区存在,乡土社会强调人与人之间的相互协作和发挥家庭、集体的作用,风俗习惯和道德规则是农户行为的主要约束条件,我们也可从国家早年的以家庭为主的养老保障制度看出端倪,这在农户正规借贷行为方面也会有明显的反应,因而,我们预期家庭抚养比对农户正规借贷金额的预期影响方向为正。此外,由于多方融资渠道的影响,我们暂时对劳动力平均年龄和是否有在校学生影响农户所获得的正规借贷金额的预期方向并不明确。

(二)农户经济状况

农户家庭平均收入是影响农户正规借贷金额的最重要变量之一,收入越高,农户需要的正规借贷金额越少,因此,我们预期农户家庭平均收入对正规借贷金额的作用方向为负向;家庭主要收入来源类型也会影响农户正规借贷金额,非农收入比重越高的家庭对正规借贷的需求数量会降低,因而我们预期其符号为负号。此外,农户家庭的储蓄金额也会直接影响到农户的正规借贷金额,所以农户储蓄金额越高,正规借贷数量越小。

(三)农户所处的金融环境

国内外的研究普遍认为村庄所处的金融环境会影响到农户的经济行为(Yaron 等,1997;张海洋和袁雁静,2011),因而我们利用农户所在村庄是否有正规金融网点和当地是否有民间融资活动分别作为影响农户正规借贷的正向、逆向变量,农村村庄范围内没有正规金融机构可能会使得农户不得不更多考虑进行外源的民间融资。

此外,我们还控制农户所处的地区这个虚拟变量来尽可能回避遗漏变量偏误(Omitted Variable Bias)的问题。主要统计量的变量描述见表3-4。

表3-4　主要统计量的变量描述

变　量	观察值	均值	标准差	最小值	最大值
借贷金额	6757	6742.6310	14323.4800	2	400000
正规借贷金额	2420	9378.6150	17687.8400	2	400000
民间借贷金额	4362	5253.9970	11762.9400	3	330000
授信额度	5540	9288.1950	7765.2070	100	32000
是否有正规金融机构	19949	0.4174	0.4931	0	1

续表

变　量	观察值	均值	标准差	最小值	最大值
是否有民间借贷	19923	0.3034	0.4597	0	1
储蓄金额	10332	3.9862	1.6225	1	8
家庭平均收入	19949	5451.6380	5257.1770	0	362984.5
家庭主要收入来源类型	20033	1.6469	0.9405	1	4
外出务工劳动力人数	20033	0.6424	0.8491	0	7
实际经营耕地面积	20033	10.6499	16.7258	0	415
劳动力平均年龄	19958	40.0617	8.2944	16	80
劳动力最高受教育程度	19962	2.2884	0.7611	0	4
是否有在校学生	20033	0.5681	0.4953	0	1
家庭抚养比	19949	0.2854	0.2136	0	1

四、研究方法及模型设定

为了更好地对农户借贷行为进行研究,结合问卷设定的对应问题,我们把农户借贷行为界定成农户是否选择借贷(包括从正规金融渠道和非正规金融渠道两个方面)、农户正规借贷行为(包括农村信用社、农村商业银行、邮政储蓄银行或其他正规金融机构)和农户非正规借贷行为(包括农户互助性的资金借贷行为、参与合会及无息借贷等)三个方面来分别进行考察。

从表3-5我们可以观察20040家农户的借贷信息,发生借贷行为的农户比重为30.78%。其中,从正规金融机构(包括农村信用社、邮政储蓄银行或其他银行)得到过贷款的农户占所有农户的比重为10.44%,占所有借贷户的比重为33.92%;从非正规渠道得到贷款的农户占所有农户的比重为23.77%,占所有借贷户的比重为77.20%。在有借贷意愿但没有获得贷款的农户中,88.6%的农户没有提出申请,只有11.4%的农户提出申请但没有获得贷款;农户不需要借贷的主要原因是受生产规模的限制,农户首选的借贷渠道是农村信用社。

表 3-5　借贷农户的分类及比重

样本总户数(户)	20040
其中:发生借贷(户)	6168
其中:发生非正规借贷(户)	4764
发生正规借贷(户)	2092
未发生借贷(户)	13872
借贷户/所有户(%)	30.78
正规借贷户/所有借贷户(%)	33.92
正规借贷户/所有户(%)	10.44
非正规借贷户/所有借贷户(%)	77.20
非正规借贷户/所有户(%)	23.77
未借贷户/所有户(%)	69.20

这种分类的数据结构对 OLS 回归的样本选择影响很大。根据一般的思路,我们采用 OLS 进行回归,建立如下模型:

$$qnormal = \theta + \beta crednum + \vartheta X_1 + \zeta \tag{3-1}$$

如式(3-1)所示,$qnormal$ 表示农户正规借贷金额,$crednum$ 表示金融排斥的相关指标,X_1 表示相关影响农户借贷金额的其他解释变量,主要包括影响农户正规借款需求的相关变量。

为了综合考虑所有农户的正规借贷行为,我们采用 Tobit 模型(Tobit Regression Model)对截尾样本数据进行研究,研究农户是否有借款需求以及借款渠道之间的差异。被解释变量 y_i 是农户借贷金额(分别包括全样本的借贷金额、正规借款金额以及非正规借款金额),解释变量包括农户授信额度,控制变量包括金融环境、农户家庭特征和经济状况以及一些虚拟变量。

$$y_i = y_i^* = \begin{cases} \alpha + \beta^T crednum_i + \delta^T X_i + u, y_i^* > 0 \\ 0, y_i^* = 0 \end{cases} \tag{3-2}$$

第三节　农户借贷行为的实证研究结果

我们首先关注授信额度对农户借款需求的影响。从表3-6所示的回归结果来看,农户授信额度对农户借款需求的影响在1‰的水平上显著为正,说明农户受到的金融排斥越轻,农户得到的借款数量就越大。当地是否有民间借贷的系数显著为正,与预期相一致,说明是否具有良好的借贷渠道对农户借款数量的影响较大,也从另一个方面证实了金融排斥对农户借贷数量影响之深远。

表3-6　农户借款需求的回归结果(Tobit 模型)

变　　量	(1) 借款需求	(2) 借款需求
授信额度	0. 394 **** (0. 037)	0. 401 **** (0. 037)
是否有民间借贷	3859. 477 **** (472. 253)	3973. 414 **** (475. 548)
储蓄金额	-2. 5e+03 **** (237. 413)	-2. 5e+03 **** (236. 027)
家庭平均收入	0. 179 *** (0. 055)	0. 172 *** (0. 054)
家庭主要收入类型	-785. 691 **** (194. 956)	-713. 959 **** (191. 014)
外出务工劳动力人数	-846. 637 **** (208. 660)	-439. 049 ** (184. 109)
实际经营耕地面积	76. 773 **** (9. 613)	86. 868 **** (10. 121)
劳动力平均年龄	-164. 823 **** (23. 123)	—
劳动力受教育程度	817. 245 **** (222. 438)	—
是否有在校学生	-403. 295 (414. 783)	—
家庭抚养比	755. 408 (982. 175)	—

续表

变　量	（1） 借款需求	（2） 借款需求
东部	23.654 （584.361）	119.066 （584.996）
中部	−763.388 ** （376.051）	−731.008 * （374.691）
县	控制	控制
常数项	−7.3e+03 **** （1436.887）	−1.3e+04 **** （1335.836）
样本数	19842	19923

注：**** 、*** 、** 、* 分别表示在1‰、1%、5%、10%的水平上显著，括号内为估计值的标准差。

农户家庭的储蓄金额对借款需求的影响在1‰的水平上显著为负，这与费孝通（1939）提出的中国农户家庭结构波纹状的"差序格局"相一致，农户首先会考虑从自我积累方面进行融资，其次考虑从非农收入融资，再次考虑从血缘、亲缘、宗族、朋友等方面进行融资。农户家庭平均收入对借款需求的影响显著为正，与预期相符。家庭主要收入来源类型的系数显著为负，表明家庭非农收入比重越大，农户借款需求越低，实际上说明从事农业生产的家庭更有可能进行借贷。外出务工劳动力人数的系数显著为正，表明外出务工劳动力数量越多，家庭收入和自我积累的能力更强，减轻了对外源融资的借贷需求。相关实证研究也发现：农村居民的非农就业有利于收入增长，进而有利于降低区域间不平等（李实，1999）。农户实际经营耕地面积的系数始终显著为正，说明扩大生产对农户借款需求的影响很大。劳动力平均年龄显著为负，可能反映家庭劳动力平均年龄越大，借贷需求越小，也有可能是因为家庭劳动力平均年龄越大，更难以进行外源融资。劳动力受教育程度对农户的借款需求的影响显著为正，可能反映农户家庭劳动力受教育程度越高，越需要进行借贷来扩大生产。家里是否有在校学生的系数为负，但不显著，这可能一方面是农户对教育支出具有长期稳定的预期，对外源融资的依赖性下降；另一方面，在校学生的内部差异也较大，小学到大学之间所需费用差别很大，而这些内部差异对农户借贷需求可能产生了重要影响,且国家自 2004 年开始进行新一轮农村税费改革,对农村教育进行大量补贴,使得农户的教育支出下降,降低了农户教育方面的借贷需求。

家庭抚养比的系数为正,但不显著,表明农户的子女抚养和老人赡养的负担增强了农户的借贷需求,系数不显著可能是因为农户对这两方面的负担具有长期稳定的预期,对借贷的依赖性不强。此外,东部地区的系数不显著为正、中部地区的系数显著为负,说明与西部地区的农户相比,东部地区的农户借贷需求更强,而中部地区的农户借贷需求较低,这可能说明经济发展程度与农户借贷需求存在"U"形关系。

根据表 3-7 报告的 Tobit 模型的回归结果,我们可以以此来研究农户正规借款需求与非正规借款需求之间的异质性差异。授信额度关于正规借款需求的系数显著为正,关于非正规借款需求的系数显著为负,说明金融排斥程度的降低,增加了农户的正规借款需求,降低了农户的非正规借款需求,正规金融的发展将促使农户从非正规借贷或者民间借贷转向正规借贷,正规金融对非正规金融存在一定程度的替代作用。这也从另一个方面佐证了近年来中国银保监会力推的进行金融服务空白乡镇覆盖、增加农村金融供给的努力对减轻中国农户遭受的金融排斥意义重大,金融服务的渠道延伸到农户后,将有利于农户平滑消费、扩大生产和降低贫困。是否有民间借贷关于正规借款需求的系数不显著为负,但关于非正规借款需求的系数显著为负,可能在一定程度上说明农户的正规借贷需求具有一定的刚性,而具有民间借贷渠道将增加农户的非正规借贷数量。

储蓄金额的符号均为负,反映出内源融资对外源融资的替代作用。农户家庭主要收入类型关于正规借款需求的系数不显著为负,而关于非正规借款需求的系数显著为正,说明非农收入比重越高的家庭更倾向于非正规借贷。外出务工劳动力人数关于正规借款需求的系数显著为负,而关于非正规借款需求的系数不显著为正,这从另一个方面说明农户家庭外出务工劳动力人数的增加将显著降低正规借贷金额,甚至可能会增加非正规借贷金额。农户家庭实际经营耕地面积关于正规借款需求的系数显著为正,而关于非正规借款需求的系数不显著为负,表明农户扩大生产将增加农户正规借贷的需求。其他变量与前文分析的差别不大。

表 3-7　农户正规借款需求与非正规借款需求的回归结果（Tobit 模型）

变　　量	（3）正规借款需求	（4）正规借款需求	（5）非正规借款需求	（6）非正规借款需求
授信额度	0.744 **** (0.088)	0.750 **** (0.089)	−0.302 **** (0.052)	−0.300 **** (0.052)
是否有民间借贷	−865.530 (729.047)	−815.810 (726.645)	1171.432 *** (392.384)	1170.533 *** (391.984)
储蓄金额	−279.843 (270.037)	−264.976 (268.040)	−81.126 (135.965)	−67.909 (136.946)
家庭平均收入	0.577 **** (0.099)	0.589 **** (0.101)	0.114 ** (0.053)	0.135 *** (0.052)
家庭主要收入类型	−127.094 (444.091)	−96.108 (440.218)	781.495 **** (200.401)	778.808 **** (200.073)
外出务工劳动力人数	−2.1e+03 **** (528.350)	−1.9e+03 **** (459.244)	75.797 (189.633)	206.735 (174.000)
实际经营耕地面积	38.563 *** (13.715)	42.006 *** (13.703)	−19.111 (11.938)	−19.039 (11.617)
劳动力平均年龄	−87.733 ** (41.977)	—	−3.144 (20.696)	—
劳动力受教育程度	749.065 * (454.346)	—	436.085 ** (209.416)	—
是否有在校学生	−552.054 (821.512)	—	−192.187 (518.226)	—
家庭抚养比	−552.714 (2146.172)	—	−1.1e+03 (1034.299)	—
东部	427.992 (1243.976)	547.801 (1241.377)	3239.439 **** (622.205)	3293.897 **** (616.800)
中部	−3.7e+03 **** (829.715)	−3.6e+03 **** (802.157)	1445.395 *** (470.944)	1536.910 *** (472.572)
县	控制	控制	控制	控制
常数项	−8.4e+03 *** (2696.002)	−1.1e+04 **** (2070.189)	−5.5e+03 **** (1361.213)	−5.2e+03 **** (959.967)
样本数	6216	6232	6216	6232

注：****、***、**、*分别表示在 1‰、1%、5%、10%的水平上显著，括号内为估计值的标准差。

第四节　金融排斥对农户借款行为的影响分析

本章利用 2007 年中国人民银行委托国家统计局在全国范围内的 10 个省(自治区)进行随机抽样调查获得的约 2 万份调查问卷数据,基于金融排斥与农户正规借贷行为的分析框架,采用描述性统计方法,通过利用 Tobit 模型分析金融排斥对农户借款行为是否有异质性影响,经过分析得出以下结论:第一,作为所受金融排斥代理变量的农户得到的农村信用社的授信额度对农户正规借款数量和民间借款数量存在异质性影响,即授信额度的增加将提高农户正规借款数量,减少农户民间借款数量。第二,当地具有民间借贷组织将能增加农户非正规借款数量,提高农户家庭收入也能起到类似的效果,同时,与理论研究相一致,正规金融和非正规金融存在一定的替代性。第三,尽管农村经济发展和社会转型的步伐不断加快,但在现有农村金融体系不够完善的约束条件下,从"差序格局"的乡村结构出发对理解农村金融需求具有积极意义,有利于从多方面提升农村金融服务水平,推进农村金融服务均衡化建设。从新中国成立以来的实践来看,我国农村金融制度的建设是在政府推动和主导下进行的。尽管这有利于我国这样一个农业大国建立起覆盖农村的金融体系,但是,这也导致了农村金融组织的政治化和行政化。改革开放后,农村金融开始朝市场化的方向发展,然而,为了防范金融风险和社会风险,政府把农村金融等同城市金融一律从严管理,导致农村金融供给过死,金融需求难以满足,"三农"在商业金融改革浪潮中处于极端不利的地位,农村金融组织出现了明显的非农化趋势,大量金融机构从农村撤出,在部分边远地区产生了大面积的农村金融服务的空白区域,这对农村居民的生产生活和农村金融社会发展造成了不良消极影响。在这种严峻的农村金融发展形势下,进行农村金融服务的创新对破解农村金融排斥难题就显得尤为重要。首先,需要提供农户正规融资的渠道,如推进全国金融机构空白乡镇全覆盖工作和加快培育新型农村金融机构。此外,例如浙江省丽水市"政府领导、人行主导、多方参与、共同受益"的模式对创新农村信用体系建设思路具有启发意义。另外,可以考虑尝试通过建立大额、小额支付系统和支票影像交换系统,设立村级农村金融代办点,创办"手机银行"等多种措施来加强农村金融支付服务环境建设,这将对破解农村金融排斥困境,建立普惠的农村金融体系发挥重要作用。例如,"手机银行"在巴基斯坦的推广取得了很好的效果。实际上,农户并不需要很复杂的金融产品,需要的是满足农户实际"短、小、频、快"金融需求的产品,因此,农村金融供给主体对农户金融产品的设计应切实考虑到这一点。此外,在当前正规农村金融发展还不健全的情况下,不能一味简单排斥非正规金融,要注意充分发挥内生性的民间金融在农村金融市场中的正面作用,进一步放宽民间资本的进入。

当然,本章的部分问题还有待进一步检验:一是金融排斥对农户正规借贷的影响程度并不能完全从统计检验系数上做精确的测量,对变量的测量与估计可能存在一定的偏差;二是随着农村经济社会转型的加快,还需要进一步结合利用更为全面的农户正规借贷相关变量和数据进行对比研究。

第四章　获得贷款证能否缓解
农户信贷约束

——基于倾向得分匹配法的实证分析

▎**本章导读** ▶

本章利用中国农村金融调查数据,采取倾向得分匹配法克服农户获得贷款证的样本选择偏误和内生性问题,评估贷款证的获得与否对农户信贷约束的影响。研究结果表明:获得贷款证的农户信贷约束强度将显著降低43.8%,而拥有贷款证使农户在生产活动方面的信贷约束强度降低程度大于消费活动。在进一步评估获取贷款证对不同生产消费活动信贷约束的缓解效果时发现,获得贷款证对农户农业生产、做小生意、办企业、建房、上学方面的信贷约束强度有不同程度的降低作用,但对农户婚丧、看病的信贷约束并无影响。

第一节　农户信贷约束问题的提出

农村金融是一个世界性难题,卡特(Carter,1988)、福尔茨(Foltz,2004)等研究均表明农户受到普遍的信贷约束。虽然我国在农村金融领域的改革从未停止,但长期实施的"供给驱动"农贷制度无法有效对接农户信贷需求,加之农户财务残缺的特征阻碍了抵押担保制度的实施,农户融资难、融资贵的难题悬而未决,我国农户信贷约束问题更为严重。斯蒂格利茨和维斯(Stiglitz 和 Weiss,1981)指出农户信贷约束来源于农村金融市场非对称信息状态下的道德风险问题,即金融机构与农户之间存在明显的信息非对称,金融机构无法获得农户为偿还贷款而进行的努力或是农户的不作为行为信息。为破解农村金融市场信息非对称,缓解农户信贷约束,中国人民银行于2001年印发了《农村信用合作社农户小额信用贷款管理指导意见》(以下简称《意见》),提出信用社应根据农户的信用评级等级向其颁发贷款证,农户凭借贷款证可到信用社营业网点直接办理限额内的小额信用贷款,无须层层审核、批准。那么,"贷款证"的获得对农户信贷约束是否有缓解作用? 缓解作用有多大? 对农户各类生产、消费活动的信贷约束是否存在差异化影响? 本章试图对这些问题进行定量的研究。

贷款证的获得与否与农户信用信息直接挂钩。《意见》中指出,中国人民银行各分支行要督促信用社在其服务区域内建立信用评级制度,依靠当地农村党支部和村委会成立信用评级小组,根据农户的个人信誉、生产经营能力、资产状况及还款记录等信息对农户进行信用等级评定,并在根据评定结果确定相应的信用贷款限额后,向农户颁发贷款证。由此看来,贷款证成为农户信用信息的载体,能准确披露农户的还款意愿与还款能力信息,可有效解决农村金融市场非对称信息状态下的道德风险问题,达到缓解农户信贷约束的目的。截至2014年年末,全国大部分县(市、区)进行了农户信用等级评定并向其颁发了贷款证,全国约1亿农户在信用等级评定后获得了贷款证,其中9012多万户农户获得了信贷支持。① 通过信用等级评定向农户颁发贷款证后,信贷支持率高达90.12%,农户资金需求得到极大满足。国内学者的研究普遍认为,我国农户信贷约束程度较为严重。朱喜和李子奈(2006)采用联立离散选择模型对抽样调查的3000户农户数据实证分析显示,在具备有效贷款需求的农户中,66.1%的农户因信息不对称而受到金融排斥。程郁和罗丹(2010)通过赫克曼(Heckman)选择模型估计了农户的真实贷款需求,并指出农户未被满足的信贷需求缺口与其贷款需求总额比例高达56.72%。因此,一部

---

① 数据来源于中国人民银行农村金融服务研究小组编:《中国农村金融服务报告(2014)》,中国金融出版社2015年版。

分学者从信贷约束对农户生产、创业等方面的影响进行了探讨:董和艾祖米达(Duong 和 Izumida,2002)指出信贷约束将迫使农户减少农业生产投入进而降低农业产出效率;程郁和罗丹(2009)研究表明信贷约束会影响农户创业过程中的资源配置结构以及创业的层次和水平。另一方面,信贷约束将显著制约农户收入及福祉水平的提高。班纳吉(Banerjee,2016)指出信贷约束甚至将导致大量贫困并长期持续贫困,导致集体贫困陷阱。可以说,信贷约束已经成为缩小城乡收入差距的重要因素,制约着农村经济的进一步发展。鉴于此,另一部分学者对农户信贷约束的影响因素进行了进一步分析。马九杰(2004)从农户层面、信贷合约及金融机构层面来分析农户信贷约束的影响因素。刘西川和程恩江(2009)对信贷配给与信贷约束进行了严格区分,提出数量配给、交易成本配给与风险配给是农户信贷约束背后的三种重要配给机制。进一步地,程郁(2009)等人从供给型约束与需求型约束两个角度考察了农户收入、年龄、社员身份及与金融机构关系等因素对农户信贷约束的影响,提出通过放松信贷管制、增加金融供给、创新信贷机制等方式缓解农户信贷约束。此外,农户个体特征如收入、社会网络、非农程度等因素对农户信贷约束均存在不同程度的影响。

与本章关系比较紧密的文献主要是信用制度、信用评级对农户借贷行为的影响。已有的研究结果表明信用制度、信用评级能促使农户由民间借贷向正规信贷转变,提高了农户从正规金融机构获得贷款的可能性。但以上研究均未考虑"建立信用制度、信用评级后农户并非一定可获得贷款证"这一问题,且都没有涉及信贷约束这一变量。

虽然以上文献从多个层次考察了信贷约束的影响因素,但自2001年全国开展农户信用评级并颁发贷款证以来,尚未有文献涉及获得贷款证这一"外部冲击"对农户信贷约束的影响。因此,本章利用中国农村金融调查数据,采用倾向得分匹配法(PSM)克服农户获得贷款证的样本选择偏误和内生性问题,评估贷款证的获得与否对农户整体信贷约束、生产型信贷约束与消费型信贷约束的影响,并进一步实证分析了获得贷款证对农户各类生产、消费活动的信贷约束的影响程度。对发放贷款证缓解农户信贷约束的效果进行评估,将由经验分析转向实证分析证实信用评级及颁发贷款证对缓解农户信贷约束这一政策的有效性，以便为农村金融改革实践提供更加充分的证据。

第二节　农户信贷约束模型的建立

一、对农户信贷约束的测度

现有的一些文献在研究信贷约束的相关问题时，常采用二元变量来测度农户信贷约束，如伊克巴尔（Iqbal，1986）、费德等（Feder 等，1990）、李岩等（2013），将农户分为受信贷约束农户和无信贷约束农户。这种对农户信贷约束测度的方法存在争议：一是将没有融资需求的农户归为无信贷约束农户类别，与事实情况相反，致使样本选择性偏误；二是对部分资金需求得到满足的农户采取"割裂式"的分类值得商榷，以波里尔（Poirier，1980）为代表的研究将这一部分农户归为无信贷约束，而李锐和朱喜（2007）认为资金需求无法完全满足的农户属于有信贷约束。简单地将这一部分农户归为有信贷约束或是无信贷约束都无法测度农户真实的信贷约束状态，使用波里尔（1983）的测度方法将低估农户信贷约束程度，采用李锐和朱喜的测度方法将高估农户信贷约束程度。因此，本章对无信贷需求的农户样本进行了剔除，在此基础上采用余泉生和周亚虹所提出的"信贷约束强度"指标来测度农户信贷约束。这一指标的定义为：有借款需求的农户实际借款数额少于需求数额的部分与借款需求数额之比，即：

$$C = (y^d - y^s) / y^d, C \in [0,1] \tag{4-1}$$

式（4-1）中，C 表示信贷约束强度，y^d 表示农户资金需求额度，y^s 表示农户实际获得借款额度。因此，对信贷约束的测度由二元变量转换成 0 至 1 之间的连续变量：当 $0<C<1$ 时，农户部分资金需求得到满足；当 $C=1$ 时，农户受到完全信贷约束（$y^s=0$）；当 $C=0$ 时，农户资金需求得到完全满足（$y^d=y^s$），完全不受信贷约束。采用信贷约束强度这一指标能对农户信贷约束状态进行真实测度，是否获得贷款证对农户信贷约束的

影响也将得到准确度量。

二、对获得贷款证的效果评估

对是否获得贷款证进行效果评估时应注意以下两个问题:一是样本选择性偏误,即农户是否获得贷款证并不是随机分配的,农户获得贷款证之后即使相对未获得贷款证农户所受的信贷约束强度更小,也不能判断是由于获得贷款证而直接导致的结果;二是"反事实情形",即无法观测到农户在未获得贷款证之前的信贷约束是否已经得到改善。因此,笔者将样本区分为实验组(获得贷款证的农户)和控制组(未获得贷款证的农户),使用罗森鲍姆和鲁宾(Rosenbaum 和 Rubin,1983)提出的 PSM 方法对是否获得贷款证进行效果评估。PSM 方法在评估获得贷款证对缓解农户信贷约束的效果时,最大限度控制实验组与控制组的样本异质性,在两组样本基期变量均值无差异的状态下,PSM 能控制样本选择性偏误和内生性问题估计 ATT,从而得到"干净的"农户信贷约束缓解效应。

首先,通过计算倾向得分值(Propensity Score,简称 PS)来选择配对样本,倾向得分值可定义为,在给定样本可观察特征 X 的情况下农户获得贷款证的条件概率,一般使用 Logit 或 Probit 等概率模型进行估计,本章使用 Logit 模型估计 PS 值,表达式为:

$$P(X_i) = \mathrm{Pr}(rd_i = 1 \mid X_i) = \frac{\exp(\beta X_i)}{1 + \exp(\beta X_i)} \qquad (4-2)$$

其中 $\dfrac{\exp(\cdot)}{1 + \exp(\cdot)}$ 为逻辑分布的累积分布函数,X 为样本的可观察特征,rd_i 代表一个指标函数,若农户获得贷款证则 $rd_i = 1$,若农户没有获得贷款证则 $rd_i = 0$,β 为参数向量。使用式(4-2)可估计农户可能获得贷款证的概率值 $p(X_i)$,即样本中农户可能获得贷款证的 PS 值。

计算得到农户获得贷款证的倾向值后,农户获得贷款证的平均处理效应(ATT)可以表示为:

$$ATT = E(Y_{1i} - Y_{0i} \mid rd_i = 1)$$
$$= E\{E[Y_{1i} - Y_{0i} \mid rd_i = 1, P(X_i)]\}$$

$$= E\{E[Y_{1i} \mid rd_i = 1, P(X_i)]\} - E\{E[Y_{0i} \mid rd_i = 0, P(X_i)]\}$$

$$= \frac{1}{N_A} \sum_{i \in A} Y_A^i - \frac{1}{N_A} \sum_{j \in B} \lambda(p_i, p_j) \, Y_B^j \qquad (4-3)$$

其中，Y_{1i} 和 Y_{0i} 分别表示同一农户在获得贷款证和没获得贷款证两种情况下所受的信贷约束强度，N_A 代表获得贷款证农户的样本数，A 代表匹配后的实验组，B 代表匹配前的控制组，Y_A^i 为实验组中第 i 个获得贷款证农户的观测结果，Y_B^j 为控制组中第 j 个没获得贷款证农户的观测结果，P_i 为实验组农户 i 的预测概率值，P_j 为控制组农户 j 的预测概率值，$\lambda(p_i, p_j)$ 为 p_i 和 p_j 的权重函数，不同的匹配方法有不同的权重函数，将根据式（4-2）计算的结果代入式（4-3），就可以得到获得贷款证与没获得贷款证带来的农户信贷约束强度的实际差异。

因为 $P(X_i)$ 是一个连续的变量，因此找到两个倾向得分值（PS 值）完全一致的样本非常困难，进而致使实验组与控制组之间的匹配难以实现。因此，本章根据现有的文献采取多种匹配方法来解决这一问题，以最小邻域匹配法（Nearest Neighbor Matching）为主，辅以核匹配法（Kernel Method Matching）和局部线性回归匹配法（Local Linear Regression Matching）度量是否获得贷款证对农户的整体信贷约束、生产型信贷约束、消费型信贷约束的影响，并进行了匹配平衡性检验，最后再进一步评估获得贷款证对农户农业生产、个体工商业经营、办企业、建房、婚丧嫁娶、看病、上学七个生产消费活动信贷约束的差异化影响。

第三节 农户信贷约束相关数据来源、变量和统计性描述

一、数据来源与变量定义

本章的数据来源于北京大学国家发展研究院与花旗银行联合组织的"中国农村金融调查"，该调查于 2009 年对我国黑龙江省、湖南省和云南

省3省9县82村的1951户农户进行了入户调查,且对农户所在的村庄进行了同步调查。在农户调查问卷中,"问题1108"记录了农户家庭是否获得贷款证(或其他表明信用状况的证明)的信息,第十一项的信贷约束专项调查从农户家庭生产和消费活动的八个方面详细记录了潜在的资金需求和实际借贷数额信息,农户家庭成员个体特征(性别、年龄、是否是村干部等)、农户家庭特征(家庭收入、是否从事农业生产等)及村庄特征(是否是信用村、最近金融机构距离等)等信息也有详细记录,这为本章实证分析的展开提供了数据支撑。关于样本数据的选择,一方面,黑龙江省、湖南省及云南省3省属于我国经济中等发展区域,农村金融的发展较为典型,且通过信用评级向农户颁发信用证的做法较为普及,分析结果具有代表性;另一方面,黄宗智指出中国农村演变是在小农经济范围内进展的,这一过程稳定且漫长。因此,尽管此次调查时间跨度较大,笔者仍然选择这一数据进行分析。在开展实证研究之前笔者对调查数据进行了数据清洁处理,对无"是否获得贷款证"信息和无信贷需求的样本进行剔除,并对样本中的异常变量进行了修正和剔除,最终获得有效样本1891个,其中获得贷款证的农户样本705个,无贷款证的农户样本1186个。经过匹配后,获得匹配样本617个,其中实验组样本261个、控制组样本356个。

本章选择信贷约束程度作为因变量,选择"是否获得贷款证"作为自变量,并在现有的研究基础上选择了影响信贷约束和是否获得贷款证的基期变量:(1)家庭特征,包括2008年家庭收入(对数)、家庭成员中是否有村干部(有村干部=1,无=0)、是否是党员(是党员=1,否=0)、是否从事农业生产(从事农业生产=1,否=0)、是否是农村信用社社员(农村信用社社员=1,否=0);(2)村庄特征,包括是否被评为信用村(信用村=1,否=0)、最近的金融机构距离;(3)农户信贷行为,包括是否参加小组联保(参加小组联保=1,否=0)、是否有金融机构贷款(获得金融机构贷款=1,否=0)、是否按时归还农村信用社贷款(按时归还农村信用社贷款=1,否=0)、愿意借钱的亲朋好友数量。

表 4-1 主要变量说明

变量类别	变量名称	变量描述
因变量	信贷约束	信贷约束强度,属于 0 到 1 的连续变量
自变量	是否获得贷款证	农户是否获得贷款证,获得赋值为 1,没有赋值为 0
基期变量(1)家庭特征	农户收入	农户家庭 2008 年收入的对数
	是否有村干部	农户家庭是否有村干部,有村干部赋值为 1,没有村干部赋值为 0
	是否是党员	农户户主是否是党员,是党员赋值为 1,不是党员赋值为 0
	是否从事农业生产	农户是否从事农业生产,从事农业生产赋值为 1,没有从事赋值为 0
	是否是农村信用社社员	农户是否是当地农村信用社社员,是赋值为 1,不是赋值为 0
基期变量(2)村庄特征	是否被评为信用村	本村是否被评定为信用村,被评定为信用村赋值为 1,落选或没有评定过赋值为 0
	最近金融机构距离	离本村最近的金融机构距离多远
基期变量(3)农户借贷行为	是否小组联保	农户是否参与小组联保,参与赋值为 1,没有参与赋值为 0
	是否有金融机构贷款	农户是否获得过正规金融机构贷款,是赋值为 1,没有赋值为 0
	是否按时归还农村信用社贷款	按时归还农村信用社贷款赋值为 1,没有按时归还赋值为 0
	愿意借钱的亲朋好友数量	愿意借钱给农户的亲朋好友数量

二、描述性统计

表 4-2 汇报了基期变量的统计情况。其中,获得贷款证和没有获得贷款证的农户在收入、是否是党员、是否从事农业生产及愿意借钱的亲朋好友数量这三个方面的均值基本一致。有贷款证农户在是否有村干部、是否是农村信用社社员、是否被评为信用村、最近金融机构距离、是否小组联保、是否获得金融机构贷款、是否按时归还农村信用社贷款七个方面的均值都高于无贷款证农户,说明村干部身份、社员身份、村庄金融生态、与金融机构的关系可能影响农户贷款证的获得,进而对农户信贷约束产

生影响。这与程郁等人提出"农户特征、社员身份、与金融机构的关系等因素对其正规信贷约束有着不同影响"的研究结论是一致的。

表4-2 基期变量统计描述

变 量	有贷款证农户		无贷款证农户		全部农户样本	
	均值	标准差	均值	标准差	均值	标准差
2008年收入(对数)	9.7062	1.1301	9.5150	1.1510	9.5951	1.1453
是否有村干部	0.0415	0.1998	0.0094	0.0966	0.0230	0.1500
是否是党员	0.1050	0.3067	0.1020	0.3028	0.1010	0.3014
是否从事农业生产	0.9361	0.2450	0.8545	0.3531	0.8890	0.3143
是否是农村信用社社员	0.4487	0.4982	0.1599	0.3670	0.2832	0.4508
是否被评为信用村	0.7444	0.4369	0.4812	0.5002	0.5927	0.4917
最近金融机构距离	4.4110	8.5597	6.3400	20.0253	5.5246	16.2201
是否小组联保	0.3035	0.4605	0.0946	0.2930	0.1834	0.3873
是否有金融机构贷款	0.6827	0.4662	0.1835	0.3876	0.3948	0.4891
是否按时归还农村信用社贷款	0.6965	0.4605	0.2840	0.4515	0.4587	0.4986
愿意借钱的亲朋好友数量	6.0537	6.2104	6.0985	6.4624	6.0795	6.3526
观察值	705		1186		1891	

为了对农户信贷约束强度有个直观的认识,笔者从借款需求额度的角度对样本农户进行了简单分组,分组统计结果见表4-3。

比较发现,在农户借款需求额度小于1万元时,有无贷款证的农户在整体信贷约束和生产型信贷约束方面基本无差异;在农户借款需求额度大于等于1万元时,无贷款证农户的整体信贷约束和生产型信贷约束平均强度均高于有贷款证农户,这也与笔者预计的一致;在消费型信贷约束方面,有无贷款证农户的信贷约束强度在其借款需求额度大于等于1万元时并无明显差异,而有贷款证农户在其借款需求额度小于1万元时甚至超过无贷款证农户的8.23%。这很容易解释,已有的农户借贷行为研究表明,农户在进行小额融资时,更倾向于以社会关系网络为基础的亲朋好友借款渠道。因此,有无贷款证可能并不会对借款需求额度小于1万元的农户信贷约束产生影响;相对于风险高、无固定收益率的消费型贷款,金融机构更倾向于向农户发放商业性的生产型贷款,且无贷款证农户在进行大于等于1万元的融资活动时很少考虑正规借款渠道,这也与钱水土和陆会的观点一致。最终,有贷款证农户的消费型信贷约束强度却高于无贷款证农户。

表4-3　农户信贷约束强度描述

信贷约束强度	借款需求额度（元）	农户是否有贷款证		全部家庭	总样本
		否	是		
整体信贷约束	<10000	0.0795 (−0.2459)	0.0863 (−0.2563)	0.0821 (−0.2563)	0.1501 (−0.3146)
	≥10000	0.2195 (−0.3648)	0.1774 (−0.3234)	0.2004 (−0.3468)	
生产型信贷约束	<10000	0.1155 (−0.3014)	0.1143 (−0.2807)	0.1149 (−0.2913)	0.1687 (−0.3385)
	≥10000	0.2527 (−0.4021)	0.1832 (−0.3316)	0.2202 (−0.3717)	
消费型信贷约束	<10000	0.1281 (−0.2952)	0.2104 (−0.3778)	0.1660 (−0.3355)	0.1348 (−0.297)
	≥10000	0.1871 (−0.3846)	0.1767 (−0.3377)	0.1809 (−0.3537)	

注:"总样本"为不对农户借款需求额度进行分组时的整体、生产型及消费型信贷约束强度,括号内为标准差。

第四节　获得贷款证对农户信贷约束的实证结果与分析

一、获得贷款证对信贷约束强度降低的评估

为更好地观测贷款证的获得与否对降低农户信贷约束强度的结果,笔者通过最小邻域匹配方法为实验组在控制组中找到匹配组后,计算获得贷款证的平均净效果 *ATT*,并同时采取核匹配和最小邻域匹配方法对实验组和控制组进行匹配,来检验匹配结果的稳健性。匹配后的 *ATT* 计

算结果见表4-4。

表4-4　获得贷款证对信贷约束强度降低的总体效果评估

信贷约束强度	样本	最小邻域匹配	核匹配	局部线性回归匹配
整体信贷约束	有贷款证农户	0.1357	0.1357	0.1357
	无贷款证农户	0.2413	0.2094	0.2076
	ATT	−0.1057 *** (−2.3)	−0.0737 * (−1.73)	−0.0719 * (−1.72)
	改变(%)	−43.80	−35.20	−34.63
生产型信贷约束	有贷款证农户	0.1943	0.1943	0.1943
	无贷款证农户	0.4345	0.4344	0.5216
	ATT	−0.2402 ** (−1.97)	−0.2412 * (−1.95)	−0.3273 * (−1.85)
	改变(%)	−55.28	−55.52	−62.75
消费型信贷约束	有贷款证农户	0.1886	0.19503	0.2114
	无贷款证农户	0.3997	0.3877	0.2947
	ATT	−0.2111 * (−1.65)	−0.1927 (−1.51)	−0.0833 * (−1.65)
	改变(%)	−52.81	−49.70	−28.27

注：***、**、*分别表示在1%、5%、10%的水平上显著，括号内为 t 统计量。改变(%)为净效果与无贷款证农户之比。

　　在整体信贷约束方面,有无贷款证农户的整体信贷约束强度分别是13.57%和24.13%,匹配后无贷款证农户的信贷约束强度比获得贷款证的农户高10.57%(改变43.80%),并在1%的水平上显著,这说明获得贷款证能显著改善农户的信贷约束状况。生产型信贷约束为农户在农业生产、个体工商业经营、办企业、外出打工四个生产方面所受的信贷约束,有无贷款证农户的生产型信贷约束强度分别是19.43%和43.45%,相对于有贷款证的农户,无贷款证的农户多受24.02%(改变55.28%)的信贷约束,并在5%的水平上显著,这说明有无贷款证对农户生产型经营活动的融资活动影响较大。消费型信贷约束为农户在建房、婚丧嫁娶、看病、上学四个消费方面所受的信贷约束,有无贷款证农户的消费型信贷约束强度分别是 18.86% 和 39.97%，两者相差 21.11%（改变 52.81%），但仅在 10% 的水平上显著。

核匹配与局部线性回归匹配法的结果与最小邻域匹配法在整体信贷约束与生产型信贷约束两方面趋于一致，但在消费型信贷约束方面存在较大差异。虽然核匹配的净效果为 19.27%，接近于最小邻域匹配的 21.11%，但这在统计上并不显著；采取局部线性回归匹配得到的净效果仅为 8.33%，这与最小邻域匹配的结果存在较大差异，尽管这一结果在 10% 的水平上显著。形成这一不稳定的结果的原因可能有两个：一是婚丧、看病等消费型信贷需求有较强的时效性，农户可用的融资时间很短，民间借贷成为其首要选择；二是与生产活动相比较，消费活动无稳定的投资收益，无法覆盖信贷风险，即使农户拥有贷款证也难以获得小额信贷。

二、匹配平衡性检验

为检验匹配效果，笔者对实验组与控制组进行了匹配平衡性检验，表 4-5 汇报了采取最小邻域法对整体信贷约束进行评估时匹配后主要变量误差消减结果。[1]

表 4-5　最小邻域法匹配平衡性检验

控制变量	匹配前均值		匹配后均值		标准化偏差	t 检验	
	实验组	控制组	实验组	控制组		t	p>t
2008 年农户收入（对数）	9.7384	9.5060	9.7384	9.7282	0.9	0.11	0.915
是否有村干部	0.0422	0.0112	0.0422	0.0184	14.8	1.58	0.114
是否是党员	0.0805	0.0702	0.0805	0.0605	7.5	0.89	0.375
是否从事农业生产	0.9272	0.8539	0.9272	0.9379	−3.5	−0.49	0.626
是否是农村信用社社员	0.4674	0.1545	0.4674	0.4422	5.8	0.58	0.563

---

[1]　本章还对核匹配法、局部线性回归匹配法在整体信贷约束、生产型信贷约束及消费型信贷约束三个方面的匹配做了匹配平衡性检验，并做了匹配前后的标准偏误图以及匹配前后的核密度分布图，由于篇幅限制不再一一给出。

续表

控制变量	匹配前均值		匹配后均值		标准化偏差	t检验	
	实验组	控制组	实验组	控制组		t	p>t
是否被评为信用村	0.7280	0.4972	0.7280	0.7257	0.5	0.06	0.953
最近金融机构距离	4.7111	6.8975	4.7111	4.7799	-0.4	-0.06	0.952
是否小组联保	0.3257	0.1039	0.3257	0.3142	2.9	0.28	0.779
是否有金融机构贷款	0.6782	0.1910	0.6782	0.6605	4.1	0.43	0.669
是否按时归还农村信用社贷款	0.7050	0.2865	0.7050	0.7433	-8.4	-0.98	0.328
愿意借钱的亲朋好友数量	5.9464	6.3090	5.9464	5.5969	5.4	0.60	0.549

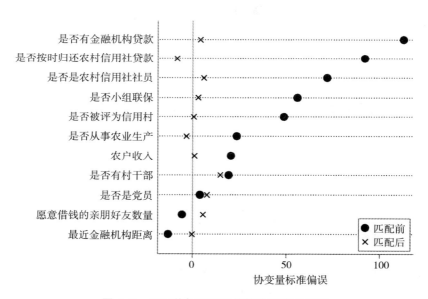

图4-1 匹配前与匹配后的协变量标准偏误

与匹配前均值相比,匹配后的实验组与控制组的样本均值基本接近,实验组与控制组的所有变量均值偏误在匹配后都呈现不同程度的减少,说明实验组与控制组的个体差异得以部分消除。从图4-1可以看出匹配前与匹配后的标准偏误情况,说明匹配后的实验组与控制组之间的差异大幅降低。从图4-2可以看出,匹配后实验组与控制组核密度分布呈显著趋近趋势,实验组与控制组的倾向得分值的概率分布较匹配前已经十分接近,这既表明农户与能否获得贷款证的因素非常接近,也表明实验组与控制组在整体信贷约束的差异是由是否拥有贷款证引起的。

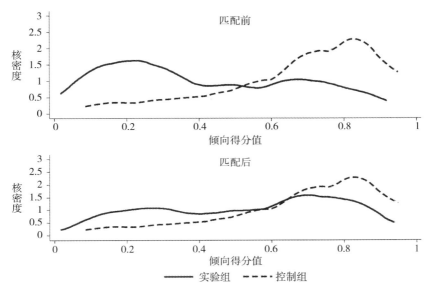

图 4-2　实验组与控制组在匹配前后的核密度分布

三、获得贷款证对各类生产消费活动信贷约束强度降低的评估

为了对是否获得贷款证对农户信贷约束的影响进行进一步考察,笔者从农户农业生产、做小生意、办企业、建房子、婚丧、看病及上学七个生产消费活动方面观测信贷约束强度减少的情况,并通过平衡性检验证明了以上匹配均是合理有效的。①②　匹配前后信贷约束强度的变化见表 4-6。

---

①　在进行数据整理时笔者发现,有外出打工信贷需求的样本量较少,在进行多种方法进行匹配后发现外出打工的控制组样本量为0,因此笔者没有对这一生产活动的信贷约束强度进行进一步评估。

②　与第一部分的匹配平衡性检验方法一致,文章篇幅限制,此处省去对结果的详述。

表4-6　获得贷款证对各类生产消费活动信贷约束强度降低的评估

信贷约束		实验组	控制组	*ATT*	t 检验	改变(%)
农业生产	匹配前	0.0811	0.1623	−0.0812*	−1.67	−50.03
	匹配后	0.0811	0.2163	−0.1352*	−1.74	−62.51
做小生意	匹配前	0.2705	0.4706	−0.2001	−1.42	−42.52
	匹配后	0.2705	0.8182	−0.5477*	−1.9	−66.94
办企业	匹配前	0.0078	0.0160	−0.0082	−0.85	−51.25
	匹配后	0.0078	0.0339	−0.0261*	−1.75	−76.99
建房子	匹配前	0.0811	0.2763	−0.1953***	−2.29	−70.68
	匹配后	0.0811	0.3359	−0.2548*	−1.78	−75.86
婚丧	匹配前	0.0061	0.0077	−0.0016	−0.20	−20.78
	匹配后	0.0061	0.0004	0.0057	−1.03	1425
看病	匹配前	0.0382	0.0548	−0.0166	−0.84	−30.29
	匹配后	0.0382	0.1020	−0.0638	−1.57	−62.55
上学	匹配前	0.1298	0.1891	−0.0593	−0.64	−31.36
	匹配后	0.1298	0.3688	−0.2389*	−1.65	−64.78

注：***、**、*分别表示在1%、5%、10%水平上显著。改变(%)为净效果与控制组之比。

在农业生产方面，匹配前的未获得贷款证农户（控制组）比获得贷款证农户（实验组）多受 8.12% 的信贷约束，并且在 10% 的显著水平下显著，经过匹配后笔者发现，这一净效果达到 13.52 个百分点，比匹配前高出 5.4 个百分点，同时在 10% 的显著水平下通过了检验，说明经过匹配后，未获得贷款证的农户在农业生产方面受到更高的信贷约束强度，获得贷款证能缓解农业生产方面的信贷约束。

在做小生意方面，匹配前实验组与控制组之间的差值为 20.01%，但在统计上并不显著。值得关注的是，匹配后的无贷款证农户在做小生意方面的信贷约束强度高达 81.82%,有无贷款证带来的差值为 54.77 个百分点(改变 66.94%),并在 10% 的显著水平下显著。这说明有无贷款证对农户在做小生意方面所受的信贷约束影响较大,无贷款证的农户在为做小生意进行融资时相当困难。

在办企业方面,实验组与控制组在匹配前的差值为 0.82%,但在统计上并不显著。匹配后实验组与控制组之间的差值为 2.61%,并在 10% 的水平上通过检验。虽然这一净效果较小,但其改变达到 76.99%,这说明获得贷款证的农户在办企业时更容易获得信贷支持。

在建房子方面,匹配前的获得贷款证农户比未获得贷款证的农户少受 19.53 个百分点的信贷约束,并在 1% 的水平上显著。经过匹配后,实验组与控制组之间的差值为 25.48%,在 10% 的显著水平上通过了检验。这说明农户在为建房子进行筹资时,相比较无贷款证的农户,有贷款证能帮助其从信用社获得信贷支持。这一结果与第一部分的实证结果存在一些差异,可能的原因是在农村地区房屋是农户的重要资产,往往象征着农户的经济实力和面子,在农户的日常生活中占有重要地位,因此信用社愿意对建房子发放信贷,而拥有贷款证能更顺利地获得信用社的信贷支持。

在婚丧方面,实验组与控制组在匹配前与匹配后的差值分别为 0.16% 和 0.57%,获得贷款证对降低婚丧活动的信贷约束强度并不明显,并且在统计上不显著。同样的情形还发生在看病这一方面:虽然匹配前的实验组与控制组之间的差值为 1.66%,匹配后信贷约束强度的净效应为 6.38%,增加了 4.72 个百分点,但这两个结果在统计上均不显著。这一结果与第一部分的实证结果基本保持一致,婚丧与看病皆有较强的时效性,农户更趋向于民间借贷,因此是否获得贷款证并不能改善农户在这两个方面所受的信贷约束状态。另外值得注意的是,在上学方面,虽然匹配前实验组与控制组之间的差值为 5.93%,且在统计上不显著,但是匹配后获得贷款证对上学的信贷约束强度减少的净效果为 23.89%,并在 10% 的水平上显著。这说明获得贷款证能显著改善农户家庭成员上学活动方面所受的信贷约束。

第五节　获得贷款证带来的信贷约束强度分析

本章利用中国农村金融调查数据,使用倾向得分匹配法(最小邻域匹配、核匹配、局部线性回归匹配),从整体信贷约束、生产型信贷约束及消费型信贷约束三个方面对农户是否获得贷款证带来的信贷约束强度减少效果进行评估,进一步地对农户农业生产、做小生意、办企业、建房子、婚丧、看病、上学七个生产消费活动的信贷约束强度减少程度进行了度量,并对匹配结果进行了匹配平衡性检验,经过分析得出以下结论:第一,获得贷款证将显著降低农户10.57%的信贷约束强度,生产活动方面的信贷约束(生产型信贷约束)将显著降低24.02%,明显高于消费活动方面信贷约束(消费型信贷约束)的降低程度,因此贷款证的发放对农户信贷约束的缓解更多地体现在生产活动方面。第二,获得贷款证能显著降低农户在农业生产、做小生意、办企业方面的信贷约束,这与前一结论是一致的;建房子、上学方面的信贷约束在获得贷款证后也将在不同程度上降低,但获得贷款证对婚丧和看病方面的信贷约束降低并不显著,这表明房屋在我国农村家庭资产中占有重要地位,子女上学也是农户家庭重要的人力资本投资,而因"面子"方面的传统文化因素致使农户婚丧、看病更倾向于民间借贷,说明我国农村地区的传统文化习俗是农户的借贷行为的重要影响因素。

由于缺乏长期追踪的农户金融微观数据,且信贷约束方面的数据仅限于农户生产、消费的各个方面,缺乏更细致的刻画,致使本章使用截面数据进行分析从而存在些许局限性,可在后续的研究中利用更全面微观追踪调查数据,采用PSM-DID方法进一步精准地考察是否获得贷款证对农户信贷约束的影响。

第 二 篇

良好信用环境的构建

第五章 基于 Tobit 模型的农户信用分析

——来自 CFPS 的证据

本章导读

　　农户二维信用包括守信意愿和守信能力。基于 2011 年北京大学公布的中国家庭追踪调查（China Family Panel Studies，CFPS）的微观数据，从农户借贷额度视角考察中国农户信用及其影响因素，并采用 Tobit 模型来研究正规金融机构、亲戚朋友以及民间借贷组织对农户信用评价之间的异质性差异。实证结果表明，从事农业生产的农户比从事非农业生产的农户守信意愿强。家庭财富是农户经营成果的表现，正向影响农户的守信能力。家庭人口特征中的不同因素对农户信用能力也有正负不同的影响。另外，品行和家庭收入对农户信用的影响在正规金融机构中较显著，而教育程度对其信用的影响在亲戚朋友中较显著。针对影响农户信用的决定性因素及其作用方向，文章提出了相应的政策建议。

第一节 农户信用相关问题的提出

　　农村金融作为现代农村经济的核心，其发展滞后已经成为阻碍当前农村经济发展的重要因素。近十年来出台的中央"一号文件"对农村金融问题给予越来越高的关注，2014 年中央"一号文件"指出，加快农村金融制度创新，强化金融机构服务"三农"职责。与此同时，党的十八届三中全会明确提出了要发展普惠金融，让金融改革与发展成果更多更好地惠及所有地区、所有人群，这对促进城乡一体化发展具有重要意义，也可为金融机构的发展带来新的机遇。

然而,在推行普惠金融体系时,发现我国农村地区缺乏信用的土壤。农户在获得农村信用社的小额贷款后,由于缺少信用意识,故意拖欠和不审慎使用贷款,导致农村信用社面临很大风险(温铁军,2001;吕刚和于布雷等,2012)。信用是一种获得信任和交易机会的资本,经济活动主体利用这种资本可以顺利扩大交往范围,提高持续交易能力。农户是农村金融活动的重要参与者,其良好的信用对于农户本身和农村金融机构意义重大。对于农户来说,信用可以作为"抵押物"的替代,减少农户在寻找"担保人"和"抵押物"过程中所消耗的成本,而且也有利于缓解农户在缺少有效抵押物条件下的借贷约束。对于农村金融机构来说,信用可以在一定程度上破解信息不对称问题,降低农村金融机构在提供信贷时所面临的"道德风险"成本,进而有利于解决农村金融机构在农村信贷资金投放意愿不强的问题。基于以上背景,本章尝试探索影响农户信用的因素,以期能够提出提高农户信用的政策建议,为满足农村经济发展的融资需求,促进农村经济的健康快速发展作出一定的贡献。

第二节　农户信任

信任一般被分成两大类:特殊信任(Particularistic Trust)和普遍信任(Universalistic Trust),韦伯把建立在血缘共同体上的信任称为特殊信任,而把建立在正式制度和组织基础上的信任称为普遍信任。特殊信任是在传统封闭经济状态下,受地域限制而形成的相对稳定的关系,其发生在信息共享的狭小空间内,信息的快速传播使人们很容易甄别可能发生的欺诈行为,"闲言碎语"作为民间特有的约束机制,对非道德的行为有良好的监督、制约效果;声誉机制的"连坐制"效应也使得具有共同利益的成员之间相互监督,加大农户恪守信用的力度(谭燕芝,2013)。农户利用这种特殊的信任关系可以顺利满足其融资需求。随着20世纪70年代末以来的改革和我国社会的深刻变革,农村人际关系结构发生了很大的变化,总的趋势是以血缘、地缘关系为基础的格局向现代的超血缘、地缘的以业缘关系为主的格局演变(吴海兵、林婷,2006),信任由特殊信任向普遍信任过渡。普遍信任看重制度的强制性约束,这与目前我国的法律、制度不健全相悖,进而出现机会主义倾向而产生的严重的道德风险和逆向选择,形成了农村信用的强违约激励效应,这也是目前农户信用缺失的一个重要原因。

对于目前我国法律执行机制不完善的情况,如何从农户个体本身出发研究其信用呢? 本章首先从影响农户信用的因素着手,从既有的研究来看,农户的守信意愿和守信能力被看作是两个最重要的因素。例如,黄晓红(2009)在分析农户声誉时将借方农户的内在特征之一定义为偿还意愿(Repayment Inclination,简称 RI),并指出"偿还意愿指借款人根据约定向贷方偿还所得借款的态度与倾向",产生违约的重要原因就是农户的信用观念不强(赖永文,2012)。谭民俊等(2007)在设计农户信用等级指标体系时指出偿债能力这个大类,并用四个可测指标表示。熊学萍(2009)在分析农户金融信用度时,把其影响因素概括为信用意愿和信用能力,这与中国人民银行宿州市中心支行课题组(2012)研究的农户的隐性信用能力对农户履约水平、履约能力的判断更具有参考价值不谋而合。虽然不同的学者对农户信用这一内涵的文字界定略有不同,但是我们发现,都是从意愿和能力的角度对农户信用提出了重点分析。

从研究农户信用的方法来看,目前大多数研究主要集中在评价体系的初步构建和影响因素理论分析等方面。例如,颜志杰(2005)与赖永文(2012)采用统计描述和计量分析的方法,蔡丽艳等(2011)利用数据挖掘技术中的 C4.5 分类算法得到农户信用的相关影响因子。王树娟等(2005)、谭民俊等(2007)运用层次分析法和模糊数学方法来判断农户的信用状况。吴晶妹等(2010)构建了农户信用的三维指标体系,并采用 Logistic 回归方程对农户的违约状况进行预测。李正波等(2006)采用了 Logit 模型对我国农村农户贷款违约的影响因素进行了实证分析。

总体来看,大多数文献关注农户信用评价体系的构建,而具体到哪些因素影响农户信用的实证研究较少,且相关的数据来源较单一,样本量较小,结论容易陷入"数据驱动"的困境。本章试图以农村微观层面的大样本数据为基础,选取处理截尾数据的 Tobit 模型,实证研究影响农户信用的因子,在规避上述研究不足方面作出探索。由于生产生活方式所限,农户信用往往不是农民个体的体现,更多的是体现为家庭的综合能力。这是由于农业生产的特点所决定的,从事传统农业耕种的农民,一般都是一家一户承包土地的模式,因此农户的信用状况受到家庭成员的影响和决定,体现出非常浓厚的家庭化特征(吴晶妹、张颖、唐勤伟,2010)。文章选取中国家庭追踪调查数据中家庭样本特征来表示农户信用特征,浅析农户信用的影响因素及其微观制约机制。

第三节　农户信贷样本基本情况

本章数据来自中国家庭追踪调查 2011 年公布的数据。调查对象是中国(除香港特别行政区、澳门特别行政区、台湾地区以及新疆维吾尔自治区、西藏自治区、青海省、内蒙古自治区、宁夏回族自治区、海南省)25个省、自治区、直辖市的家庭户以及样本家庭户的所有家庭成员。所抽取的家庭户采用的是三阶段不等概整群抽样方法。区县、村居或街道乡镇都是按照系统 PPS(Probability Proportionate to Size Sampling)抽样方式(PPS 抽样:按规模大小成比例的概率抽样)依次抽取。入选的样本村居是按照等距抽样方式抽取 28 到 42 不等的家庭户样本,然后对样本家庭户中所有满足调查要求的家庭成员进行调查。入选的农户家庭共 14795户,其中上海市、广东省、甘肃省、辽宁省、河南省跨越中国东南西北中,样本数据均在 1000 以上,具有较强的代表性和权威性。具体样本的地区分布情况见表5-1。

表 5-1　样本分布情况

地区	样本数	地区	样本数	地区	样本数	地区	样本数	地区	样本数
北京市	102	吉林省	312	安徽省	295	湖北省	286	四川省	771
天津市	91	黑龙江省	542	福建省	162	湖南省	451	贵州省	459

续表

地区	样本数	地区	样本数	地区	样本数	地区	样本数	地区	样本数
河北省	734	上海市	1405	江西省	271	广东省	139	云南省	385
山西省	649	江苏省	282	山东省	671	广西壮族自治区	289	陕西省	293
辽宁省	1478	浙江省	255	河南省	1507	重庆市	174	甘肃省	1537

资料来源:2011 年北京大学公布的中国家庭追踪调查数据。

　　关于农户信贷来源,一般认为,农户的负债主要来自三个方面:一是向银行或信用社借款;二是向亲戚朋友或邻居借款;三是借高利贷(康健和魏灿秋,2006)。在目前农村金融中,作为农户基本生产资料的土地实行集体所有制,农户除了拥有一定的不能交易的土地外,其他财产相对较少,无法用于抵押或者质押,农户与正规金融机构发生借贷行为,实质上是一种经济交易行为,也就是信用行为(张军、罗剑朝、韩建刚,2006)。另外,由于农户与农户之间人际交往范围具有局限性,农户以自身的诚信素质和履约能力可获得来源于亲戚朋友的借款。第三和借款来源则是民间借贷,民间借贷出于自愿,借贷双方较为熟悉,建立在信用程度较高的基础上(这里"民间借贷"是指游离于经国家依法批准设立的金融机构之外的所有以货币形式、有利息回报的个人与个人、个人与企业、企业与企业之间的资金筹借活动)。

　　在所有抽取的样本中,农户的实际信贷情况见表 5-2。发生信贷的农户有 4279 户,占比 28.92%。其中,从正规金融机构得到信贷的农户占所有样本农户的 8.44%,占发生借贷农户的 29.19%;向民间借贷组织借款的农户占所有样本农户的 1.23%,占发生借贷农户的 4.25%;向亲戚朋友借贷的农户占所有样本农户的 22.54%,占发生借贷农户的 77.94%。由此可以看出,中国农村信用仍然主要是以血缘和亲缘关系为特征组成的"圈层信用结构",农户的个人信用在农村熟人社会中具有很强的自我约束性,但离开熟人社会的圈层结构就被"弱信用"取代,普遍的"横向信用"的合作关系还没有得以建立。

表 5-2　农户借贷类型及比例

	样本数 （户）	占借贷户的比例 （%）	占样本户的比例 （%）
发生借贷的农户	4279	100	28.92
向正规机构借贷的农户	1249	29.19	8.44
向亲戚朋友借贷的农户	3335	77.94	22.54
向民间组织借贷的农户	182	4.25	1.23
未发生借贷的农户	10516	—	71.08

资料来源：2011 年北京大学公布的中国家庭追踪调查数据。

第四节　农户信用相关变量说明与模型选择

一、变量选取的原则

在选择变量时，要遵守指标选取的一些基本原则：高度相关性，即所选取指标与所在维度具有高度相关性，能够体现本维度的内涵。易于获得性，对于不可能获得或者获取成本极高的指标，舍弃或选取与其功能相近且易于获得的指标予以代替。可靠性，注重所选指标是否可验证，进而保证指标数值的真实可靠。

二、农户二维信用特征及变量的选取

影响农户信用的因素有很多，本书借鉴以往文献所考虑的影响中国农户信用的因素，还进一步结合当前中国农村地区经济发展的实际状况，把影响农户信用的研究变量取为农户守信意愿、农户守信能力这个二维度指标。

守信意愿，是指信用主体获得信用贷资后，对于归还信用贷资的主观努力程度，这种主观努力程度是一种不能在短时期内形成，也不能够在短时期内改变的主观态度。农户的守信意愿受品行表现、受教育程度、从业类型、居住地经济发展程度的影响。品行是一种无形人格与道德水平的综合体现,属于个人形象的一部分。衡量农户的品行,必须通过此人的行为作出间接评价,可以通过农户所在村的村干部或乡邻了解农户的基本品行,如是否诚实守信、是否孝顺父母、邻里关系是否和睦等。本章选取的是受访者回答问题的可信度(kxd)和春节间朋友拜访次数($bfcs$)来侧面反映其品行。关于受教育程度,本章利用教育支出(edu_spend)来衡量,一般认为受教育程度越高,守信意愿越强。从业类型($agri$)指家庭经营主业,亦即家庭主要收入来源,包括农业和非农业两类,不同从业类型农户的还款意识存在差异,但其强弱无法确定。居住地的经济发展程度与农户信用呈正向关系,即当地经济发展越好,农户守信意愿越强,文章选取农户家庭通电情况($elect$)、用水来源($water$)和做饭燃料类型($fuel$)间接反映农户所在地经济发展程度。

守信能力,是指信用主体获得信用贷款后,对于归还信用贷款的一种再融资能力,这种再融资能力与信用使用方的经济财富情况和家庭人口特征密切相关。首先,农户经济财富是农户经营成果的表现,是衡量农户经营能力和履约来源的重要指标。一般而言,农户过去经营成果越好,家庭财产($property$)和家庭存款($deposit$)以及家庭收入($income$)越多,信用履约能力越强,违约风险越小,农户过去经营成果越差,则相反。农户家庭的商业保险支出($insurance$)和农业支出额度($agri\_spend$)也可能会对农户守信能力产生一定的影响。另外,农户家庭人口特征与农户的守信能力密切相关。家庭成员(num_fam)越多,创造价值的综合能力越强,农户拥有的守信能力就越强。家庭中最大年纪系数(age_max)越大,农户所承受的赡养老人的负担越重,守信能力在一定程度上会被削弱。

由于中国区域发展不均衡,各地的政府政策与家族文化也有很大的差异,因此本章加入可能影响农户信用的控制变量。文中以农户家庭中是否有家谱(fam_tree)来表示家族文化,以农户是否得到当地政府的资助($social\_sf$)来反映政府政策。此外我们还控制农户所处地区($region$)这个虚拟变量来尽可能避免遗漏变量偏误(Omitted Variable Bias)的问题。入选的 14795 户农户家庭中,其指标选择与主要统计量的描述分别见表 5-3、表 5-4。

表 5-3　变量说明及预期符号

变量类别	变量名称	变量描述	预期符号
授信额	Y_1	以银行信贷额作为正规金融机构对农户的信用评价	−
	Y_2	以亲戚朋友借款额作为亲戚朋友对农户的信用评价	−
	Y_3	以民间借贷额作为民间借贷组织对农户的信用评价	−
守信意愿	bfcs	春节间朋友拜访次数	+
	kxd	受访者可信度是受访者回答的可信程度，很低—1—2—3—4—5—6—7—很高	+
	edu_spend	教育支出是过去一年家庭教育支出	+
	agri	是否从事农业生产,包括农、林、牧、副、渔业,种植业与养殖业。农业=1,非农=0	−
	elect	家庭通电情况,几乎未断电=1,经常断电=0	+
	water	家庭用水来源,自来水/矿泉水/纯净水=1,井水/雨水/池塘水=0	+
	fuel	做饭燃料,煤气/液化气/天然气/电=1,柴草/煤炭=0	+
守信能力	age_max	最大年纪是家庭中年龄最大者的岁数(岁)	−
	num_fam	家庭总成员数	+
	income	家庭收入为家庭去年一年的总收入(万元)	+
	property	家庭财产包括汽车、摩托车、拖拉机和电视的价值(万元)	+
	agri_spend	农业经营总成本包括物质服务费用和人工成本(万元)	+
	insurance	过去一年,农户家庭购买商业保险类支出(万元)	+
	deposit	去年年底,农户家庭各种存款余额总计(万元)	+
家族文化	fam_tree	是否有家谱或者族谱,有=1,无=0	+
政府政策	social_sf	是否有政府资助收入,有=1,无=0	−
地域特征	region	根据国家统计局的划分方法,分为东部、中部和西部。以西部为参照组,东部为east,中部为central	+

资料来源:2011 年北京大学公布的中国家庭追踪调查数据。

表 5-4　主要统计量的变量描述

变量	均值	标准差	最小值	最大值	样本
正规金融机构的授信额	5.8994	15.7961	0.0002	300	1249
亲戚朋友的借款额	2.3006	4.4263	0.0001	90	3335
民间借贷组织的借贷额	3.4898	5.5234	0.0001	34	182
春节间朋友拜访次数	3.3400	6.4027	0	100	14652
受访者可信度	5.3629	1.1634	1	7	14794
教育支出(万元)	0.2824	0.7716	0	30	14639
是否从事农业	0.5269	0.4993	0	1	14793
家庭通电情况	0.9590	0.1984	0	1	14795
家庭用水来源	0.6008	0.4897	0	1	14795
做饭燃料	0.5268	0.4993	0	1	14734
家庭最大年纪(岁)	56.0396	14.3435	17	110	14794
家庭成员数	3.8235	1.7292	1	27	14794
家庭收入(万元)	2.9111	9.4048	0	1000	13503
家庭财产(万元)	1.2319	3.5952	0	90.45	14794
农业经营总成本(万元)	0.4743	2.8300	0.0001	150	7644
商业保险类支出(万元)	0.0453	0.3138	0	20	14734
家庭存款余额总计(万元)	1.0092	4.8851	0	200	14015
是否有家谱	0.2265	0.4186	0	1	14697
政府政策	0.2597	0.4385	0	1	14795

资料来源:2011 年北京大学公布的中国家庭追踪调查数据。

　　结合上文及相关文献和相关数据的综合分析,本章认为在中国欠发达的农村地区,农户从三个借贷来源得到的实际授信总额(包括全样本正规金融机构的信贷额、亲戚朋友的借款额、民间借款组织的借贷额)可以作为外界对农户信用的评价,是个比较合适的衡量农户信用的代理变量,它是农户守信意愿与守信能力深刻而集中的体现。

三、模型选择

根据上文的分析,我们首先按照一般的思路建立 OLS 模型,如式 (5-1),被解释变量 Y_i^* 表示农户信用,解释变量 X_1 表示农户守信意愿相关指标, X_2 表示农户守信能力的相关指标, X_3 表示影响农户信用的其他变量,包括农户家族文化、当地政府政策和地域特征。扰动项 $\varepsilon \mid x_i \sim N(0, \sigma^2)$ 。

$$Y_i = \alpha + \beta X_1 + \gamma X_2 + \delta X_3 + \varepsilon_i \tag{5-1}$$

观察 14795 户中国农户借贷情况,其中有 4279 户家庭发生了借贷行为,约占 28.92%,另外有 10516 户家庭没有发生借贷行为,约占 71.08%,这种数据结构若采用 OLS 估计,无论是使用整个样本,还是去掉未发生借贷的子样本,都不能得到一致性估计。

本章采用 Tobin 于 1958 年提出的处理截尾数据的 Tobit 模型(Tobit Regression Model)对样本数据进行研究,探讨影响农户信用的主要因素以及正规金融机构、亲戚朋友与民间借贷组织对农户信用评价之间的异质性差异。模型见式(5-2)。

$$Y_i = Y_i^* = \begin{cases} \alpha + \beta x_1 + \gamma x_2 + \delta x_3 + \vartheta, Y_i^* > 0 \\ 0, Y_i^* = 0 \end{cases} \tag{5-2}$$

被解释变量 Y_i^* 表示农户信用,解释变量主要包括农户守信意愿和守信能力相关指标,控制变量包括家族文化、政府政策以及虚拟变量表示的地域变量。

第五节　农户信用能力实证结果分析

一、影响因素实证分析

本章利用 Stata 10.0 统计软件对可能影响农户信用的变量进行 Tobit 回归,因变量 Y 表示农户信用,解释变量与前文叙述一致。对回归结果进行检验,发现 Tobit 模型中的 Probit 部分不存在异方差.所以此处未使用稳健标准差。具体的回归结果见表5-5。

表 5-5 农户信用影响因素的回归结果(Tobit 模型)

变 量	(1)		(2)	
	Y_1		Y_2	
	系数	Z 值	系数	Z 值
bfcs	0.0772 ****	(4.20)	0.0813 ****	(4.45)
kxd	0.422 ****	(3.92)	0.416 ****	(3.86)
edu_spend	0.473 ***	(3.12)	0.487 ***	(3.22)
agri	1.502 ****	(4.77)	1.654 ****	(5.34)
elect	−1.077 *	(−1.85)	−1.060 *	(−1.82)
water	−0.646 **	(−2.22)	−0.695 **	(−2.40)
fuel	−0.903 ***	(−2.92)	−0.921 ***	(−2.98)
age_max	−0.119 ****	(−11.91)	−0.128 ****	(−13.74)
num_fam	0.912 ****	(11.57)	0.933 ****	(11.88)
income	0.00836	(0.54)	0.00737	(0.46)
property	0.439 ****	(13.71)	0.441 ****	(13.78)
agri_spend	0.228 ****	(4.67)	0.227 ****	(4.64)
insurance	1.434 ****	(4.00)	1.436 ****	(4.00)
deposit	−0.0513 *	(−1.78)	−0.0509 *	(−1.77)
fam_tree	0.346	(1.18)	—	—
social_sf	−0.815 **	(−2.43)	—	—
east	−1.809 ****	(−5.61)	−1.770 ****	(−5.51)
central	−0.736 **	(−2.24)	−0.708 **	(−2.16)
_cons	−6.601 ****	(−6.34)	−6.357 ****	(−6.13)
sigma	—	—	—	—
_cons	11.55 ****	(85.87)	11.55 ****	(85.87)
N	14778		14779	

注:****、***、**、*分别表示在1‰、1%、5%、10%的水平上显著,括号内为修正后的 t 统计值。

资料来源:2011 年北京大学公布的中国家庭追踪调查数据。

(一)农户的守信意愿对农户信用的影响

结合表5-5可以看出,农户从业类型的符号显著为正,即从事农业生产的农户比从事非农业生产的农户守信意愿强,在其他自变量保持相同的条件下,从事农业生产的农户比从事非农业生产的农户信用增加1.502个单位。春节期间朋友拜访次数和受访者可信度的系数在1‰水平上均显著为正,这与预期相符,即农户品行与其信用正相关,农户品行越好,其信用越好。受教育程度对农户信用的影响在1%的水平上显著为正,即受教育水平对农户的守信意愿有正向的影响,农户接受越长时间的教育,其诚实守信的品格越能得到提升,随着农户对信用了解的增加,其守信意愿就越强,对自身信用情况越是珍视。居住地经济发展程度对农户信用的影响总体显著为负,与预期结果不一致,即居住地经济发展程度越好,农户的守信意愿越差,信用就越差。

(二)农户的守信能力对农户信用的影响

家庭人口特征中最大年纪系数在1‰的水平上显著为负,即家庭最大年纪越大,农户面临的家庭负担越重,其守信能力相应减弱,这与现实情况是一致的。家庭成员数正向显著影响农户信用水平,即农户家庭规模越大,家庭创造价值的综合能力越强,其守信能力也越强,信用越好。农户经济财富特征中的家庭收入水平、家庭财产、农业支出额度和商业保险支出对农户信用的影响为正,即农户经济财富正向影响其信用水平,与预期结果一致。这一结果从金融机构的角度看是具有科学性的,是金融机构理性选择的结果,也是保守的信贷规则无法在短期内改变的客观现实。但是家庭收入水平系数不显著,这可能是由于农户信用对收入水平有长期稳定的预期所导致的。另外,家庭存款余额系数显著为负,可能是因为存款余额多的农户很少发生外源融资行为,影响外界对其信用的评价。

(三)家族文化、政府政策及地区虚拟变量对农户信用的影响

其他控制变量的回归结果对农户信用也有一定的影响。家族文化对农户信用影响为正,但是并不显著,这可能是因为由血缘关系连接的家族文化在现代化的巨大冲击之下,已脱离了其具有的某些原型特质(陈尧,2000),对农户信用的影响也日益减弱。得到政府资助的农户对农户信

用的影响显著为负,即被资助农户的信用水平比未被资助的农户信用水平低。地区虚拟变量的符号显著为负,说明地区差距对信用的影响是很大的,且中东部农户信用明显低于西部地区农户信用,这与人们传统认知的发达地区信用水平比落后地区信用水平高相悖,这可能是因为中东部经济的快速发展及市场化程度的深入打破了传统社会原有的信誉机制,而现代的信任机制还没有建立(Fishman、Raymond、Tarun Khanna,1999)。

二、稳健性检验

根据表5-6报告的 Tobit 模型的回归结果,我们可以以此来研究正规金融机构、亲戚朋友以及民间借贷组织对农户信用评价之间的异质性差异,进而定量考察农户信用的影响因素。

表5-6 农户信用影响因素的稳健性检验(Tobit 模型)

变 量	(1) Y_1		(2) Y_2		(3) Y_3	
	系数	Z 值	系数	Z 值	系数	Z 值
bfcs	0.148****	(3.44)	0.0497****	(5.07)	0.0341	(0.78)
kxd	1.271****	(4.51)	0.0835	(1.43)	0.479	(1.63)
edu_spend	0.319	(0.87)	0.411****	(5.09)	0.481	(1.58)
agri	2.462***	(2.98)	0.922****	(5.36)	1.969**	(2.28)
elect	2.065	(1.34)	−0.763**	(−2.44)	−3.208***	(−2.67)
water	1.069	(1.44)	−0.548****	(−3.49)	−0.905	(−1.23)
fuel	0.324	(0.40)	−0.544***	(−3.24)	−0.955	(−1.16)
age_max	−0.155****	(−5.99)	−0.0609****	(−11.26)	−0.0811***	(−2.94)
num_fam	0.849****	(4.13)	0.558****	(13.06)	0.568***	(2.86)
income	0.0504**	(2.02)	−0.0881****	(−3.62)	−0.122	(−0.96)
property	0.824****	(12.32)	0.0767****	(3.92)	0.332****	(5.15)
agri_spend	0.347****	(3.53)	0.0968****	(3.71)	0.113	(1.26)
insurance	2.595****	(3.60)	0.299	(1.39)	1.041	(1.64)

续表

变　　量	(1)		(2)		(3)	
	Y_1		Y_2		Y_3	
	系数	Z 值	系数	Z 值	系数	Z 值
deposit	−0.0956	(−1.44)	0.0188	(1.26)	−0.265	(−1.50)
fam_tree	1.171	(1.56)	0.142	(0.89)	−0.457	(−0.58)
social_sf	−3.115****	(−3.45)	0.0219	(0.12)	−0.441	(−0.47)
east	−10.32****	(−12.20)	−0.0453	(−0.26)	−2.690***	(−2.98)
central	−8.883****	(−10.42)	0.569***	(3.19)	−0.0317	(−0.04)
_cons	−31.12****	(−11.18)	−3.942****	(−6.98)	−21.95****	(−7.44)
sigma	—	—	—	—	—	—
_cons	20.69****	(44.75)	5.929****	(73.43)	10.96****	(15.53)
N	14778		14778		14778	

注：****、***、**、*分别表示在1‰、1%、5%、10%的水平上显著，括号内为修正后的 t 统计值。
资料来源：2011 年北京大学公布的中国家庭追踪调查数据。

（一）从业类型对农户信用的影响系数均显著为正

且在正规金融机构和民间借贷组织中的作用大于在亲戚朋友中的作用，这可能是因为从事农业生产的农户比从事非农业生产的农户面临风险小，且其收入也相对较少，在面临有利息的借贷时，会产生较大的心理压力和负效用，因此在正规金融机构和民间借贷组织中会保持较强的积极性。农户品行对农户信用在正规金融机构、亲戚朋友、民间借贷组织中的系数均为正，与前文分析一致，且在正规金融机构中尤为显著。教育水平对农户信用的影响系数也为正，但是系数只对亲戚朋友在 1%水平上显著，说明农户家庭教育水平越高，农户在亲戚朋友中的威望越高，可信度越高。农户居住地经济发展程度对于农户信用在不同借贷来源中的影响不一，在正规金融机构中的影响不显著为正，而在亲朋与民间借贷组织中的系数显著为负。

（二）农户家庭人口特征对农户信用的影响与前文预期一致

家庭最大年纪对农户信用的影响显著为负，家庭成员数对农户信用的影响显著为正,且家庭人口特征对于农户信用在正规金融机构中的作用明显大于在亲戚朋友和民间借贷组织中。这也表明,在对农户授信时正规金融机构对农户的潜在还款能力更为关注。家庭财产对农户信用的影响与前文分析相一致,均在 1% 水平上显著为正,但在亲戚朋友、民间借贷组织和正规金融机构中对农户信用的作用依次增强,表明在信用机制不完善的情况下,农户的家庭财产作为抵押品依然被借贷机构视为重要的履约来源。守信能力中的其他变量对农户信用的影响与前文分析的差别不大。

(三)家族文化和地区虚拟变量对农户的信用影响与前文分析一致,此处不再赘述

得到政府资助的农户在不同组织机构中对农户信用的影响不稳定,与预期结果不同,可能是受访者碍于面子问题,不愿意如实回答问题而造成的统计数据不完整所致。

第六节　提高农户信用水平

本章以"2011 年中国家庭追踪调查"全国 25 个省(自治区、直辖市)共 14795 户专项入户调查数据为基础,从农户的微观行为层面研究农户信用的影响因素。实证分析表明,农户信用主要由农户的守信意愿和守信能力体现出来。具体如下:

不同从业类型的农户信用存在差异,从整体上看,从事农业生产的农户比从事非农业生产的农户守信意愿强,且在相同条件下信用高出1.502 个单位,在亲戚朋友、民间借贷组织、正规金融机构中,二者之间的信用差异逐渐增大。家庭人口特征中的家庭最大年纪对农户信用的影响为负,家庭成员数对农户信用的影响为正,二者都是从守信能力方面出发而得出的结论。家庭财产作为农户过去经营成果的表现,正向影响农户的信用能力,家庭财产越多,农户信用履约能力越强,违约风险越小。品行和家庭收入对农户信用的影响在正规金融机构中较显著,而教育程度对农户信用的影响在亲戚朋友中较显著。

　　基于以上结论,要提高农户信用水平,本章认为:首先,地方政府和基层组织应加大对农村教育投入和技能培训的力度。一方面,农户通过接受教育,可以提升其诚实守信的品格,随着对信用知识了解的增加,农户对自身信用情况会越来越珍视,守信意愿就会越来越强。另一方面,农户通过专项技能培训,可以提高其生产与经营能力,进而实现收入的提高和财富的积累,增强自身的守信能力。其次,地方政府和基层组织应对有高龄老人的贫困家庭给予一定的财政支持,减轻农户的赡养负担,从而使其守信能力不被过度地削弱。再次,金融机构可以通过改变传统的信贷做法,不再过分强调抵押、担保等措施,转而从真正意义上以信用为基础,大胆增加发放农户信用贷款,更好地服务"三农"。

　　另外,在提高农户信用水平的基础上,地方政府和金融机构应采取各种有效措施,促进农户与金融机构之间的相互信任关系。因为大部分农户认为他们不被正规金融机构所信任,而不愿意向正规金融机构借贷(孔荣、霍学喜等,2009),在本章表5-2中也得到证实,这不但影响农户生产性资金的获得,也间接阻碍农村金融机构的发展。

第六章 信用环境的经济绩效
及其影响因素

——基于 CEI 指数及中国省级、
地级市数据的实证研究

▌**本章导读** ▶

"信用经济时代"的到来意味着信用环境已成为一国继物质资本和人力资本之后促进经济增长和社会进步的主要资本。本章以中国的省级及地级市数据为研究样本,以城市商业信用环境指数(CEI)为依据,揭示信用环境对一个地区经济绩效的影响,如人均 GDP 及其增长率、企业发展水平、金融发展水平、城乡收入差距,进一步分析影响信用环境的因素。研究发现信用环境可以促进一个地区的经济发展,但也会拉大城乡收入差距;一个地区的教育水平、城镇化水平、人口密度、交通设施对信用环境的影响比较显著,其中城镇化水平对信用环境的影响又和市场化水平密切相关,而地域文化和通信水平的影响并不显著。

第一节 信用环境问题的形成

当今社会的"信用环境"已经成为种种经济和社会问题的根源。因为信用缺失而引发的各种社会问题,因为信用的无限膨胀而引发的全球性金融危机无不让人们的生活受到严重的影响。这些都是社会缺乏好的信用环境的表现和结果。信用的缺失会导致整个社会交易成本激增,这种对社会和经济的损害是显然的,社会分工受到阻碍,并将长期影响一个地区的经济发展(张维迎,2002)。市场经济的道德基础最重要的是信誉或信任（张维迎,2001）。信用环境在维护市场经济的有序发展中具有不可替代的作用。

自20世纪80年代以来,中国在世界上造就了经济持续高速增长的奇迹。2010年,中国GDP总量超过日本,成为仅次于美国的世界第二大经济体。当年,中国的人均GDP为29600元人民币,按照同期汇率折算为4283美元。根据发达国家的经验,凡人均GDP超过2000美元的市场经济型国家,其市场的交易形态都会转变为以信用交易为主导的形态,从而进入"信用经济时代"。中国的社会经济发展状况和市场上的种种迹象表明,中国已正式跨入"信用经济时代",于是"信用环境"在中国的各个领域越来越受到重视。如何在中国营造更好的"信用环境"以及更好地利用"信用效益",成为一个非常重要的研究领域。

本章选择中国城市商业信用环境指数①作为信用环境的衡量指标,并选取中国地级市及跨省的相关数据,探讨了信用环境与经济绩效的关系,并分析了信用环境的影响因素。

第二节　信用环境问题的理论基础

有关信用环境的文献研究,总体上可以分为三个方面:一是从理论基础和演化角度对信用环境的理论渊源和演化进行了阐述;二是针对如何构建信用环境的评价指标体系的研究;三是解释信用环境的经济影响及影响因素。

从信用环境的理论基础与演化方面,学者主要从社会学、古典经济学和演化经济学三个方面研究了信用环境的理论渊源。亚当·斯密较早地从社会学的角度指出经济活动是基于社会习惯和道德进行的。马克斯·韦伯在《新教伦理与资本主义精神》中,也指出不同文化在信任上的差异及其对社会经济的影响。弗朗西斯·福山(Fukuyama,2000)将"信任"作为社会美德与社会资本相作用的结果。但是相关考证发现,从人类历史发展来看,信用经历了从"道德主义"转变为"经济意义"的演变历程,即认为好的信用环境对经济发展具有促进作用(石新中,2007)。其实,在

《资本论》中,马克思就已经分析了信用在商品生产与流通中的作用。演化经济学的主流观点认为,在相同的外部环境下,个体之间通过互相竞争可以有相同的行为表现(Amir,2010;Brosnan,2011),通过竞争而形成的集体责任信用合约可以形成良好的信用环境,产生互惠结果(Madajewicz,2011),这使得信用环境演化为公共产品。公共产品因为具有较强的正外部性而往往发生供给不足的现象,这使得需要政府这只"看得见的手"适当介入。

有关信用环境的评价指标体系。现有的国际上关于信用环境评价主要是对世界各国和地区进行的主权信用评级,如穆迪和标准普尔。在银行领域由 JP 摩根银行使用的信用矩阵方法,KMV 公司研究的基于期权定价的破产判别模型,信用卡风险评估法和麦肯锡咨询公司提供的信月组合观点等。国内的研究主要囿于我国信用环境现状及治理层面,并且以定性分析为主(吴晶妹,2002;张亦春,2004)。近年来,由于社会征信体系的构建越来越受到人们的重视,对信用环境的定量研究也多了起来,中国城市商业信用环境指数(中国城市商业信用环境指数课题组,2012),在主观上和客观上都很好地评价了该地社会整体的信用环境。金融生态环境的指标体系(李扬等,2005)和地区信用环境评价指标体系以及评价模型(宋健,2006;湖南大学信用研究中心课题组,2010)对金融生态环境的评价提供了理论依据。上述研究涉及金融生态环境、社会总体信用环境评价的多个方面。

从信用环境的经济影响及影响因素来看,既有的研究从不完全信息(Akerlof,1970)、信息不对称(Williamson,1975;蒋海,2002)、政府腐败(Raiser,2008)等角度分析了信用缺失的原因,并发现好的信用对经济有显著的促进作用(吴晶妹,2002;张维迎等,2002)。福山(1998)认为社会成员之间的信任乃是文化对经济的影响途径和表现形式,它会直接影响甚至决定经济效率。影响的机理在于信任直接影响了一个社会经济实体的规模、组织方式、交易范围和交易形式以及社会中非直接生产性寻利活动的规模和高度(张维迎等,2002)。哪些因素影响信月环境呢? 文学和人类学家认为,信用或者社会资本是一种历史遗产,它来自长期的文化积淀（Dore，1987）。例如，宗教或者群体文化对信任度会有影响，人们出于对惩罚的恐惧会对现状守信，并且这种文化导致的信任度差异将因为文化的差异而长期存在，难以改变。也有研究强调行业协会对信用环境建设的积极作用（王天雨，2004），这种观点实际上吻合了现代信用制度的三个特征（国家立法规定信用信息公开、社会中介组织发挥枢纽作用，信用的激励机制和惩戒机制）（石新中，2007）。弗得伯格和梯若尔（Fudenberg 和 Tirole，1992）认为，因为中介组织在某种程度上延续了一个人的生命，从而使一次性博弈变成重复博弈，重复博弈带来的长期利益追求会导致信任的需要。菲斯曼和罕娜（Fishman 和 Khanna，1999）利用世界价值观的调查的资料证明一个社会中双向交流的信息量对于信用环境有显著的正向作用。交通设施对信任产生影响是因为一个地区交通设施的便利程度会直接影响交易的广度以及重复的可能性，也是影响人们之间信息交流的重要因素（Fishman 和 Khanna，1999）。

综上所述，因为新古典经济学的假设前提难以将信用问题纳入研究体系，迄今经济学对于信用环境仍然缺乏系统的研究（程民选，2010），但随着信息经济学和博弈论等新兴学科的发展，又为经济学的信用理论分析提供了新的视角和工具。从上述文献中，我们可以看出信用环境与经济绩效之间有着密切关系，且信用环境受到文化、信息交流、交通、社会中介组织以及经济发展等因素的影响。本章在已有研究的基础上，运用来自中国的数据，选用相关经济绩效指标和影响信用环境因素的代理变量，解释说明了信用环境在中国的具体现象，并从中得出一些基于中国实际的重要结论和启示。

第三节　信用环境相关数据来源及说明

本章主要研究两个问题：一是信用环境对经济绩效的影响，数据主要选取中国 2010 年各直辖市和地级市的 CEI 指数及相关经济绩效指标。CEI 指数来自 CEI 官方公布的数据（《CEI 蓝皮书：2012 中国城市商业信用环境指数》），而各直辖市和地级市的经济绩效数据取自《中国区域统计年鉴2011》,由于数据的可获得性和部分城市的数据缺失,最终用于计算的地级市为274个,其指标选择及描述性统计分析见表6-1。二是研究信用环境的影响因素,基于数据的可获得性及评价结果的客观全面性,本章采用2011年度跨省数据,其中用各省辖区地级市CEI信用环境指数算术平均值作为衡量一个省的信用环境,直辖市就按照原CEI指数衡量。最终参与分析的直辖市为30个。其指标选择及描述性统计分析见表6-2。

表6-1　信用环境与经济绩效指标选择及描述性统计分析结果

变量	含义	均值	标准差	最小值	最大值
CEI_city	各市 CEI 指数	67.06365	3.364956	62.018	86.606
GDPPC	人均 GDP(元)	32658.73	20798.36	5530	138109
GROWTH_gdppc	人均 GDP 增长率(%)	16.33424	5.698713	-16.20788	28.31112
RATIO_loan_deposit	金融机构存贷款比(%)	62.50168	25.33899	25.87028	377.1737
RATIO_lager_industry	大型企业产值所占比率(%)	26.15468	19.05247	0	91.33389
RATIO_medium_industry	中型企业产值所占比率(%)	30.70934	11.26093	3.766774	68.80169
RATIO_small_industry	小型企业产值所占比率(%)	42.67542	17.99535	2.61861	85.94407
RATIO_foreign_industry	外商投资企业产值所占比率(%)	9.047933	10.38629	0	55.23189
IGAP	城乡收入差距(元)	10682.92	2822.934	3037	32381

注:(1)金融机构存贷款比率是用该地人民币贷款占存款的比率;(2)企业产值所占比率是该型企业产值占总产值的比率;(3)城乡收入差距是城镇居民收入减去农村居民收入。

表6-2　信用环境的影响因素指标选择及描述性统计分析结果

变量	含义	均值	标准差	最小值	最大值
CEI_province	各省直辖市 CEI 指数	73.96707	3.632771	69.461	85.186
LEVEL_urbanization	各省城镇化水平(%)	53.15133	13.625	34.96	89.3
TRAFFIC	交通设施(万千米)	14.20213	7.537936	1.477	29.75
POP_higher_education	受高等教育数(百人)	11.10425	5.60899	5.365355	33.93972
INDEX_marketization	市场化指数	7.567333	2.048651	3.25	11.8
DENSITY_pop	人口密度(千人/平方千米)	0.4548996	0.6875089	0.0078661	3.726127
TELEDENSITY	电话普及率(部/百人)	98.359	27.30213	67.14	176.34
VIRTUAL_region	地区虚拟变量	0.4666667	0.5074163	0	1

注:(1)交通设施包括内河航道、铁路、公路里程之和;(2)城镇化水平为城镇人口占当地总人口的比例;(3)市场化指数的数据来自(樊纲和王小鲁,2011);(4)地区虚拟变量,南方为1,北方为0;(5)没有特别注明的数据均来自《中国统计年鉴2012》。

因为各地区的 CEI 信用环境指数差距不是很大,最大值和最小值之间差距为 30 以内,所以在本章的计算结果中,尽量精确计算结果,以更好地反映和区别不同变量的影响因素。人均 GDP 增长率最小值为 -16.20788%,这可能是数据统计错误,但笔者并没有人为地篡改数据,尽量保持原来数据的真实性,但这只是个别情况,不影响后文的分析以及得出的结论。此外上海市、广州市、佛山市、中山市的人均 GDP 增长率都出现了微弱的负增长。

第四节　信用环境与经济绩效

一、信用环境与人均 GDP 及其增长

信用环境指数与人均 GDP 的相关系数为 0.41,而与人均 GDP 增长率之间的相关系数为 -0.34。这意味着信用环境越好的地方其人均 GDP 也比较高,但人均 GDP 的增长率却越低。由图 6-1 可以清楚地看出,人均 GDP 的增长率与信用环境指数有较为强烈的负相关关系。

原因可能在于,信用环境越好的地方,分工和交易越发达,地区优势就能得到发挥,因而经济水平越高,但由于近年来人口过于向某些城市集中,而一般信用环境好的地方人口密度也越高(下一部分将有分析),这就导致虽然信用环境好的地方人均 GDP 更高,但由于人口每年增速过快,其人均 GDP 增长相比于其他地区出现更低甚至可能出现负的增长的情况。

二、信用环境与企业发展之间的关系

为了更好地横向比较,我们用企业产值占当地总产值比来衡量该地按规模分企业的发展水平。从图 6-2 我们可以看出信用环境与大型企业、外商投资企业产值占总产值比有明显的正相关关系,相关系数分别为 0.28、0.33。和小型企业产值占总产值比呈负相关关系,相关系数为 -0.33。而与中型企业产值占总产值比却没有明显的相关关系,相关系数

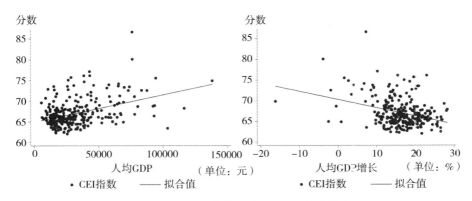

图6-1 信用环境与人均GDP及其增长率

仅为0.06。基于我国的特殊情况,大型企业中多数企业都为国有或国有控股,而这些企业一般都代表着良好的信用和信誉,好的信用环境与好的大型企业效益呈正相关关系是我国特殊国情造成的。因为大型企业的齐兑和我国普遍对中小企业的金融排斥,使其得不到良好的信用和金融支持,所以信用环境对中小企业的影响远没有对大型企业那么积极,特别是对小型企业甚至是负的作用。信用环境越好的地区,外商也会越垂青于此,我们发现信用环境越好的地方,外商投资的企业也会发展得越好。

所以,信用环境的发展可能对当地企业的发展有双重效应:一是会显著地提高当地大型企业和外资企业的发展水平,但对中小企业有可能存在削弱作用。来自中国的一个微弱的证据是2010年的直辖市信用环境指数和各地区小额信贷公司的贷款余额呈微弱的负相关关系(见图6-2)。这说明在我国信用环境越好的地方,其小额贷款余额反而更小,而小额贷款一般都是支持中小企业发展的中坚力量,虽然这种效应很微小,但解释了在中国出现信用环境对企业发展双重效应的现象。但这种现象因为没有充分的证据,是值得怀疑的。

三、信用环境与城乡收入差距之间的关系

从图6-3我们可以看出一个很有意思的现象,信用环境与城乡收入

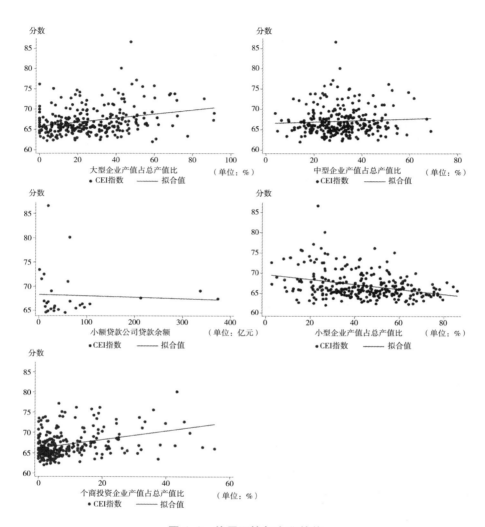

图6-2　信用环境与企业效益

差距呈正相关关系,相关系数为0.33,即信用环境越好,当地的城乡收入差距越大。这似乎与我们的理论和直觉不符合,但可能的原因是信用环境对城镇收入的边际影响比对农村收入的边际影响更高,随着信用环境的进一步优化,虽然城镇和农民的收入都有所增加,但差距却也随之增大。

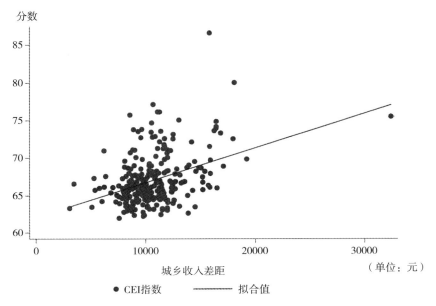

图 6-3 信用环境与城乡收入差距

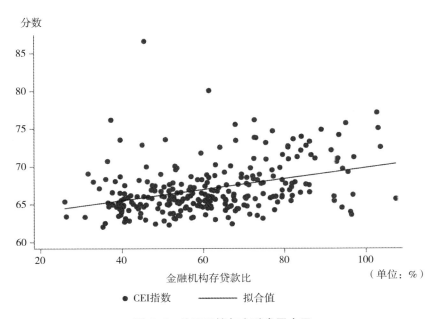

图 6-4 信用环境与金融发展水平

四、信用环境与金融机构发展水平的关系

我们用当地的金融机构人民币贷款占总存款比来衡量当地的宏观金融发展水平。图6-4中，我们剔除掉了一个最大的特异值。我们可以看出，一个城市的信用环境越好，其金融机构的发展水平也更高，相关系数为0.20。好的信用环境意味着该地区的贷款违约率和坏账率也会更加低，这是促进金融可持续发展的最重要也是最基本的因素。

第五节　信用环境的影响因素

本章第二部分已经论述，信用环境被认为和文化、交通、信息交流、社团参与水平以及经济发展水平等有关，根据中国的跨省数据，这些因素都可以找到相应的可获得变量来替代，这些变量包括人均 GDP、城镇化水平、交通设施、人口中受教育程度、人口密度、电话普及率等。因为人均 GDP 和一个地区的教育水平、城镇化水平、人口密度高度相关，所以在回归中，没有把人均 GDP 加入解释变量，被解释变量为各直辖市的 CEI 指数。

表6-3　回归分析结果：信用环境的影响因素

解释变量	模型 1	模型 2	模型 3	模型 4
LEVEL_urbanization	−0.0732696 (0.0674088)	−0.3298722 * (0.1948653)	−0.2502165 * (0.1472238)	−0.0724109 (0.0679496)
TRAFFIC	−0.183584 ** (0.0528801)	−0.1755756 ** (0.0530411)	−0.1550166 ** (0.0655349)	−0.1916906 *** (0.0542742)
POP_higher_education	0.3429734 ** (0.1104288)	0.2279989 * (0.1272472)	0.2655244 ** (0.1208443)	0.3566852 *** (0.1126429)
DENSITY_POP	1.545384 ** (0.7186282)	—	—	1.391207 * (0.7500768)
INDEX_marketization	—	—	−1.925039 * (1.009218)	—
TELEDENSITY	0.0226051 (0.0276455)	—	—	0.021456 (0.0279016)

续表

解释变量	模型 1	模型 2	模型 3	模型 4
VIRTUAL_region	—	—	—	0.5534967 (0.6998452)
LEVEL_urbanization× *INDEX_marketization*	—	—	0.035253 ** (0.0174564)	—
LEVEL_urbanization2	—	0.0032321 * (0.0017556)	—	—
常数项	73.73386 *** (2.449559)	81.75115 *** (5.921864)	86.24828 *** (7.568396)	73.80145 *** (2.438508)
Adj R-squared	0.7626	0.7593	0.756	0.7588

注:***、**、*分别表示在1%、5%、10%的水平上显著,括号内的值为标准差。

计算方差膨胀因子,模型1(4.07)、模型4(3.64)没有严重的多重共性问题。模型2和模型3因为加入了平方项和交互项,方差膨胀因子稍大,但不存在完全共线性问题,不影响我们对结论的基本判断。调整的判定系数 R^2 的值显示能够接受方程的拟合优度,即被解释变量可能被模型解释的部分较多,未被解释的部分较少。在具体选择模型解释变量时,模型2、模型3在模型1的基础上剔除了与我们研究问题变量共线性比较严重但与我们所要研究的问题不相关的变量,如模型2、模型3去掉了人口密度和电话普及度,模型2加入了城镇化水平的平方项,模型3加入了市场化指数以及市场化指数和城镇化水平的交互型。模型4在模型1的基础上加入了地区虚拟变量。经过检验模型1—模型4皆没有内生性和异方差的问题,可以用多元回归进行分析。

一、受教育程度和地域文化对信用环境的影响

模型1—模型4皆表明一个地区的受教育程度可以显著地提高当地的信用环境。受教育程度一方面代表着人力资本和财富水平,另一方面教育影响社会参与程度。因此受教育水平越高,守信用的可能性越大,尤其在中国,人们普遍认为如果一个地区的受教育水平比较高,则信用环境就越好。

通过模型4,我们知道没有证据表明,地域文化的区别会影响信用环境。根据直觉判断,人们一直认为北方人比南方人应该更讲信用,但本章南方的信用环境稍微比北方好一点,系数为0.5534967,但很不显著(p值为0.437)。张维迎在他的文章中作出了解释,因为南方经济和交易都比北方发达,所以在商业信用环境方面,南方人比北方人更讲信用。但现在中国的市场经济依然不是很发达,在没有很好的商业规范和明晰的产权制度下,在短期内,追求商业利益可能会带来更多的不守信,从而影响信用环境。两者效应的对冲导致地域文化对信用环境的影响并不显著。

二、城镇化水平对信用环境的影响

从模型1中,我们得出城镇化水平对信用环境具有负面影响,但这种影响很不显著(p值为0.463)。但如果我们在模型2中加入城镇化的平方项时,城镇化水平的负面影响就比较显著,但因为城镇化水平的二次项的系数为正,这种负面影响是随着城镇化水平的增加而逐渐减小并逐步转化成正的积极影响,且这种效应是很显著的。通过对城镇化及其二次项的斜率系数做计算,当城镇化水平在50.03%以前时,城镇化水平对信用环境的影响是负面的,而超过50.03%时则对信用环境的影响是正面的。当我们考虑是什么因素会使城镇化水平对信用环境由负面转为积极并逐渐递增的影响时,我们考虑,当我们一味地进行城镇化时,如果没有很好的商业规范和明晰的产权(即市场经济),人们还沉溺于在农村所养成的信用习惯,短时期内城镇化很可能会破坏当地的信用环境导致更多的信用缺失案件,当城镇化达到一定水平之后(超过50.03%),随着人们习惯和观念的转变,城镇化才对信用环境具有促进作用。所以在模型3中我们引入了市场化指数,并做了市场化指数与城镇化水平的一个交互项以研究他们之间的相互作用,由模型3我们可以看出,单从城镇化或市场化水平对信用环境的影响来看,他们都只是显著的负面作用,但从交互项的结果我们可以看出,市场化水平和城镇化水平具有相互促进的作用,且这种作用在5%的水平上显著。这也在一定程度上解释了模型

2 所说明的城镇化水平递增影响信用环境的原因。所以在城镇化过程中,一定得伴有良好的市场经济,才能对当地的信用环境起到明显的改善作用。

三、人口密度对信用环境的影响

模型 1—模型 4 都说明了,人口密度越高可以显著地提高一个地区的信用环境,因为人口密度越高,人们需要交易及重复交易的可能性就越大,在进行重复博弈的过程中不守信用的成本会很高,人们遵守信用的激励就越强。所以人口密度可以显著地提高一个地区的信用环境。

四、通信水平对信用环境的影响

没有证据表明,通信水平跟信用环境有显著的关系,虽然通信水平在一定程度上有改善信用环境的作用,但不是很明显。虽然中国现有的电话普及率已经比较高,电话交流在人们的日常信用交流中也很重要,但通过电话达成交易的还是少数。虽然现在的技术已经达到了电话交易的要求,但人们依然固守"眼见为实"的观念。所以在中国,一个地区的通信水平并不能对该地的信用环境产生显著的影响。

五、交通设施对信用环境的影响

从模型 1—模型 4 中,我们可以看出,交通设施对信用环境有显著的负面作用,这似乎与我们的理论不符。但在中国,交通设施可能代表着双重效应:一是越发达的交通代表人们进行沟通和交易更便利;二是一个地区拥有更多的交通设施可能是因为人们之间距离比较远的缘故,同样的交往情况下,他们所需要的交通里程更多。人口稀少、交往距离长的地区往往更需要交通设施。所以交通设施越多,反而代表着当地重复交易的可能性更小,反而影响当地的信用环境,仅就本章的数据而言,交通设施所反映的第二种效应比第一种效应更强烈。所以就出现显著的负面影响作用,但这种影响对信用环境不是很强烈。

第六节 信用环境的重要性

前文的论述表明,信用环境对一个地区的人均财富、企业发展、金融发展水平、城乡收入差距等因素有影响。虽然好的信用环境可以提高一个地区的人均财富,但因为好的信用环境意味着更多的人口,所以对人均财富增长率的影响却是负面的。好的信用环境可以提高大型企业和外资企业的相对发展水平以及金融发展水平。但对提高该地区中小企业的效益没有起到应该有的作用甚至是负面作用,此外信用环境虽然可以提高城乡收入,但也会拉大城乡收入差距。

中国经验表明,一个地区的受教育程度、经济发展水平、人口密度会显著地提高当地的信用环境,但地域文化和通信水平的影响似乎并不显著,交通设施对提高当地的信用环境因各地区而异,取决于交通设施所代表的双重效应,比较重要的是虽然城镇化水平也会显著地影响信用环境,但其作用是在城镇化水平达到一定的高度,且只有和当地的市场化水平相辅相成时才可以发挥出来。

通过本章的研究,我们可以获得一些重要的启示。

一、好的信用环境意味着更高的人均财富的同时,会吸引更多的人口

而这样的情况在中国尤为严重,近年来人口在某些城市的过度集中,导致当地的经济因为过度负荷,而使人们的生活水平提高极其缓慢。反应在宏观层面上就是人均 GDP 增长率相对于其他城市更低甚至出现负的增长。在中国,迫切要在观念层面上改变这种现象。

二、中小企业要积极获得"信用效益"

信用环境是一种重要的社会资本,在促进一个国家或地区经济增长和社会进步中的作用越来越重要,但在中国,中小企业的发展一直都不容乐观,破解中小企业发展难题,在我国一直都是一个重要任务。因为对中

小企业的金融排斥和金融约束,"信用环境资本"还没有对中小企业起到应有的作用,中小企业要想获得"信用效益",就必须努力破除金融排斥的格局。

三、不能忽视的"城乡收入差距"

因为"信用效益"对提高城镇居民的边际收入影响要大于农村居民,所以在优化信用环境的同时也会带来城乡收入差距过大的社会问题。现在的城乡二元格局,使得收入的增长和经济增长福利过多地落入到城镇,而农村却比较少。积极改善城乡二元格局的局面,共享改革福利,是缓解城乡"收入差距"持续扩大的一个有效途径。

四、城镇化和市场化同步进行

党的十八大之后,"新型城镇化"开始进入人们的眼帘,人们开始关注这里的"新"到底新在什么地方。通过本章,笔者认为这里的"新型城镇化"必须伴随着有效的"市场化",这里的市场化无非就是有效的商业规范和明晰的产权制度。只有在有效的"市场"中提高城镇化水平才可以促进"信用环境资本",否则可能会起到负面作用。

五、地域文化传统的影响

在中国,地域文化的影响主要体现在南北差异上,从性格上看,人们认为北方人更值得信任。而从经济与交易方面看,南方人的商业信用环境似乎更好。但是这两方面影响的显著性值得怀疑,也许更重要的是在信息、产权等方面。

第七章 转型期农村金融的 信用环境建设研究

本章导读 ▶

　　农村信用建设问题是农村金融学术研究的重要课题。立足于农村经济社会背景,以制度演化为线索对农民失信行为及履约机制的分析表明,重复博弈向单次匿名交易的转变是转型期农村信用失序的根源,政府引导下信用环境的优化能够降低现代经济社会的匿名程度。政府是最大制度提供者,政府可通过明晰产权为信用环境建设提供制度基础;作为强制第三方介入,政府能通过制度保障促成信用实现;政府和人民是特殊的委托代理关系,政府信用是社会信用的基石。

第一节　农村信用环境的建设

　　新农村建设所带来的农业增收使农民已经具备了一定的偿还能力,但农民有意拖欠和不审慎使用贷款的情况依旧普遍存在,特别是习惯性地将各级政府发放的贷款视为国家补助而任意使用或拒绝归还,国家政策性支持也就自然沦为"政策坏账"。农户信用关系扭曲将严重制约农村金融的可持续发展,以预算约束和制度激励引导农民信用行为是稳定农村经济发展的当务之急。渐进式经济体制转轨打破了原有的高度集中统一的信用体系,符合现代市场规范的信用制度尚未建成,低信任度的农村社会不可能自动衍生出合作组织,需要借助强有力的"国家之手",并且组织化滞后的农村适宜于非正式制度的发展,特殊信任和一般信任相区分能够解释农民内外有别的信用结构。本章正是基于以上要点,分析转型期间农村信用危机的原因,在此基础上提出改善我国农村信用现状的制度安排和政策性建议。

第二节 亲缘信用向契约信用的转变

——基于特殊信任的自我实施效率

中国农村中的信任多建立在亲缘或类似亲缘的纯个人关系上,在"差序格局"①的乡土式人际关系之下,以血缘关系共同体为核心的信用结构有着内强外弱的特征:情感性关系②越强,信任越强;情感性关系逐渐减弱,工具性关系逐渐增强时,信任渐渐淡化。在族缘、地缘、血缘关系基础上的熟人社会中,重复博弈能解释农民间极强的特殊信任:农村的地缘封闭性特点使得信用关系发生在狭小的信息共享空间内,信息完备性、信息传播迅捷使人们很容易甄别可能发生的欺诈行为;"闲言碎语"作为民间特有的约束机制,对非道德行为有良好的监督、制约效果;声誉机制的"连坐制"效应使得各成员面临极高的背德成本,有共同利益的成员间的相互监督加大了农民恪守信用的力度。特殊信任主义能自动给人们提供行为选择的硬约束、正向激励效应,极大地提升不完全契约的自我执行能力,是一种稳定的非正式制度。

经济转型下,传统熟人社会解体,交易维度、广度和难度的增加使得单次匿名交易逐渐取代重复博弈,其背后的深刻原因则是正在发生的社会结构变迁,交易对象数量急剧扩张及对高额利润的追逐渐渐侵入差序格局,逐利性质的现代交往使得社会以利益结构重组。由于我国目前与利益相吻合的交易系统尚未完善,仍通过传统熟人搭桥在现代经济中开

---

① 费孝通在分析乡土中国人际关系结构时,以比喻的方式提出了"差序格局"的概念:以"己"为中心,像石子一般投入水中,和别人所联系成的社会关系像水的波纹一般,一圈圈推出去,愈推愈远,也愈推愈薄。

② 黄光国将人际关系分为三种:情感性、工具性及混合性。情感性关系主要是家庭成员、密友等原级团体成员,工具性交往则以利益为基础,而混合性基于二者之间。

发陌生人资源及建立工具性关系,其脆弱性及风险将被掩盖,逐利空间越大,个人机会主义行为也越频繁,这是转型期农村信用缺失的一个重要原因。另外,错误的金钱观对以道德、责任为核心的集体意识的不断冲击,以及个人主义与集体主义的偏离导致了个人行为越来越倾向于实现自身利益,使得其既无法再认同原来的社会结构及其文化规范,又缺乏新的社会结构及其规范的思想准备,基于公共态度和目标的社会信任必将消失。

转型中交易规模的扩大会带来许多额外费用,特殊信任不再拥有成本优势:一方面,亲缘信用交易并不具备明显的法律地位,当风险随交易半径的扩大而增加,扩大的人格化信用组织为了寻求自我保护,不得不与地方非法组织勾结,高昂的交易成本也可能使其采取机会主义行为,进一步加大风险;另一方面,人情式交易中,人们都希望以感情投资的方式提高自身效用,相反,欠了别人的人情会使其产生精神负担,交易扩大导致人情成本不断增加,交易者边际效用逐步递减,一旦交易扩大到一定规模,人们宁愿选择与陌生人缔交契约而支付固定的交易成本,也不愿欠下人情债。因此,高度人口流动、商业关系国际化等因素必然导致特殊信任的弱化,巨大的交易成本使得农村信用在转型期间会不可避免地出现无序,以信用服务为主的民间借贷也将蜕变为黑色金融。

笔者认为,现代经济转轨打破了重复博弈基础,但不发达市场经济现状表示我国农村目前还不能从更高形态复制重复博弈条件,在特殊信任面临规模不经济和受信用风险的双重约束时,亲缘信用应该向基于一般信任的契约信用转化,填补农村经济社会的信用真空。但我国农民的一般信任治理令人失望,高昂的信息成本和交易成本的存在使得农民很难确定新的获利机会能否带来收益,他们的最终策略是选择等待和观望。如何让中国农民的特殊信任突破熟人社会,达成一般性的陌生人与陌生人之间的信用关系是发展契约信用的关键。

第三节　转型期间的信用环境治理

家庭制度是农民抵御风险的保障制度,离开共同体的农民无法再依赖过去曾长期积累的声誉资本,大量不可预见的事件与高额的交易成本使其极有可能成为信息劣势方,且难以抑制对方潜在的机会主义行为。要让农民走出家庭圈层并扩展横向联系,突破特殊信任达到一般信任,用贝克尔的话来说,唯一的出路就是用市场保险代替家庭保险,使原有的家庭制度被现代社会中的其他制度所取代。

信用环境是信用主体间培养、建立和发展信任关系的土壤;是道德、伦理、宗教信仰与文化传统等无形因素,以及经济发展阶段的政策法规、制度以及信息技术等有形因素相互融合在一起共同构成的信用成长环境。信用环境的优化可以通过完善社会信用体系和社会信用制度,使对于失信行为的惩罚形成可置信威胁,促成信用主体间预期的一致性以减少自利倾向嬗变为机会主义行为的可能,另外,信用文化环境能够将信用主体置身于"软约束"中,进而自发约束主体的信用行为。社会信用体系作为第三方信息传播治理机制,能有效减少"隐藏信息"现象及降低逆向选择,完善的社会信用体系实质上是利用双边或多边声誉机制来促使各信用主体自律并达成信任关系,其通过记录每一信用主体的失信行为将所有主体的私人信息转化为公共信息,使每个信用主体转化为重复博弈中的"单一长期参与人",也就是将农民与不同交易者的单次博弈转化为与非特定交易对手的重复博弈,从而使重复博弈机制能对扩大化的交易起约束作用。

社会信用制度则是针对信息不对称的另一方面——"行动隐瞒"而设立的。在单次匿名交易中,违约行为中所潜在的巨大收益极有可能使行动主体铤而走险,因此仅仅依靠重复博弈约束或者信息传递还不足以遏制主体的机会主义行为。社会信用制度通过"负激励"对主体形成可置信惩罚以减少失信行为,特别地,强制第三方制度能更有效地减少道德风险,即使在分别与不同交易方交手的多边交易中,农民仍可以通过该制度的激励约束机制明确预期自己守信的利益边界,甚至在遭遇背信之后也能通过惩罚对方获得补偿。

文化约束作为信用秩序的"软约束",是信用主体重要的自律机制。信用文化潜移默化地影响人们的信用理念,最终演变成社会的道德共识,内化为一种行为规范。我国长期将信用简单归类为道德领域的问题，"君子喻于义，小人喻于利"的儒家思想在自然经济时期的古代中国占主导地位，这在一定程度上促使人们重诺守信，但自利被归于"耻"，使得人们没有激励去恪守信用；计划经济时期，公有制基础之上的道德伦理将个人利益依存于集体或国家概念之中，排他性私有产权的缺失阻碍了信用行为和私人利益的统一。新农村信用文化建设需要强调信用的"经济价值"方面：良好的信用是一种高价值的稀缺性社会资源，信用作为一项无形的社会资本，在投入经济交往过程中可以产生经济价值，其具有投入与产出的回报机制，失信也会带来成本。

第四节　政府对农村信用环境建设的政策引导

经济转型期间所特有的"双重制度规则"具有制度刚性效应，导致行政部门仍会干预信用环境的建设，另外，农业一直被视为弱质产业，依靠自身发展而内生出一套完善的信用体系需要极其漫长的过程，且成本也十分高昂。政府介入对于信用环境建设是不可避免的，也是十分必要的。

政府建立农村信用社和实行农民联保贷款，旨在突破层层束缚以扩展特殊信任，提高农民的合作意愿，实现各个共同体内的经济资源充分流动、组合。强化农民利益相关关系、扩展横向信用，必须以利益风险配套、信息网络健全为基础，显然农信社和联保贷款发挥作用的前提条件还未得到满足，因此，政府解决农村信用缺失难题应以一般信任为突破口，即明确产权以促成信用关系形成，减少寻租行为使互不欺骗和相互合作的信用机制能得以彻底贯彻；依靠国家暴力充当正式第三方，利用事后惩罚约束局中人行为；带头遵守诺言是整顿社会信用的关键，能够提高法律、制度的约束效应。

一、产权明晰：信用环境成长的制度基础

明确界定产权能够减少"公共领域"使外部性内在化，为人们提供一个追求长期利益的稳定预期及重复博弈的游戏规则。政府作为最大的制

度供给者,制度供给优势明显,且制度本身就是公共品,由政府提供更能节约交易成本。我国目前的产权体制尚不健全,政府在渐进改革框架内进行了多次产权改革,但制度变迁背景下的产权改革引致了众多经济规则的变动,诸多不确定因素不利于人们形成稳定的利益预期,信用危机的产生在所难免。

(一)农村土地改革与产权保护

改革开放以来,政府把归集体所有、统一经营使用的土地制度,改革变迁为集体所有、家庭承包、双边经营的家庭联产承包责任制。政府从直接管理农业生产的局中人退位,转变成保障承包契约得以实施的第三方,农民开始以缴纳税款、承担经营责任换取土地在承包期中的使用权,提高了农民收益的可预见性,较好地满足了激励相容的条件。彻底实现产权私有同样存在缺陷。广东省南海市的农村股份合作制改革①面临不少问题,现实生活中的产权改革极具复杂性,尤其是农村土地产权改制需要具体问题具体分析,绝不能简单地用"有恒产者有恒心"②来概括。既定土地产权格局下,实现农民关于土地使用权的法律独立性是巩固农村产权制度具体可行的中心措施;土地的用途方面,政府应该明确农民、农民集体、国家之间的关系与权责,通过设立土地承包权的继承权、抵押权以彻底实现土地承包权的自由流转,并明确流转的主体、流转的具体形式;在保障农民的权利方面,提高《土地管理法》所设定的补偿标准,逐步向市场价格靠近,并通过立法机制赋予农民参与征地的权利,建立权益受损诉求机制。

(二)社会自治团体力量与产权保护

千百年来占主导地位的小农经济是中国农村产权制度缺失的根本原因,因缺乏中间层作为克服有限理性、减少交易费用和实现经济协调的制衡机制,制度演进深深陷入了农民与政府直接对峙的二重困境,政府的控

---

① 1993年,广东省南海市委、市政府发布《关于推行农村股份合作制的意见》,正式在全市农村范围内推行股份合作制。南海市作为试点之一,以明确的土地股份合作制代替模糊的土地集体所有制。

② 孟子的原话,引申为有明晰的产权就一定讲信用。

制使农民一直处于不贫不富的状态,分散的农民根本没有谈判能力,因此国家不会主动提供产权保护,只会直接干预农村经济运行。中间层自治组织可将分散的农民凝聚成众,产生声音和力量,向政府要求产权保护和制度保障,但我国中间机构没有得到真正发育。政府应当转变思路,积极地放开对中间层自治机构的控制,将中间层自治机构定位为政府同社会之间的二元互动机制,减少与政府职能部门的交叉和重叠;扩大自治行业协会的社会覆盖面,改变行业协会未能被大多数企业组织认可的局面,从根本上建立契约信用的社会框架;承认自治机构的合法性,维护这些机构的合法权利,为民众接受这些机构提供法律条件,否则其很难担当起促进信用成长、维护市场秩序的责任。

二、强制第三方介入:信用环境的制度保障

人情式交易实际是纳什均衡意义上的契约自我实施的后果,特殊信任主义是一种稳定的内生信用制度,即使部分信用关系以利益方式重组时,人们也能在经济利益基础上通过乡村自治①人为地构建出约束力更强的熟人社会。一旦经济活动扩大到使熟人社会存在潜在接触机会不多甚至具有一定流动性的成员时,非正式制度约束萎缩,以第三方实施为特征的外生信用则应运而生。第三方治理的主要作用在于通过减少信息不对称、对违约者实施事后惩罚,以遏制信用主体的违约行为。介入的第三方可以是强制第三方,也可以是非强制第三方。实施信息公布和调解纠纷的非强制第三方能够使人们在一定条件下避免陷入囚徒困境,但非正式第三方治理不具备普遍意义,且其私人性质将不可避免地会涉及仲裁中立性、所提供信息真实性及约束效力问题,而依靠国家暴力的强制第三方约束更具权威性、广泛性,并能够通过制度安排增加违约成本,可以更加有效地保障信用关系。

---

① 李似鸿指出,以村组范围为半径、以自然村落和带有血缘宗亲关系的家族各成员为出资对象的农村资金互助组织,其建立能满足成员的资金需求、实现金融自治,并以此推进乡村自治,改善农村信用状况。

（一）"上下分离"的社会信用体系建设

我国的征信建设依托于农信社的借贷业务,旨在使银行能根据以往的信用记录,筛选出高信誉客户,降低逆向选择的风险。但农信社各自为战,农民信用信息的收集没有统一标准,信用信息涵盖面狭窄,且信息收集比较零散,信用共享机制不完善,"信誉抵押品"无法得到充分利用,是构建农村征信平台的最大障碍。顾峰、刘骁(2007)认为,信用体系的"上下分离"模式能有效克服这一缺陷,基础信用信息体系具有社会公共基础设施的特征,这个庞大的系统工程需要企业、社会中介机构、个人的充分参与,政府的强制约束和监管就显得尤其重要。

首先,搭建征信平台就是要建立一个企业和个人信用信息基础数据库,以作为信息共享渠道完善信用环境。为了正确评估信用主体,征信环节必须收集并综合主体所有记录、数据、评估等各方面信息,因此征信平台建设工作将面临覆盖面广、涉及主体众多、信息数量大等困难,并且建立、维护的成本巨大,经济效益并不显著,追求赢利的专业征信机构不可能也不愿意加入。政府对于基础信用信息的强制征收具有优势,第一层次的信用体系建设工作应该采用公共模式,大力推进以"信用户""信用乡""信用镇"为重点的农村信用工程建设。

其次,信用信息作为稀有资源,应该由专门资信评估机构贴合市场需求来整合处理信用信息,才能最大化利用信息资源。信用评估行业目前往往只是作为政府的行政工具而存在,模糊的界限对其很难形成有效的制度约束,破坏了信用评估的公正性、独立性。政府应强调信息服务机构的市场属性,通过法律保障推进信息服务机构的建设,其核心是确保信用信息服务机构充当客观公正的第三方,具体措施包括:建立监管制度、对机构违法违规行为进行严厉惩罚;建立并优化行业自律组织,不断强化自律组织的职能和约束力;根据业务特点在一些机构内部实施隔离制度,降低不同业务混淆引发的道德风险。

（二）法律的强制惩罚机制

目前,农信社的惩罚至多在于中止交易,其威胁作用非常有限。在有限次博弈中,一旦违约成本小于违约收益,任何有理性的农民都有可能为了高额违约收益选择违约,长此以往,信用村镇的建设将成为空谈。使违约的社会成本足够大,才是强化农民信用意识的根本措施。依赖国家强制力实施的法律惩罚机制是信用环境建设中极为关键的一环,法律作为防范和治理失信行为的手段,是维护市场经济信用基础的最后一道屏障。提高失信行为的法律成本,首先要从立法入手,堵塞目前防范失信行为的法律漏洞,在完善相关法律如《公司法》《商业银行法》《破产法》等关系产权问题的基本法之外,还应立法促进信息领域,尤其是公共信息的公开化和准市场化,将公共信息从纵向运行机制向横向运行机制改变;加大对不守信用行为的法律强制性惩罚力度,明确法律责任使对失信违法行为的惩罚有法可依,并在立法中加大对失信违法行为的惩处力度,强化违法责任追究,震慑失信违法行为,使失信违法者得不偿失,法律才能起到应有的威慑作用。

三、政府信用:信用环境的基石

政府与公众是基于国家政权的运行而达成的政治意义上的委托—代理关系,《宪法》规定,我国一切权力属于人民,而人民由于种种原因无法亲自行使管理国家的权力,于是通过契约将管理国家的权力赋予政府。政府是代替人民行使政治权力的代理人,在行使权力时,政府应全心全意为人民服务,管理不足、过度干预或直接进入市场都会威胁委托—代理契约的可持续性。

政府始终掌握着大量资源,同时又充当着仲裁者的角色,大量寻租现象的存在说明了政府难以保持自身的公正,政府的失信行为使法律失去可置信力,信用环境的建设也就无从谈起。政府信用行为的确立,要根据内外行为对象的不同,采取相应措施,对内强调本身的信用建设,加强政策制定的中立性并减少政策制定与政策执行的差异,以及转变权大于法的"官本位"思想;对外为社会提供高效服务,为社会信用体系的建设提供制度基础、制度保障,不过分干预市场组织,避免政府作用的错位和越位,且有限理性的政府还应接受公众的监督,以保证更好依法行政、履行强制第三方职责,在信息公开的前提下,政府的公共职能履行得好,公众将继续支持政府,政策一旦偏离公众利益,政府将被弹劾,该触发机制是一个演化稳定策略,双方为了自身利益都不会偏离该策略。

第五节 信用环境建设任重道远

本章对中国农村信用环境建设的理论研究建立在长期演进动态过程中。非人情式交易随着经济发展逐步取代了人情式交易,与此同时,相伴于转型时期而产生的家庭功能的削弱要求契约信用应该取代亲缘信用,以深化农村金融、发展农村经济。契约信用的基础——一般信任需要以良好的信用环境为前提,但直到目前,我国信用环境建设仍处于起步阶段,农村信用真空难题尚未破解。

政府引导下的社会信用环境建设、完善是弥补市场缺陷的重要手段。但是如何把握第三方的运用,及在多大程度上利用政府权力,使在促进信用环境形成的同时,又避免出现信用环境变质,这关系到信用环境路径变化的成败。

第 三 篇

农村金融机构的可持续发展

第八章 市场化竞争对金融支农
水平影响的分析

——基于省际面板数据的实证研究

本章导读 ▶

我国农村金融领域,一直以来的主流观点均支持金融组织多元化以及形成必要的竞争环境,现实当中我国农村金融顶层设计也以市场化运作模式为导向。本章利用动态面板模型,采用系统 GMM 方法分析了2006—2011 年度全国农村商业银行业省际面板数据,发现农村金融机构间竞争程度与金融机构支农水平之间存在非线性关系,且当前竞争程度已经有损或者即将损害金融支农水平,这表明我国农村金融顶层设计的合理性有待商榷,实证研究同时表明金融机构效率的提高是提升支农水平的可行途径之一。

第一节 农村金融发展背景

2005 年后,我国农村金融开始"多元化"改革,并将普惠金融列入改革重点,形成了以增量发展和农信社改制为主要特征的农村金融新格局。以村镇银行为例,2006 年年底银保监会出台政策启动村镇银行试点工作,短短几年时间村镇银行从无到有,至 2013 年年末已达到 987 家。在同期,农村金融"老大哥"农信社则随着产权制度等方面的改革,法人机构数量下降了 89.3%,取而代之的是农村商业银行、农村合作银行等不同组织形式的金融机构。以农信社为主体、集中体现国家意志的垄断格局已经打破,法人治理、市场化运作的多元化组织体系正在形成。

以市场化为导向的农村金融多元格局正在形成,而它能否符合世界银行对农村金融机构提出的"广覆盖"与"可持续"目标,又是否满足我国特有的经济结构下农村金融需求呢?我们发现:2006 年以后,我国农村贷款呈现出强劲的增长趋势,2009 年农村贷款余额同比增长高达33.4%,在此之后,虽然其依旧维持高增长率,但增长率下降幅度明显,截至 2015 年 6 月,农村贷款增长率(11.9%)已低于我国金融机构各项贷款增长率(13.4%)。而农户作为农村金融客户结构中的主体,2010 年至2012 年,其贷款新增额占比呈现下降趋势,农户贷款占涉农贷款的比重也从 2010 年的 22.1%降至 2012 年的 20.5%。同时,由于农村金融机构历史改革过程中遗留的大量坏账有待消化,加之农村金融市场本身的弱质性,同样的市场化运作下,农村商业银行不良贷款率居高不下,2010 年年初至2015 年 6 月,其季度平均不良贷款率为 1.82%,远高于国有商业银行(1.16%)、股份制商业银行(0.83%)以及外资银行(0.62%)等同类型机构。贷款总量的高增长难以为继,其结构的合理性也存在问题,加上高不良贷款率的影响,"二元化"仍未破解,"广覆盖"与"可持续"尚需更大的努力。

新一轮改革以后,以市场化为导向的顶层设计推动我国农村金融向着多元化竞争格局前进了一大步,这种设计的初衷是提高供给能力、促进效率增长,最终实现普惠金融。而事实上,多元趋势并未达到预期效果,金融抑制依旧严重(鞠荣华等,2014),与国家的普惠目标存在相当大的差距。在实际调研中我们也发现,由于机构自身趋利性以及农村金融市场竞争程度的提高,一些农村金融机构会主动抛弃农村低端市场。市场化的政策导向能够在一定程度上增加供给,却无法阻止资金"离乡",使城乡之间的二元经济结构变得更为不均衡,带来了诸多经济、社会等方面的问题,因此,强化竞争的结果也未必是我们所乐见的。

第二节　金融市场对金融中介的影响

20 世纪 90 年代以后,在金融部门发展与经济增长理论(McKinnon,

1973；Shaw，1973）的基础上，学者们开始关注不同银行业结构对经济发展的影响差异。其中的一个讨论重点为竞争究竟对于金融中介及金融市场具有何种影响。有别于传统产业组织理论对竞争的观点，金融领域内竞争的加剧被认为会降低银行利润率，造成银行体系的脆弱性（Stiglitz，1993），同时在信息溢出效应下的"搭便车"现象还会导致信息甄别不经济（Cetorelli，1997），而这正是金融领域内广泛的信息不对称问题所导致的。垄断的银行市场结构则更有利于关系型融资以及内化信贷收益，因而更适合甄别不同类型借款人以防范道德风险（Petersen 等，1995），也有实证分析表明如果市场垄断力量能够使银行低成本运营，那么它极可能对效率产生正向影响（Casu 等，2009）。也有不同观点认为竞争不会损害效率（Fungá Čová 等，2013），但缺乏竞争的垄断结构却会减少资本积累，导致信贷配给现象普遍（Guzman，2000），造成整体上的福利损失（Cetorelli 等，1999）。对于转型国家案例的研究还发现外国银行的加入能够产生更加有效率性和竞争性的银行体系（Bonin 等，2005）；而对我国四大国有银行改制期间的数据进行分析也发现了同样结论（Berger 等，2006）。综合以上观点可以得出，由于金融业，尤其是银行业的特殊性，竞争程度的改变可能会造成效率、信息成本、资本积累等各方面或正或负的不同程度的影响。竞争的影响具有复杂性，缺乏综合性分析而断言竞争有利抑或有损于某一金融体系发展是不可取的。

在农村金融领域，一方面，自 20 世纪 80 年代，在金融深化理论的指导下（Shaw，1973），强调市场机制作用的农村金融市场理论得到了发展。以此为基础，国内主流观点大都认为有效的竞争环境（张晓山等，2002）与多元化的金融格局（冯兴元等，2004）是满足农村金融发展的最佳途径，肯定了竞争对金融机构的激励强化作用（Park 等，2003）。黄惠春等（2012）以江苏省为例研究我国农村金融市场结构后也认为，竞争性的农村金融市场结构与当前农村经济发展最为匹配。此外，市场化还是提升信用环境的前提条件（谭燕芝等，2014），而信用环境对于金融机构发展又不可或缺。另一方面，对待市场化竞争还有不同的声音。20 世纪 90 年代我国银行商业化改革，各大银行在利润驱动下，不可避免地向成本低、风险小的城镇地区收缩,呈现加速"离乡"态势(汪小亚,2009),这说明单纯市场治理下竞争的提升并未带来明显优势,甚至扩大了城乡二元差距。在当前农村发展的市场条件下,完全依靠市场逻辑无法解决农村金融难题(周立等,2009)。汪昌云等(2014)的实证研究也表明金融市场化显著降低了农户从正规金融部门的贷款获得。总之,农村金融具有额度小、风险高、缺乏抵押品以及信息不对称等特征,是逐利的金融机构眼中的低端市场,这也意味着同样的市场化经营,金融机构在这里却需要更高的成本,加之竞争对金融中介与金融市场的复杂影响,以及我国农村金融市场化实践结果与预期目标的重大偏离,都表明市场化下竞争程度的加剧对金融支农影响究竟如何仍有待更深入的研究。

第三节　农村金融支持的研究设计与实证分析

一、数据选取

农村金融改革给这一市场带来了巨大变化,许多新型金融机构从无到有,发展迅速,但绝大多数农村金融机构非上市公司,不公布年报或业务情况,导致相关数据缺失或不具有连续性,给农村金融方面研究带来了一定的阻碍。本章实证分析兼顾农村金融发展实际和数据可得性,选取2006年至2011年,即新一轮农村金融改革开始后6年时间内全国30个省(自治区、直辖市)面板数据,在此基础上展开实证分析。数据来源于《中国统计年鉴》、各省市统计年鉴以及中国银保监会公布的《中国银行业农村金融服务分布图集》,研究对象主要针对专门性的农村金融机构以及新型农村金融机构,以整体视角看待农村金融市场。

二、变量定义

在研究竞争程度对金融支农水平的影响时,除了控制宏观经济变量外,还应充分考虑农村金融体系内部效率水平,同样的竞争水平在不同的效率下极可能产生截然不同的效果,金融支持正是这种外部供给竞争与内部效率影响共同作用下的结果,本章依照这一思路,定义实证研究变量。

(一)金融支农水平

金融支持不等于经济发展,却对企业和个人建立项目的启动资金、扩大再生产以及资金周转至关重要,许多地区特色产业的蓬勃发展正是由于金融的中介作用,格莱珉银行也是在这样的理念下实现了"双赢"。农村地区的金融支持还体现着政府、金融行业对"三农"的重视程度和倾斜度,影响着各方对农村经济发展的预期,具有重要的现实意义。而如何衡量支农水平未有统一标准,学者根据自身研究方向从涉农贷款总量、贷款构成、效率等不同方面选取指标,本章则更为侧重普惠金融视角。

衡量金融支农水平,应当充分考虑最易受到金融扣制影响的部门或者群体。涉农贷款的增长惠及第一产业、中小企业以及农村基础设施建设,为农村地区经济增长提供了资金支持。农户却由于收入低、无担保、信息不对称等问题,可能仍是金融排斥的主要对象,导致贷款存在结构性问题,即最需要金融支持的群体无法获得金融资源。只有让金融排斥的主体享受到普惠福利,才能整体上提高支农水平,这也正是运用于农村金融的"木桶原理"。因此,本章以农户贷款指标衡量金融支农水平。

(二)农村金融竞争程度

国内学者常用金融机构网点数描述市场竞争状况(汪昌云等,2014;谭燕芝等,2014)。金融机构网点为绝对指标,可以在一定程度上衡量农村金融发展水平,却不能较好描述内部构成。赫芬达尔指数是产业组织理论中考察企业间垄断—竞争程度的常用指标,用于说明市场的垄断程度。在量化银行业竞争水平时,赫芬达尔指数是最常用的指标之一(Jin等,2013;Kasman等,2015)。以下借鉴希梅内斯(Jimenez,2013)量化市场集中度的方式,从存款和贷款两个方面量化竞争程度。

1. 储蓄存款

我国农村储蓄存款市场无准入门槛,各类机构都争相在此设点吸收存款,抢夺市场份额,一些国有大型金融机构在农村地区的营业网点数远多于贷款网点数,使该市场上竞争极为激烈。因此,储蓄存款的赫芬达尔指数对于农村地区的竞争程度衡量较为客观,但其可能忽视了没有开展存款业务的小型金融机构对市场构成的影响。

2. 农户贷款

该指标从金融机构业务角度出发,着重体现各类机构对涉农业务尤其是农村优质客户的竞争程度。农户贷款的赫芬达尔指数弱化了对金融机构的资产、规模等因素的考量,能够弥补储蓄存款的赫芬达尔指数所存在的缺陷。

本章所用各省各年度农村金融机构储蓄存款或农户贷款的赫芬达尔指数,计算公式如下:

$$HHI = \sum_{i=1}^{n} \left(\frac{s_i}{s} \right)^2 \qquad (8-1)$$

式(8-1)中,s_i 为第 i 家金融机构储蓄存款或农户贷款总额,S 为市场总规模,即:$S = \sum_{i=1}^{n} S_i$,n 为不同类型金融机构数量。

(三)农村金融体系效率

效率的提高能够降低金融机构的运营成本,但对于其支农是否有明显促进则有待检验,由于农村金融的特殊性,甚至可能由于效率的提高使资金偏离"三农"而导致支农水平低下。以下从存款转化率、不良贷款率以及网点数三个方面评价农村金融体系效率水平。

1. 金融机构存贷转化率

2015 年以前,商业银行存贷比受到政策限制,不得超过 75%,而事实上,大多农村金融机构远未达到这一标准,平均而言存贷比仅维持在 40%—50% 的范围内。但这一指标却能反映金融机构供给规模,同时,由于该指标能够衡量信贷转化能力,因此在一些研究中也被看作是衡量机构效率的方法之一(王志强等,2003;张振海等,2011)。

2. 不良贷款率

不良贷款率能够衡量金融机构的信贷管理水平,直接影响机构的营利性、流动性以及偿付能力,更是影响银行业 X—效率的重要指标

［X—效率是莱本斯坦（Leibenstein）于1966年提出的，实质是指企业内的低效率，后运用于银行业效率评估］。基于不良贷款率之于银行业效率的较大影响（张建华，2003），在银行效率的测度中考虑不良贷款率是必要的（张进铭等，2012）。

3.农村金融机构具有贷款功能的网点数

一般而言，金融机构布局越密集，金融服务的覆盖面则越广，提供产品与服务的效率也越高。此外，金融机构营业网点数还可以在一定程度上衡量金融排斥程度（谭燕芝等，2014）。

三、控制变量

本章主要根据现有农村金融研究成果选取控制变量。根据农业投资机会影响正规贷款抑制程度（汪昌云等，2014）选取第一产业增加值（*primary*）；根据农户贷款行为的影响因素研究（李岩等，2014）选取农村居民人均纯收入（*income*）。除此之外，本章还控制了与农户贷款相关的其他指标，包括各省（自治区、直辖市）GDP（*gdp*）以及金融机构储蓄存款数（*saving*）。

第四节　农村金融支持的描述性统计

本章实证分析使用 Stata 12.0 软件。在实证检验之前，做以下数据处理工作：（1）利用 winsor 命令对不良贷款率以及金融机构存贷比两个指标进行缩尾处理，删除1%的极端值；（2）标准化被解释变量，将被解释变量值除以该省该年农村人口数；（3）为防止多重共线性问题，对数化部分变量。主要变量基本统计特征见表8-1：

表8-1　主要变量基本统计特征

变量性质	变量名称	含　义	观察值	平均值	标准差	最小值	最大值
被解释变量	ln*hslp*	标准化农户贷款对数	180	5.904814	1.050289	1.540523	7.284376

续表

变量性质	变量名称	含 义	观察值	平均值	标准差	最小值	最大值
主要解释变量	savingHHI	储蓄存款赫芬达尔指数	180	0.3304604	0.0402583	0.2223941	0.5008166
	hlHHI	农户贷款赫芬达尔指数	180	0.6828349	0.1757956	0.2698007	1
	blratio	不良贷款率	180	0.138771	0.1283123	0.010178	0.6364235
	effi	金融机构效率	180	0.5168522	0.1051018	0.2472668	0.7512873
	lnranch	有贷款功能的营业网点数对数	180	7.773973	0.7971846	5.97381	9.034915
控制变量	lngdp	GDP 对数	180	27.45718	0.91574	24.88379	29.29255
	lninc	农村居民人均收入对数	180	8.525137	0.4369739	7.593374	9.683701
	lnpri	第一产业对数	180	15.8799	1.029305	13.45368	17.49783
	lnsaving	储蓄存款对数	180	17.07027	0.9193353	14.30152	18.83043

表 8-2　2006—2011 年赫芬达尔指数均值

指标 ＼ 年份	2006	2007	2008	2009	2010	2011
savingHHI	0.344	0.342	0.342	0.325	0.319	0.310
hlHHI	0.787	0.687	0.775	0.677	0.624	0.547

表 8-2 为 2006—2011 年赫芬达尔指数均值,随着时间推移,两个指标都逐步下降,但相比之下,储蓄存款的赫芬达尔指数数值较小,变动也相对较少。这直接表明储蓄存款比涉农业务更具吸引力,使农村金融机构在储蓄存款市场上面临更大的竞争。而同样的金融机构在不同市场下的差异化表现,很可能暗示着当下农村金融市场上存在的隐患,即部分金融机构仍是农村地区的"抽水机",并非"心无杂念"服务"三农",资金离乡、"只存不贷"的问题依旧存在。另外,储蓄存款主要流向农信社、农村商业银行、邮政储蓄银行等具有国家"隐形担保"的大中型金融机构,新型金融机构或不能吸收存款,或只能吸收少量存款,对于存款份额构成影响较小,使该指标整体上较为稳定;而新一轮改革打破了农信社垄断地位,原本被农信社垄断的贷款业务,也成了各类金融机构的主营业务之

一,随着金融机构类型与数量的增多,农户贷款的赫芬达尔指数产生了较大幅度的变化。可见,这两个指标各有侧重,储蓄存款的赫芬达尔指数体现金融机构的自发竞争,也突出了我国农村金融主体格局,贷款赫芬达尔指数则更能反映实际涉农业务竞争水平,体现增量变化趋势。

第五节 农村金融支持的实证模型

根据前文所述,竞争带来的影响具有一定的复杂性。陈福生等(2012)研究表明外资银行进入与我国商业银行效率之间存在倒"U"形关系,国外的一些最新研究还从竞争与不良贷款水平(Kasman等,2015)、银行业风险(Jimenez等,2013)以及金融稳定性(Jin等,2013)等方面进行了讨论,也验证了"非线性"或是"U"形关系。除此之外,在市场结构、金融深化等研究领域,"U"形或者倒"U"形曲线也逐渐成为关系研究的常用方式。因此,可能正是由于各国或各地金融发展程度的差异,当前部分研究对处于倒"U"形曲线不同位置的竞争水平进行线性分析,从而得到了变量之间的单向关系。这也给了我们一些启发:竞争程度与金融支农水平之间很可能并非简单的线性关系,而是存在倒"U"形关系。因此,本章引入竞争指标的二次项以及被解释变量的一阶滞后项建立多元回归模型:

$$\ln hsloan_{it} = \beta_0 + \beta_1 \ln hsloan_{it-1} + \beta_2 HHI_{it} + \beta_3 HHI_{it}^2 + \beta_4 EFFI_{it} + \delta CONTROL_{it} + \rho_i + T_t + \varepsilon_{it} \qquad (8-2)$$

式中,$\ln hsloan_{it-1}$ 为被解释变量的一介滞后项,HHI_{it} 表示竞争程度指标,包括 $savingHHI$ 以及 $hlHHI$。式中 $EFFI_{it}$ 表示农村金融体系效率,包含不良贷款率、存贷比以及具有贷款功能的营业网点数,$CONTROL_{it}$ 表示控制变量,ρ_i 为省际固定效应,T_t 为年份固定效应,下标 i、t 分别代表省份与年份。

一、模型估计

首先对模型进行初步估计,根据 Hausman 检验应采用固定效应模型,考虑模型可能存在内生性问题,暂不放入因变量的一阶滞后项,表 8-3 中第(1)列显示了在控制时间效应的条件下采用稳健性估计的固定效应模型回归结果,其结果表明 $savingHHI$ 确实可能以非线性方式影响被解释变量。

表 8-3 动态面板 GMM 估计结果

被解释变量:lnhslp	(1) fe	(2) gmm_saving	(3) gmm_hl
$L.\text{ln}hslp_1$	—	0.303 ** (2.426)	0.377 *** (5.305)
$savingHHI$	13.30 (1.693)	22.46 ** (2.381)	—
$savingHHI_2$	−26.99 ** (−2.558)	−41.48 *** (−2.999)	—
$hlHHI$	—	—	2.641 * (1.663)
$hlHHI_2$	—	—	−2.078 * (−1.773)
$effi$	2.185 ** (2.351)	2.120 * (1.751)	1.742 *** (2.829)
$blratio$	−0.798 (−0.840)	−2.014 ** (−2.302)	−1.906 *** (−3.355)
lnbranch	−0.130 (−0.333)	−0.772 (−1.004)	−0.235 (−0.854)
lngdp	0.0695 (0.0973)	−0.855 * (−1.773)	−1.230 *** (−3.545)
lninc	1.895 * (1.808)	0.345 (0.431)	0.588 (1.025)
lnpri	1.119 * (2.001)	0.657 (1.388)	0.635 *** (3.753)
ln$saving$	1.156 *** (4.321)	0.769 ** (2.135)	0.886 *** (3.164)
$Constant$	−48.32 ** (−2.595)	4.489 (1.144)	10.23 *** (3.155)
$Observations$	180	150	150
$Sargan$ 检验 p 值	—	0.118	0.242

续表

被解释变量:$lnhslp$	（1） fe	（2） gmm_saving	（3） gmm_hl
AR（1）p 值	—	0.2272	0.0702
AR（2）p 值	—	0.9273	0.2359
省际效应	YES	YES	YES
时间效应	YES	YES	YES

注:*** 、** 、* 分别表示在 1%、5%、10%的水平上显著,括号内为 t 统计值。

接着考虑被解释变量的一阶滞后项。包含被解释变量滞后项的方程,方程离差形式中滞后项离差形式与干扰项离差形式之间存在相关性,致使采用 fe 估计存在不一致产生所谓的"动态面板偏差"。因此,必须采用适当的方法与工具变量予以处理。阿雷拉诺和邦德(Arellano 和 Bond)率先使用滞后项作为工具变量对差分后的方程进行 GMM 估计。其后,布伦德尔和邦德(Blundell 和 Bond)弥补了差分方程的缺陷,将差分方程和水平方程结合起来对方程进行系统估计,相比于差分 GMM 而言无偏性更好。同时系统 GMM 采用更多工具变量,所以其估计结果更为准确,但必须在系统 GMM 估计后进行自相关以及工具变量有效检验,以保证其满足假设条件。同时采用面板模型还需要明确内生变量。本章从经济含义考虑,认为竞争指数与金融体系效率指标均可能存在内生性,因为不包含在方程之中的政策、制度等因素很可能与以上指标有着一定的关联。因此本章采用系统 GMM 添加 robust 选项的稳健性回归,并将主要解释变量设定为内生变量,回归结果见表 8-3 中第（2）列。

为保证回归结果有效,本章采用农户贷款份额($hlHHI$)作为竞争指标,再次采用系统 GMM 回归,已进行稳健性检验以及实验对比,结果如表 8-3 中第（3）列所示。

二、检验与分析

（一）平稳性检验

由于系统 GMM 采用被解释变量以及内生变量的滞后项做工具变

量,因此可能存在工具变量过多情况下的过度识别问题,应对回归结果进行过度识别检定,保证工具变量使用的有效性。本章采用 sargan 检定,检验结果无法拒绝原假设(过度识别约束有效)。同时使用 Arellano-Bond 检验表明不存在二阶序列相关。以上检定均说明本章构造的动态面板模型是合理的。

验证 GMM 设定合理的同时,还要验证结果是否在计量上稳健,以防止出现"伪回归"现象。因此,对面板残差进行平稳性检验,判断面板残差是否存在单位根。本章采用多种单位根检验方法对面板残差进行联合检验,以保证结果的准确性,检验方法均为"大 N 小 T"条件下检验单位根的常用方法,包括 Hadrilm 检验、Harris-Tzavalis 检验以及 Fisher 检验。检验结果如表8-4所示,其结果表明面板残差是平稳的,GMM 估计结果可靠。

表8-4　面板残差平稳性检验

检验方法	SY-GMM($savingHHI$)	SY-GMM($hlHHI$)
Hadrilm 检验	−1.474(0.9298)	−2.150(0.9842)
Harris-Tzavalis 检验	−5.9565(0.0000)	−6.6350(0.0000)
Fisher 检验	503.3826(0.0000)	734.7769(0.0000)

(二)结果分析

1. 相关结论

(1)竞争程度以倒"U"形方式影响支农水平。从表8-3中的三列可以看出,无论是从农户贷款的赫芬达尔指数,还是从储蓄存款的赫芬达尔指数研究,其二次项对被解释变量均有显著影响,一次项为正、二次项为负,表明在以 HHI 衡量的竞争指数与农户贷款之间存在倒"U"形关系,即存在最优竞争规模:当竞争程度不高时,竞争的强化有助于提高金融支农水平;但竞争水平一旦跨过最优值,竞争程度的进一步提高则会导致金融支农水平的下降。通过表8-3回归系数计算可得,当 $savingHHI$ 为0.271或 $hlHHI$ 为0.635时,系统处于最优竞争位置,结合表8-1、表8-2的统计数据,表明 2011 年储蓄存款的赫芬达尔指数尚未达到最优值,而农户贷款的赫芬达尔指数则从 2010 年起就跨过了临界值。前者意味着当前竞争的提高仍可以促进支农水平的增长,而后者表明竞争程度已经有损支农水平。虽然从结论上来看两者有所出入,但正如前文所述,储蓄存款份额更强调域内主体格局,对竞争的变动不太敏感,而贷款份额突出的增量变化趋势对于刻画竞争更为客观。但即便从储蓄存款份额考虑,也能够根据其趋势作出简要判断:在未来 2—5 年内,竞争程度将达到最优值,进一步的竞争强化将会损害支农水平。

综合两指标所得结论,我们认为,竞争对金融支农水平并非是纯粹的促进作用,而是以非线性形式影响农户贷款水平,随着农村金融市场竞争水平提升到一定程度,竞争损害支农成为一个已经发生,至少是即将发生的问题。究其原因,竞争的加剧使金融机构利润水平降低,迫使定位支农的金融机构在"三农"以外寻求更多回报率更高的项目,涉农业务不再是首选,农户贷款业务更被边缘化,在此模式下的直接结果就是资金"离乡"以及涉农贷款的结构性问题,金融机构的自主选择与普惠目标渐行渐远。

(2)金融机构效率对支农水平具有显著影响。从表 8-3 可知,金融机构存贷转化率对于支农水平具有显著正向影响,而不良贷款率则具有显著负向影响。金融机构网点数虽然被直观地认为能够扩大金融服务覆盖面,但从实证结果来看对于支农水平并无显著影响。这说明单纯以增加金融网点数量以期提高支农水平的做法缺乏效率,农户贷款并非简单的放贷以满足需求的过程,资金周转、坏账管理等包含于商业银行管理范畴的知识技能依旧发挥着重要作用。通过人才、制度、机构引进,带动金融机构本身管理水平的提升,这也是提高支农水平的途径之一。

(3)第一产业带动走出"二元结构"。实证结果还显示:代表区域经济水平的 GDP 并不能促进支农水平的提高,甚至会起到抑制作用。由于经济增长是金融普惠的必要非充分条件(杜志雄等,2010),表明将 GDP 水平等同于农村金融水平具有局限性——前几十年的经验也已证明,区域经济发展未必以"涓滴效应"惠及农村金融,反而以"抽水机效应"加速形成了当前的"二元结构"。相反,第一产业增加值则具有显著正向影响,结果显示,第一产业每增加 1%,标准化的农户贷款会提高 0.64%。对于支农水平同样起到正向促进作用的还有人均收入以及储蓄存款。因此,必须认识到,农村经济与金融的发展不应过于依赖外部支援,金融也不可能凭空解决一切问题,产业主导下可持续的良性循环才是走出"二元结构"的关键:以特色产业带动提升农村居民收入水平,提高居民储蓄水平,进而实现金融与经济的互促作用。

2. 最优化条件分析

最优竞争程度的量化对农村金融市场的宏观布局具有现实意义。无论从储蓄存款市场还是农户贷款市场看,市场结构均属于寡占型,这意味着垄断性在我国农村金融市场上的优势。由于农户贷款的赫芬达尔指数刻画竞争程度更为客观,本章主要据此进行进一步分析:实证研究表明当处于最优竞争程度时市场结构为高寡占型,从赫芬达尔指数的构成意义来讲,高数值并不排斥市场的多元主体,但要求较为集中的市场结构,即存在某金融机构在市场上处于绝对的领导地位。农村信用社的垄断地位在农村金融改革的影响下逐步削弱,而其垄断程度降低的同时,市场却没有相应地带来供给的提高,这反映出农信社在信息共享、统筹协调等方面占有的优势以及规模经济发挥的作用。同时还表明,当市场竞争达到一定程度,由于利润水平降低、信息获取"搭便车"以及部分机构业务重心转移等问题,金融机构涉农业务可能首当其冲。可见,农村金融市场的弱质性决定了同样的强化竞争手段在此却无法达到预期目标,以农信社为主导、多元化金融机构为补充的市场构成更符合农村金融市场上各主体的利益。

第六节　对农村金融市场格局的意见

本章通过对 2006—2011 年度全国 30 个省(自治区、直辖市)农村商业银行面板数据进行分析,发现农村金融机构间竞争与金融机构支农水平之间存在倒"U"形关系,表明盲目提倡竞争而不理会我国农村金融现状可能导致结果适得其反：大量机构涌入农村，却无法提高原本排斥在金融体系以外的群体的福利。

综上所述，本章认为当前农村金融市场应稳定现有格局，防止同类市场竞争加剧，避免由于竞争过度带来的负面效应。事实上，由于资本、技术、市场定位等的差异，不同金融机构不可能在农村金融市场上等量齐观。大型国有机构基于自身资本实力以及政策优势，应当肯定其在农村金融市场上的主导作用。同时，引导不同金融机构形成差异化的市场定位以及与之配套的差异化监管，使其发挥自身优势，在市场空白处寻找机遇，力图形成"多层次、有主导、广覆盖"的市场格局。

第九章 农村小额信贷公司网点布局及支农成效研究

——基于东、中、西部 355 家农村
小额信贷公司实证分析

本章导读 ▶

新型农村金融机构之一的小额信贷公司已成为金融服务体系中的新生动力。本章基于全国东、中、西部 225 个县域 355 家农村小额信贷公司的样本数据,使用二元 Logit 模型和多元回归模型实证分析了农村小额信贷公司网点布局的影响因素以及其能否提高农民福利水平这两个问题。研究发现,农村小额信贷公司在网点布局时主要考虑当地县域金融需求状况、当地县域经济活跃程度和当地金融可持续发展环境等影响自身可持续发展的因素,扶持"三农"并非其主要考虑因素;政府行政干预不利于农村小额信贷公司设置网点;农村小额信贷公司的设立确实有助于提高农民的福利水平。为此,政府应实施政策倾斜,引导小额信贷公司服务"三农",发挥金融扶贫的力量。

第一节 小额信贷公司对支农的影响背景

20 世纪发展中国家在发展经济学的指导下普遍优先发展重工业,因而产生了城乡二元经济格局(King 和 Levine,1993),因此,我国农村地区长期以来存在着严重的金融抑制问题。大型金融机构因"资金趋利"大幅度撤并县域网点,造成农村资金供给明显不足,农村金融市场供求矛盾突出(何德旭、饶明,2008)。为缓解农村地区金融抑制问题,解决农户与小微企业融资难的状况,2006 年中国银保监会推动新一轮农村金融改革,核心要点是鼓励外资、产业资本以及民间资本进入农村金融市场,设立村镇银行、小额信贷公司、贷款公司和农村资金互助社在内的新型农村金融机构。新型农村金融机构的设立能否填补农村金融市场的空白,是新一轮农村金融改革成败的关键。截至 2014 年年末,全国村镇银行、农村资金互助社、贷款公司、小额信贷公司数量分别达 1254 家、49 家、13 家和 8791 家。作为新型农村金融机构代表之一的小额信贷公司,发展势头迅速,而且与其他新型农村金融机构相比,小额信贷公司产权清晰,受到政府干预较少,成为农村金融服务体系中的新生动力。

小额信贷公司在地区间的分布呈现不均衡状态,根据中国人民银行 2014 年年末统计,小额信贷公司在东部、东北、中部、西部占比分别为 29.9%、14.6%、19.9%、35.6%。同时,小额信贷公司服务对象出现偏离"三农"的问题(李明贤等,2010;周孟亮等,2011;张正平等,2011)。那么,小额信贷公司在网点布局时主要考虑什么因素? 小额信贷公司是否实现新型农村金融机构改革的初衷切实服务"三农",改善农村金融服务,提高农民福祉? 在当前"十三五"规划制定以及实施精准扶贫、实现农村全面脱贫的背景下,探讨小额信贷公司能否助力脱贫具有重要意义。

为深入研究小额信贷公司网点布局的影响因素以及支农成效,本章从全国东、中、西部选取代表性省份,基于东、中、西部 225 个县域 355 家农村小额信贷公司的数据进行实证分析,利用二元 Logit 模型定量分析各影响因素对农村小额信贷公司网点布局的影响以及农村小额信贷公司是否完成了支农使命。

第二节 金融机构选址的影响因素

基于商业化运作的金融机构在网点布局的选择上主要遵循配置有限的金融资源以实现价值最大化的目标。传统的金融企业选址理论认为,金融企业在选址方面考虑的因素包括当地的金融需求条件、金融供给条件以及影响金融机构实现规模经济的因素组成（Lanzillotti 和 Saving，1969；戴维斯，1990）。针对发展较差的农村地区，实现赢利是金融机构为农村小微企业和农户家庭提供金融服务的根本动力（焦瑾璞等，2009）。即在其他条件不变时，当地均衡条件下的金融机构营业网点数量是根据提供当地金融服务的成本最小化决定的（董晓林等，2012）。对金融机构网点选址的实证研究发现，经济、地理、政策、外部环境等因素会影响到金融机构的网点选择（柳宗伟等，2004；叶磊，2005；谭燕芝等，2014）。

在新一轮农村金融改革设立的新型农村金融机构在商业化运作与一般金融机构是一致的，但在自身经营方面具有独特之处（丁忠民，2009）。新型农村金融机构是为有效配置金融资源，引导资金流向农村和欠发达地区，改善农村地区金融服务，促进"三农"发展设立的。新型农村金融机构发展受经济因素和政策因素影响，经济状况较好能正向影响新型农村金融机构发展（孟德峰等，2012）。新型农村金融机构在选址方面偏好于经济发展良好地区的同时，也将自己的竞争优势定位于农业产业（田杰等，2012）。因此，新型农村金融机构网点设立不仅要考虑自身的可持续发展，还要兼顾服务"三农"的社会责任。

根据现有的文献研究，金融需求、社会经济状况、金融可持续发展等被视为影响金融机构选址决策的最常见因素，同时，考虑到新型农村金融机构的特殊性，作为服务"三农"的农村小额信贷公司，其在选址方面满足自身发展的同时还要兼顾社会责任。

新型农村金融机构的设立对于增加农村金融供给以及扩大农村金融服务覆盖面具有重要作用。农村金融市场存在严重的信息不对称以及农户抵押品缺失的问题，导致金融机构不愿涉足农村金融市场，广大农户和农村地区小微企业面临着严重的融资约束（张杰，2001）。新型农村金融机构相对于其他正规金融机构，可以显著降低借贷双方信息不对称（王玮航，2008；王玮等，2008）。同时金融机构网点数越多，金融服务的可获性越高，农户从正规金融获得贷款的能力也会提高（Leyshon 和 Thrift，1996）。因此，增加新型农村金融机构可以消除农村金融服务的空白，增加农村金融供给，缓解农村地区农户融资约束问题。此外，由于农村金融市场竞争的不充分,农信社在农村金融市场占据主导地位,新型农村金融机构的增加有利于构建多元化农村金融体系。现有研究发现,多元化的农村金融市场可以增加农村金融供给,缓解农村金融抑制(Kofi 和 Annim,2008)。而结构完善、竞争充分的金融体系可以实现资源和风险的最优配置,实现经济发展(Levine,2005)。因此,新型农村金融机构的增加可以有效降低农户与金融机构之间的信息不对称以及交易成本,有助于农村金融供给的增加和农民福利的提高。基于以上分析我们认为,农村小额信贷公司的设立能够最终提高农民的福利水平。

综上来看,关于新型农村金融机构特别是小额信贷公司网点布局问题的研究,定性分析者多而实证分析者少,实证研究者或聚焦于单个省份县域数据研究,或基于省级数据研究,针对差异巨大的东、中、西部代表县域实证研究者更少,而大部分文献主要研究整体小额信贷公司或城市类小额信贷公司,关于农村小额信贷公司网点布局影响因素及支农成效实证研究更是少之又少。我们希望通过本章的论证能推进上述农村小额信贷公司研究。

第三节　金融机构支农成效理论分析

商业化运作的农村小额信贷公司在设置网点上主要考虑的是利润最大化,其选择设立网点的过程并非随机,当设立网点的选择是异质性时,小额信贷公司更倾向于在能实现更高利润的地区设立网点。据此,我们采用扩展的 CircleHotelling 模型来分析金融机构在网点布局中的考虑因素,该模型是研究在市场化条件下,厂商(金融机构)如何对营业网点进行空间布局以实现利润最大化(谭政勋等,2010;谭燕芝等,2014)。

假定在完全竞争市场上存在 n 家金融机构,金融供给方(金融机构)与金融需求方(居民和企业等)均匀分布在密度为 D 的单位圆上,金融机构与金融需求者之间的距离为 x,金融需求者前往金融机构的过程中,每单位路程需要花费成本为 b。金融需求者可以选择将资金投入金融机构或者其他用途,假设金融需求者将资金投入金融机构的机会成本为 s,投入金融机构获得的收益为 r。那么,金融需求者必须满足 $r - bx \geq s$ 才会选择将资金投入金融机构。金融机构运用资金获得的收益为 L，设立网点需要投入的固定成本与费用为 F。

如果密度为 D 的单位圆中在相邻的两家金融机构投入资金获得的收益分别为 r_1 和 r_2，金融需求者到这两家金融机构的距离分别为 x^c 和 $\frac{1}{n} - x^c$，则金融需求者在两家金融机构最终所获得的收益分别为 $r_1 - bx^c$ 和 $r_2 - b\left(\frac{1}{n} - x^c\right)$。

此时，金融机构可以获得以下利润：

$$\pi_i = 2\int_0^{x^c} D(L - r_i)\, dx - F \tag{9-1}$$

在 $\frac{d\pi_i}{dr_i} = 0$ 的情况下，存在均衡解：

$$r^c = L - \frac{b}{n}, \quad x^c = \frac{1}{2n} \tag{9-2}$$

将式（9-2）代入 $r - bx \geq s$，可以得到 $L > s + \frac{3b}{2n}$，金融机构只有满足这个条件才会考虑开设分支机构。不妨假设均衡条件：

$$r - bx = s \tag{9-3}$$

将均衡解 $x^c = \frac{1}{2n}$ 代入式（9-3），可以得到：

$$r^c = s + \frac{b}{2n} \tag{9-4}$$

所以在竞争均衡点，金融机构获得的利润为：

$$\pi^c = 2\int_0^{\frac{1}{2n}} D(L - r^c)\, dx - F = \frac{D}{n}\left(L - s - \frac{b}{2n}\right) - F \tag{9-5}$$

由式（9-5）分析可知，D 与 L 越大，b 越小，金融机构获得的利润越多。D 表示金融需求者的分布密度，因此，人口规模和企业数量等金融需求者越多，金融机构更愿意在该地设立网点；L 表示金融机构运用资金获得的收益，金融机构资金的运用效率主要取决于信贷需求，信贷需求主要受固定资产投资影响；b 表示金融需求者寻求金融服务时产生的交易成本,一般而言,经济发达、金融可持续发展、环境较好的地区,金融机构效率更高,交易成本较低。综上来看,金融需求的微观主体越多,经济发达以及金融可持续发展环境较好的地区,金融机构获得的利润越高,更倾向于在该地设立网点。基于以上文献整理与理论分析,我们认为:农村小额信贷公司网点布局受金融需求、经济状况与活跃程度、金融可持续发展环境等因素影响,同时兼顾服务"三农"责任。

第四节　农村小额信贷公司网点布局的实证研究

一、数据来源

本章选取全国东、中、西部 225 个县域 355 家农村小额信贷公司样本数据,数据来源于 2014 年的《中国统计年鉴》、《中国金融年鉴》、各省统计年鉴、各省金融年鉴以及金融运行报告等。为使实证结果更具有代表性,考虑我国地区发展极不均衡,本章在全国东、中、西部各选取一个代表性省份。其中东部地区选取山东省,山东省是农业大省,第一产业增加值高且是经济大省,GDP 位列全国第三,可以说是东部地区的一个缩影;中部地区选取湖北省,湖北省位于中部腹部,拥有中部地区唯一副省级城市也是国家区域中心城市的武汉,是中部地区典型代表;西部地区选取广西壮族自治区,广西壮族自治区资源丰富,经济欠发达且县域发展不均衡,既非西藏自治区、四川省、重庆市这样西部欠发达与发达的典型,又兼具西部地区整体特征。

二、模型选择与变量选取

本章研究农村小额信贷公司网点布局,通过区分农村小额信贷公司是否倾向于在该地设立网点机构作为因变量,参照既往的研究,以该地区是否有网点作为因变量,即设立网点设为因变量 $Y=1$,未设立网点设为因变量 $Y=0$(温丽琴等,2013;张兵等,2014)。考虑到本章研究的小额信贷公司与上述研究的对象村镇银行不同,小额信贷公司在数量上远远高于村镇银行,故本章选取该地区农村小额信贷公司数大于全部样本农村小额信贷公司平均数,则认为农村小额信贷公司倾向于在该地设立网点机构,否则认为农村小额信贷公司不倾向于在该地设立网点机构。

由于农村小额信贷公司网点布局属于离散选择结果,故本章选用二元 Logit 模型来研究农村小额信贷公司网点布局影响因素。参考既往研究成果,以下分析假设效用函数的误差项是独立同分布的,农村小额信贷公司在该地设立网点的倾向为:

$$prob(y = 1) = \frac{\exp(\alpha X)}{1 + \exp(\alpha X)} \tag{9-6}$$

其中 X 为影响因变量的所有解释变量。

依据上述文献与理论分析结果,本章将影响农村小额信贷公司网点布局的因素分为:

第一,金融需求状况。本章选用当地县域总人口数($Population$)和当地规模以上工业企业数($Company$)来衡量当地金融需求状况。一般而言,金融需求量越大的地区,商业性金融机构越倾向于在该地设立网点,人口规模大的地区有利于金融服务发挥规模经济和范围经济的作用,而当地规模以上工业企业数越多,越能产生更大的贷款需求。预期正向影响农村小额信贷公司网点布局。

第二,经济活跃程度。本章选用当地县域固定资产投资占当地县域 GDP 比重(FTG)来衡量当地经济活跃程度。一般而言,县域经济发达,微观主体活跃,更有利于引入金融机构。预期正向影响农村小额信贷公司网点布局。

第三,金融可持续发展环境。尽管被赋予服务"三农"的使命,但小额信贷公司仍然是依照商业化运作模式组建,以股东价值最大化为目标,其网点选择必然考虑到自身可持续发展,而小额信贷公司本身不吸收存款,本章选用当地年末金融机构各项贷款余额比存款余额(LTD)来衡量金融可持续发展环境。贷存比高说明当地金融机构赢利高,金融可持续发展环境较高。预期正向影响。

第四,服务"三农"责任。作为新型农村金融机构之一的小额信贷公司的设立初衷是服务"三农",因此,本章加入第一产业增加值($Primary$)来考虑农村小额信贷公司在网点布局时是否考虑服务"三农"的使命。预期正向影响。

第五,社会保障水平。本章选取当地医疗卫生机构床位数($Hospital$)这一指标来衡量当地社会保障水平。社会保障水平低,或者说具备相对差的外部环境,农户更可能因疾病等原因产生较高的贷款违约风险,农村小额信贷公司可能考虑违约风险较高而拒绝设立网点。预期正向影响。

第六,政府干预。由于我国农村金融具有典型的"政治经济学"特征,即政府在其中发挥了重要作用,故本章还引入了政府干预变量,用县域财政支出占县域生产总值的比重(Gov)来间接衡量。存在弱质性的农村金融市场,政府的合理干预能在一定程度上缓解农村金融抑制,但政府过度干预,反而不利于金融机构的发展(陈雨露等,2010)。因此,政府干预的影响预期不确定。

此外,由于东、中、西部差异巨大,发展不均衡,本章引入地区虚拟变量。模型中加入了两个虚拟变量 D_1(中部)和 D_2(东部)。

表 9-1　指标选取及描述性统计分析

变量	指标说明	均值	标准差	最小值	最大值
$Population$	总人口数(万人)	64.627	34.363	4.000	195.000
$Company$	规模以上工业企业数(家)	166.102	158.784	3.000	878.000
FTG	固定资产投资占 GDP 比重	0.796	0.302	0.062	3.146
LTD	年末金融机构各项贷款余额比存款余额	0.892	0.442	0.321	3.703
$Primary$	第一产业增加值(亿元)	31.735	16.996	3.622	95.059
$Hospital$	医疗卫生机构床位数(万个)	0.224	0.141	0.002	0.704
Gov	财政支出占 GDP 比重	0.197	0.145	0.063	0.847

综上所述,具体计量模型设定如下:

$$\ln \frac{p}{1-p} = \alpha_0 + \alpha_1 Population + \alpha_2 Company + \alpha_3 FTG + \alpha_4 ITD +$$

$$\alpha_5 Primary + \alpha_6 Hospital + \alpha_7 Gov + \alpha_8 D_1 + \alpha_9 D_2 + \varepsilon \quad (9\text{-}7)$$

三、实证结果与分析

农村小额信贷公司网点布局影响因素的 Logit 模型回归结果如表 9-2 所示,结果显示:

首先,县域总人口数与规模以上工业企业数显著影响农村小额信贷公司网点布局的概率,两者均在 10% 显著性水平上显著。县域总人口数正向影响农村小额信贷公司网点布局概率,说明农村小额信贷公司同商业性运作金融机构一样,金融需求量越大越倾向于设立网点机构。与预期不符的是,规模以上工业企业数显著负向影响农村小额信贷公司网点布局。这可能是由于农村小额信贷公司受自身资本规模限制更倾向于向小微企业发放贷款,而规模以上工业企业一般贷款额度大,并非是农村小额信贷公司主要客户群体,所以导致当地规模以上工业企业数与农村小额信贷公司网点设置呈显著负相关关系。这从侧面上说明,农村小额信贷公司贷款投向主要是小微企业,在一定程度上能缓解小微企业融资难问题。

其次,与预期一致的是县域固定资产投资占 GDP 比重、当地年末金融机构各项贷款余额比存款余额以及当地医疗卫生机构床位数显著正向影响农村小额信贷公司网点布局的概率,三者分别在 1‰、5% 和 5% 显著性水平上显著。说明当地县域经济状态好,县域经济发达,微观主体活跃,具备良好的金融可持续发展环境以及社会保障水平高更有利于农村小额信贷公司在该地设立网点机构。

再次,第一产业增加值正向影响农村小额信贷公司网点布局的概率,但在统计上不显著。说明农村小额信贷公司在网点设置上可能更多考虑的是自身可持续发展,尽管由于改革使命或是政策方面的原因,农村小额信贷公司在网点设置时一定程度上考虑了服务"三农",缓解农户融资难的问题,但并非其主要考虑因素。侧面说明农村小额信贷公司服务"三农"的政策优惠力度不够,政策导向不明确。

最后,政府干预因素显著负向影响农村小额信贷公司网点布局。说明当地政府的行政干预越强,小额信贷公司反而不愿意在当地设立网点。这可能是由于小额信贷公司自身特性原因,小额信贷公司由民间资本组建,与其他新型农村金融机构相比,小额信贷公司产权结构清晰,内部组织较小,职能明确,因此受到较少的政府干预,而且利率市场化程度较高,受到市场机制约束更强。因此,行政干预较强的地区,小额信贷公司设立网点的倾向也会降低。但值得注意的是,政府行政干预是破解农村金融排斥的重要手段,政府财力雄厚,银政合作能为农村金融提供广大平台,未来引导小额信贷公司服务"三农"可能更需要政府助力。

表 9-2　Logit 模型回归结果

解释变量	Logit model			
	Coef.	Std. Err.	z	P>|z|
Population	0. 013 *	0. 008	1. 670	0. 095
Company	−0. 002 *	0. 001	−1. 680	0. 094
FTG	3. 557 ****	0. 798	4. 460	0. 000
LTD	1. 058 **	0. 423	2. 500	0. 012
Primary	0. 005	0. 015	0. 320	0. 751
Hospital	4. 698 **	2. 096	2. 240	0. 025
Gov	−5. 184 **	2. 189	−2. 370	0. 018
Constant	−4. 972 ****	1. 063	−4. 680	0. 000
Logit likelihood	−120. 813			
Pseudo R²	0. 200			
Number of obs	225			

注:****、***、**、*分别表示在1‰、1%、5%、10%的水平上显著,括号内为 t 统计值。

在控制地区虚拟变量后的实证结果如表 9-3 所示,实证结果显示县域总人口数、县域固定资产投资占 GDP 比重、当地年末金融机构各项贷款余额比存款余额以及医疗卫生机构床位数显著正向影响农村小额信贷公司网点布局,政府干预因素显著负向影响,第一产业增加值不显著,相比未控制地区虚拟变量,规模以上工业企业数影响的显著性降低,但系数仍为负,总体而言与上文未控制地区虚拟变量回归结果基本一致。地区虚拟变量 D_1 显著为正表明相对于西部地区农村小额信贷公司更倾向于设立在中部地区,D_2 不显著说明农村小额信贷公司在西部设立与在东部设立网点并没有较大差异。

表 9-3　控制地区虚拟变量的 **Logit** 模型回归结果

解释变量	Logit model			
	Coef.	Std. Err.	z	P>|z|
Population	0.019 **	0.008	2.330	0.020
Company	−0.001	0.001	−0.790	0.431
FTG	2.673 ***	0.862	3.100	0.002
LTD	1.703 ****	0.496	3.430	0.001
Primary	−0.011	0.017	−0.680	0.495
Hospital	4.524 **	2.218	2.040	0.041
Gov	−6.526 **	2.646	−2.470	0.014
D_1	1.723 ****	0.480	3.590	0.000
D_2	−0.417	0.633	−0.660	0.510
Constant	−4.976 ****	1.289	−3.860	0.000
Logit likelihood	−110.147			
Pseudo R^2	0.271			
Number of obs	225			

注:**** 、*** 、** 、* 分别表示在 1‰、1%、5%、10% 的水平上显著,括号内为 t 统计值。

第五节　农村小额信贷公司支农
成效的实证研究

从以上分析中可以看出,农村小额信贷公司在网点设置上对于服务"三农"这一因素的考虑仅仅只是次要的方面。而农村金融体系改革最重要的目标在于解决农村融资难问题,因此能否提高农村金融供给,改善农户的融资条件,促进农村融资活动就成为农村金融体系改革分析的出发点和成效评价的基本标准(洪正,2011)。而农村金融改革,解决农村融资难的最终目标在于提高农民的福利水平。那么,农村小额信贷公司的设立,是否能提高农民的福利水平呢? 本章运用多元回归模型进一步对此进行实证研究。

一、变量选取与模型设立

农民福利水平反映为农民人均纯收入,本章选用当地农村居民人均纯收入($Income$)来衡量农民的福利水平。主要解释变量为当地小额信贷公司机构数($Institutions$),此外,本章选用代表当地经济特征的相关变量作为控制变量,具体包括当地地区生产总值(GDP)、当地公共财政支出($Public\_finance$)、当地固定资产投资($Fixed$)、当地社会消费品零售总额($Retail$)以及当地规模以上工业企业数($Company$)。

本章控制地区虚拟变量,模型中加入了两个虚拟变量 D_1(中部)和D_2(东部)。

表 9-4　指标选取及描述性统计分析

变量	指标说明	均值	标准差	最小值	最大值
$Income$	农村居民人均纯收入(元)	9094.044	3081.199	4025	17670
$Institution$	小额信贷公司机构数(家)	1.577778	1.437522	0	8
GDP	地区生产总值(亿元)	211.9845	191.9171	15.8529	935.2321
$Public\_finance$	公共财政支出(亿元)	26.45993	13.17206	5.9535	78.4778
$Fixed$	固定资产投资(亿元)	150.1065	119.737	5.2084	659.5327
$Retail$	社会消费品零售总额(亿元)	74.58166	63.54293	4.55135	301.356
$Company$	规模以上工业企业数(家)	166.1022	158.7842	3	878

综上所述,建立以下多元回归模型:

$$\ln come = \beta_0 + \beta_1 Institutions + \beta_2 GDP + \beta_3 Publish\_finance + \beta_4 Fixed +$$
$$\beta_5 Retail + \beta_6 Company + \beta_7 D_1 + \beta_8 D_2 + \varepsilon \qquad (9-8)$$

二、实证结果与分析

农村小额信贷公司支农成效实证结果见表9-5,结果显示:

首先,农村小额信贷公司机构数显著正向影响农民人均纯收入。说明2006年起新一轮农村金融改革中设立的农村小额信贷公司确实有助于提高农民福利水平,实现了农村金融改革的目标。结合上文农村小额信贷公司网点布局的影响因素分析,农村小额信贷公司尽管在网点设置的考虑因素上将服务"三农"作为次要因素,但农村小额信贷公司的存在仍然能增加农村金融供给,改善农户的融资条件,提高农民福利水平。侧面说明了要积极引导小额信贷公司进入农村金融市场。

其次,当地经济特征变量中,当地县域生产总值、当地县域固定资产投资和当地县域社会消费品零售总额显著正向影响农民人均纯收入,说明当地县域经济状态越好,农民收入水平也就越高。当地县域公共财政支出显著负向影响农民人均纯收入,说明财政支出越多,农民收入并未得到提升,县域财政支出的投向与效率有待改善。当地规模以上工业企业数对农民纯收入影响不显著,这可能是由于农民收入更多依赖于第一产业,大型工业企业对其影响不大的缘故。

最后,控制地区虚拟变量显示,东部地区农民人均纯收入显著高于西部和中部地区,中部地区农民人均纯收入虽然高于西部地区,但在统计上并不显著,说明中部地区农民福利水平只是略高于西部地区。

表9-5　多元回归模型回归结果

解释变量	多元回归模型			
	Coef.	Std. Err.	t	P>|t|
Institutions	144.480*	73.452	1.970	0.050
GDP	7.269****	1.926	3.770	0.000
Public_finance	−91.469****	17.483	−5.230	0.000

续表

解释变量	多元回归模型			
	Coef.	Std. Err.	t	P>|t|
Fixed	9.446 ****	2.074	4.550	0.C00
Retail	11.007 **	4.337	2.540	0.C12
Company	−1.990	1.276	−1.560	0.120
D_1	247.559	260.568	0.950	0.343
D_2	2424.501 ****	344.402	7.040	0.000
Constant	6800.262 ****	288.292	23.590	0.000
R-squared	0.8104			
Number of obs	225			

注：**** 、*** 、** 、* 分别表示在1‰、1%、5%、10%的水平上显著，括号内为 t 统计值。

第六节　农村小额信贷公司网点布局的影响

作为新型农村金融机构代表之一的小额信贷公司发展至今，已初具规模，并在农村金融市场展现强大的活力，扎根于农村金融市场的小额信贷公司与农民福利息息相关。本章基于全国东、中、西部225个县域355家农村小额信贷公司的数据进行实证分析，利用二元 Logit 模型定量分析各影响因素对农村小额信贷公司网点布局的影响，研究结果表明：

第一，农村小额信贷公司在网点布局时主要考虑当地县域金融需求状况、当地县域经济活跃程度和当地金融可持续发展环境等因素。尤其是当地经济金融外部环境，相较于金融需求而言，经济活跃程度和金融可持续发展环境等良好的外部经济环境更能影响农村小额信贷公司的网点布局，是其网点设置非常重要的因素。在金融需求状况方面，当地规模以上企业可能不是农村小额信贷公司的主要客户群体。

第二，农村小额信贷公司在网点设置上可能更多考虑的是自身可持续发展，尽管由于改革使命或是政策方面的原因，农村小额信贷公司在网点设置时一定程度上考虑了服务"三农"，缓解农户融资难的问题，但并非其主要考虑因素。

第三,政府行政干预不利于农村小额信贷公司设置网点。小额信贷公司由民资组建,产权结构清晰,职能明确,较少受到政府干预,而且利率市场化程度较高,受到市场机制约束更强,但破解农村金融问题离不开政府主导,应发挥政府政策导向职能作用。

在以上分析的基础上,本章运用多元回归模型进一步研究小额信贷公司的设立对农民福利水平的影响,实证研究结果表明:

农村小额信贷公司确实有助于提高农民福利水平,实现了农村金融改革的目标。农村小额信贷公司尽管在网点设置的考虑因素时将服务"三农"作为次要因素,但农村小额信贷公司的存在仍然能增加农村金融供给,改善农户的融资条件,提高农民福利水平。

总体而言,农村小额信贷公司在缓解农村金融抑制、提高农民福祉方面起到积极作用,为促进农村小额信贷公司更好地发展,本章基于上述研究结论提出政策建议:

首先,政府应向农村小额信贷公司适度政策倾斜与扶持,同时发挥政策导向职能作用。农村小额信贷公司在网点布局时更多考虑自身可持续发展,为此,政府应出台一定的贷款利率补贴政策,完善农村小额信贷公司发展的政策设计,加大财政补贴力度,对涉农贷款给予优惠政策可以提高农村小额信贷公司等新型农村金融机构服务"三农"的积极性,保障其进入农村金融市场的可持续发展能力。同时,应发挥政府政策导向职能作用,引导小额信贷公司进入农村,发挥金融扶贫的力量。

其次,大力发展县域经济,营造良性经济金融可持续发展环境,方能引导金融下乡。经济与金融属于共生共荣的关系,实现经济与金融良性互动,政府应推动县域产业发展、提高社会保障水平和降低投融资成本,多种举措并行,拉动县域经济发展,为农村小额信贷公司发展创造一个良性的外部环境,实现了金融可持续,金融机构方能在此立足。

最后,进一步降低农村金融市场准入标准,积极引导产业资本和民间资本进入农村地区设立小额信贷公司。大力推进发展农村小额信贷公司,同时设立更多不同质的微型金融机构加入农村金融市场竞争行列,形成全方位、多层次、健全的农村金融市场。

第十章 农村金融网点扩张与县域资金外流

——基于 2005—2012 年县域经验证据

本章导读▶

　　本章对金融网点信息进行"县级—乡镇级"识别,并匹配 2005—2012 年的县域社会经济面板数据,以研究农村金融市场化对县域资金外流的影响。研究表明:(1)农村金融机构大量扩张对县域地方资金外流存在当期和延期影响,每新增一家金融网点将增加 6 元的当地人均外流资金;(2)金融机构导致地方资金外流存在规模效应,新增机构使当地资金显著外流 2—3 年后达到新的平衡状态;(3)金融机构导致资金外流在东、西部区域间存在显著差异。农村金融机构是农村地区资金外流的重要渠道,资金外流既不利于农村地区经济发展,同时也不利于金融机构的长期发展。

第一节 农村资金外流的原因

　　我国农村资金大量外流的现象长期存在,并逐渐成为农村经济发展过程中难以回避的问题。蒂默(Timmer,1998)、法恩等(Fan 等,2000)研究及发展中国家的实践经验均表明,大量的财政和金融投资是促进农业经济增长的必要手段,但我国农村资金的大量外流致使国家在农村地区的投入收效甚微。在落后地区实施扶贫政策时,甚至出现一边"输血"一边"放血"的现象。随着国家经济发展,农村资金外流的机理、规模和途径均发生了显著的变化。改革开放以前,我国主要以农工产品"剪刀差"价格的方式促进工业资本积累,从而导致了农村资金大量外流。20 世纪 90 年代,农业财政税收以及农村地区各类费用成了农村资金流失的重要原因,伴随着我国工业化、现代化以及农产品价格市场化的进一步发展,"剪刀差"价格和农村财政税收费用等方面造成资金外流的现象呈明显下降趋势。近年来,相比"剪刀差"价格和财税费用,农村金融机构成为农村资金外流更为重要的渠道并受到广泛关注。

农村地区金融机构成为资金外流重要渠道的原因较为复杂,主要有以下几个方面:首先,我国处于特有的"二元经济"格局的状态,城市投资回报率远远高于农村,加之农村地区缺少政策引导(王曙光,2011),农村金融资源极易外流进入发达城市地区(Alfaro 等,2004;谢平和徐忠,2006);其次,我国农村地区固有的农村农地转让权不完全(谢冬水,2014)、信息不对称、非生产性贷款、特质性成本和抵押物残缺等特点导致了农村地区出现"金融排斥"(谭燕芝等,2014),资金在尚未满足当地金融需求情况下大量外流(韩俊等,2007);除此之外,国内也有不少学者从金融产权结构、制度缺陷、经济发展水平以及产业结构等多种角度来解释区域信贷资金配置失衡以及大量资金外流的问题(许月丽,2015)。资金不断外流可能使得落后农村地区丧失很多发展当地经济的投资机会,农户贷款需求得不到满足和农村地区中小企业贷款难等问题则愈发凸显(王小华等,2014)。关于农村资金外流的问题,我国学者做了大量的研究。自 20 世纪 90 年代以来,我国金融改革持续进行,农村金融改革于 2003 年以后进入深化阶段,刘锡良等(2013)研究表明 2003 年后农村金融改革一定程度上改善农村金融机构治理结构,提高其赢利水平,但金融市场化过程中,对农户信贷服务支持呈下降趋势(汪昌云,2014)。2006—2007 年,农村金融改革进入全国推广的阶段,各类农村金融机构呈现出"井喷式"增长。农村金融机构对当地引起资金外流的现象受到国内外学者的广泛重视。国外学者在农村资金外流这个问题上也有一些代表性的观点。早期黄等(Huang 等,2006)从财政、金融、强制性粮食收购角度测算了农村资金流入城市的规模;阿格卡和莫祖姆达尔(AgCa 和

Mozumdar,2008)的研究发现某一地区资金的供给情况与其投资情况息息相关,具体来说就是在资金供给不足的情况下,资金投入也将减少,这就意味着农村地区资金的外流将不利于农村地区资本投资的形成,最终将会影响到农村地区经济的发展。

我们发展普惠金融,必然要求农村金融机构转变经营思路,着眼于服务实体经济,不断扩展其金融服务的覆盖面和渗透率,所以对农村金融机构资金外流的研究显得尤为重要。本章区别于以往文献,以全国新增金融网点作为主要观测指标,来考察我国农村地区资金外流的情况。金融机构既是乡镇农户和县域众多小、微企业金融服务的直接对象,也是资金吸收和投放的敏锐"触角",考察该指标具有较强的现实意义。中国国土辽阔、县域众多且不同县域间经济发展差异巨大,这些现实情况都给研究农村金融问题提出了挑战。2003年以后,农村金融机构发展迅速,主要分布在广大的县、乡以及镇,其作为农村金融服务的最底层的节点正是本章研究的主要对象。

第二节　农村金融对资金流动的研究假设

农村金融市场化改革的深化,机构在数量、规模、类型方面都得到不同程度的提高和充实。金融机构作为金融中介为区域资金流动提供了新渠道。新增金融机构在抢占农村地区金融市场时将会大力吸收当地个人、中小企业存款用于扩充自身资本,而地区的经济规模在短期处于稳定状态,因此,资金的吸收也不可能一直增长。相关文献表明农村金融规模对资金外流有显著正向影响,与农村经济增长互为因果关系(赵洪丹和朱显平,2015)。农业投资回报低、风险大、投资环境差、农村产业组织管理落后(孔祥智和史冰清,2009)、配套设施不完善等,均导致资金易流向非农地区。总结以上农村金融网点发展特点、地方资金外流情况以及相关文献对农村金融、对资金流动的研究结论,本章提出以下三个研究假设:

一、资金外流假设

农村金融受到金融市场化改革的利好影响,"资本流动偏好"指出资本流动具有趋利性,资本会自发流向具有高收益率的发达地区。周振等(2015)通过全国总体资金规模测算得出 2007—2012 年五年内农村商业银行净流出的资金达 19645.02 亿元,农村信用社年均外流 3274.17 亿元,农村邮政储蓄更是长期扮演"抽水机"的角色,1990—2012 年间流出资金达到 66256.89 亿元;商业银行、保险公司县域分支机构将资金上缴再加上县域居民在中心城市购房导致资金流出(柏雪银和刘艳杰,2012)。农村地区融资成本高、风险大等特点均促使当地资金倾向于流向经济发达的地区,据此提出假设 1。

假设 1:新增的金融机构在成立以后对当地的资金外流具有正向影响。

二、资金流动规模假设

我国农村经济发展较为平缓,那么农村地区内的资金"存量"将处于一个相对稳定的基础状态,外生的农村金融机构可降低资金流动成本,因此,原本受到约束的资金将出现流动的增量,并最终将使当地资金达到一个新的均衡。由于短期内农村地方资金"存量"相对稳定,在资金外流的过程中也存在规模经济现象,那么有理由推测资金外流的边际效应是递减的,据此提出假设 2。

假设 2:资金流动递增效果可能会持续一段时间,但是资金流动不会一直递增而是趋于收敛。

三、东部与中、西部存在显著差异假设

我国东、中、西部经济发展差异巨大,东部地区总体经济水平较高、县域地区特色产业发展较好且县域内金融机构所设网点较多;而中部和西部地区县域经济与中心城市经济差异较大,并且大多数地区农业仍然是其支柱产业且农民贷款数量小,据此提出假设 3。

假设3:东部地区与中、西部地区资金外流存在显著差异,中、西部地区资金外流比东部地区严重。

第三节　农村资金流动相关数据处理、变量设定和描述性统计

一、数据说明

本章使用的金融机构网点数据,由中国银行业监管委员会网站"金融许可证查询"服务提供,其中包含各地区金融机构名称、成立时间、详细地址等信息,其内容真实有效。该数据是用于普通居民查询的逐条文本信息。本章通过中国行政区划县级行政区名称与地址信息进行多重自动"字符匹配",并对未能识别的部分进行人工匹配,最终得到能够用于科学研究的集合数据。利用2015年县域社会经济"乡镇卷"信息,我们将乡镇名称与金融机构地址匹配,获得了48172个匹配值。通过该数据反映农村金融机构网点在农村地区设立的情况,新增比例高达88%。另外,该数据为全国各县2005—2012年经济社会基本情况7年面板数据。为了进一步提高数据准确性与科学性,本章进行样本清洁处理。

二、变量设定

本章的被解释变量是农村资金外流,其主要是指农村地区一定时间内通过农村金融机构流出的资金量的大小。主要解释变量为当地农村金融机构数,其中农村金融机构主要包括大型商业银行、农村信用联社、邮政储蓄银行、农村商业银行等。另外,主要有以下五个控制变量:本章选用当地县域的人均GDP(gdp)来衡量当地的经济发展程度,一般而言,县域经济越发达,个人和企业等微观经济主体经济活动越活跃,就会吸引更多的金融机构来此设立网点,预期新增的金融机构对当地的资金外流具有正向影响;土地价值($land$)和土地价值相关程度高的产业对资金具有更大的吸引力,例如房地产业,房地产业越发达的地区土地价值越高,则

会吸引更多的资金流入,预期负向影响;第三产业发展水平(serv),第三产业越发达的地区金融需求量越大,扩张的贷款需求将吸引相应的投资性资金流入,预期负向影响;教育水平(educ),随着我国九年义务教育制度的普及,中小学入学人数占其总人数的比重越来越大,教育硬件设施越完善、教育水平越高的县域经济越发达,金融机构设立数量越多,预期正向影响;金融深化水平(fina),地方金融机构的贷款占 GDP 的比重直接展示了当地金融机构吸收存款发放贷款支持本地区经济发展的实力,预期负向影响;工具变量选取的是涉农水平(noiv),由某县域地方农业就业人数和县域总人口数的比值来表示。此外,所使用的数据来自直接的样本数据或者根据调查数据计算的间接数据(见表 10-1)。

表 10-1　中国农村资金外流相关变量及描述

变量类别	变量名称	缩写	描述
被解释变量	农村资金外流	outc	某县域通过农村金融机构流出的资金量的大小
内生解释变量	农村金融机构	fins	某县域农村金融机构数
解释变量	经济发展程度	gdp	某县域的人均 GDP
	土地价值	land	某县域 GDP 与其土地总面积的比值
	第三产业发展水平	serv	某县域第三产业产值
	金融深化水平	fina	某县域地方金融机构的贷款占其 GDP 的比重
工具变量	涉农水平	noiv	某县域地方农业就业人数与县域总人口数比值

三、描述性统计

在做其他工作之前,我们先对资金外流进行测度。通过金融机构渠道影响信贷资金流出的方式主要有三种:第一种是将资金存放在中国人民银行,农村商业银行类金融机构除了需要向中国人民银行上缴法定存款之外,还需要存放一定的超额准备金。准备金总额大小一定程度上反映了金融机构在本地的贷款意愿和投资资源丰富程度。第二种是金融分支机构向上级机构以及系统内上级机构拆入资金。第三种是通过同业拆借,购买国债、地方债券、商业债券等渠道流动。然而,不管通过哪种方式流出,其结果都将体现在地区各金融机构的差额上(邓富辉和吴斌,2006)。

本章利用县域地区金融机构年度存款和贷款差额作为信贷资金流动的指标。我们关注的是从地方获取的存款并投放在当地使用的比例。常用的办法是用本期期末金融机构的存贷差余额减去上一期期末(即为本期期初)的存贷差余额,作为度量本期资金外流的指标(Huang 等,2006;姚耀军和巫禅,2004)。这种测量方法的原理如下:首先,其前提条件是金融机构具有充足的存款准备金,当增加存款时,不用额外增加存款准备金,因而可视存款准备金为一个常数。

资金净外流＝本期资金外流－上期资金外流值

进一步假定,农村金融机构资金全部来自存款,其用途分为两个部分:贷款和外流资金。通过本期资金外流值与上一期资金外流值之差获得资金外流增量值,资金外流增量反映出当地在稳定的资金外流水平下的资金额外流出的速率。因此,资金外流增速反映出促使当地金融资源用于提供外地金融需求的重要依据。

本章将受到相关金融政策影响后增设的网点定义为"新增网点",使其与之前已经存在的金融网点加以区分。如表 10-2 所示,截至 2015 年全国经注册拥有金融服务资质网点 216839 个,新增网点 102088 个,约为总数的 47%,除大型商业银行和政策银行之外,其余各种类型的银行均增长迅速。县级市内金融机构网点约占总数的 80%,其中以大型商业银行、农村信用社、农村商业银行、邮政储蓄银行为主,但从新增银行网点来看,农村商业银行的增长最为迅速,农村信用联社、邮政储蓄等发展也相对较快。这反映出农村金融准入门槛放宽,拥有改革利好的农村金融机构迅速进入乡镇抢占广大农村地区市场,其中以农村商业银行、农村信用联社、邮政储蓄银行为主的新增网点累计超过乡镇地区新增总体样本 85%。

表 10-3 所示本章使用的县域社会经济数据是根据《中国县(市)社会经济统计年鉴》汇编而成。该数据用于反映全国各县 2005—2012 年经济社会基本情况、各地区的金融机构及其种类特性金融深化程度、地区经济基本面、人力资本水平、土地要素、市场信息开放程度等。

表 10-2　样本金融网点种类、时间以及地域匹配结果　（单位：个）

机构类型	全国匹配				县域匹配				乡镇匹配			
	总数	总比例	新增数	新增比例	总数	总比例	新增数	新增比例	总数	总比例	新增数	新增比例
大型商业银行	67237	0.3100	10529	0.1570	47182	0.2710	7754	0.1640	2556	0.0530	2265	0.8860
农村信用联社	37668	0.1740	21054	0.5590	34534	0.1990	18876	0.5470	16373	0.3400	14040	0.8580
邮政储蓄银行	38584	0.1780	18400	0.4770	33530	0.1930	15877	0.4740	10052	0.2090	9092	0.9040
农村商业银行	36347	0.1680	25694	0.7070	32296	0.1860	23314	0.7220	15819	0.3280	13988	0.8840
城市商业银行	13363	0.0620	8049	0.6020	9129	0.0530	6158	0.6750	689	0.0140	667	0.9680
股份制银行	12813	0.0590	9684	0.7560	8923	0.0510	7078	0.7930	322	0.0070	311	0.9660
村镇银行	3580	0.0170	3580	1.0000	3253	0.0190	3253	1.0000	1021	0.0210	1021	1.0000
农村合作银行	2552	0.0120	1749	0.6850	2277	0.0130	1527	0.6710	1297	0.0270	1057	0.8150
政策银行	2145	0.0100	127	0.0590	1749	0.0100	109	0.0620	16	0.0000	12	0.7500
其他	1386	0.0060	1125	0.8120	220	0.0010	121	0.5500	18	0.0000	6	0.3330
总匹配数	216839	—	102088	0.4710	173832	—	84666	0.4870	48172	—	42484	0.8820

注：新增数为成立时间在 2006 年以后金融机构数。

资料来源：《中国国土资源与经济社会发展统计数据库网站 2015 年县域社会经济统计年鉴——乡镇卷》（https://data.cnki.net/trade/Yearbook/Single/N2019070153？z=Z006）。

表 10-3　重要变量描述性统计

（单位：万人/万元/平方千米）

变量	样本	均值	方差
年末总人口	14144	474881	347562
第一产业总值	13970	145072	130317
第二产业总值	13971	422957	747453
第三产业总值	10816	237842	403045
地方财政支出	14248	104258	99476
年末金融机构储蓄余额	14248	452051	598934
年末金融机构贷款余额	14224	397161	882678
规模以上工业总产值	13843	1196000	2921000
县域土地面积	14022	4062	9702
中小学入学人数	11816	14217	23550
城镇固定投资额	1402	399670	540359

资料来源：《中国国土资源与经济社会发展统计数据库网站 2015 年县域社会经济统计年鉴——乡镇卷》（https://data.cnki.net/trade/Yearbook/Single/N2019070153？z=Z006）。

第四节　农村资金流动相关计量
模型与内生性处理

一、计量模型

本章主要关注边际资金外流倾向（MCC），因此，如果仅简单地进行 OLS 回归，反映的是金融机构对当地人均存贷差额影响，而非研究新增金融机构对当地人均资金额流动性变化量的影响，此外，模型本身可能会存在不可观测因素而使回归结果产生遗漏变量的偏误问题（OVB）。具体而言，资金外流和地方金融机构行为决策可能同时受到不同县域地区储蓄偏好、生活习惯以及对未来的预期等一系列不可观测因素的影响，这将导致回归系数估计偏误，而面板结构数据为解决这类问题提供了较好的条件。参考贝斯克（Basker, 2005）的模型设定，我们对解释变量与被解释变量进行差分处理，得到一阶差分计量模型（10-1）：

$$\Delta O_{it} = \gamma + \theta(L) \times \Delta bank_{it} + \eta \times \Delta X'_{it} + \lambda \times Z_{it} + \varepsilon_{it} \tag{10-1}$$

其中，O 为县域人均资金外流额，$bank$ 为县域人均金融机构数，X 为控制变量，包括地方人均 GDP、人均中小学数目、人均服务业水平、平均土地面积产生 GDP；后两项为时间虚拟变量和误差项。

接下来使用一阶差分（FD）模型估计新增金融机构冲击对资金外流的边际影响，它通过差分控制了县域内部自身不可观察因素（如偏好、文化等）对资金外流的影响。

$$\Delta O_{it} = \gamma + \theta(L) \times \Delta bank_{it} + \eta \times \Delta X'_{it} + \phi \times X'_{it} + \lambda \times Z_{it} + \varepsilon_{it}$$

$$\tag{10-2}$$

一阶差分模型在应用中比固定效应模型（FE）更加灵活。模型（10-2）将控制变量当期量加入差分模型之中，进一步控制其他因素对资金外流造成的影响。u_i 通过提起滞后算子来分析新增冲击前后差异以及滞后影响。

$$\theta(L) = \theta_{-2}F^2 + \theta_{-1}F^1 + \theta_0 L^0 + \theta_1 L^1 + \theta_2 L^2 + \theta_3 L^3 + \theta_4 L^4 + \theta_5 L^5$$

$$(10-3)$$

$\theta(L)$ 为提前滞后算子多项式,其中 F 为提前算子,L 为滞后算子。由于面板数据为 7 年且金融机构成立时间靠前,而算子过长会导致边缘样本过少,所以一般选取算子在 3—5 个时间段结果会比较稳定。

二、内生性的分析

农村地区资金外流与农村金融机构数可能互为因果,这在一定程度上会导致上述模型设定存在内生性问题。具体来说,农村金融机构数越多可能会从农村地区抽离更多资金,这是本章主要关注的因果关系。然而,农村金融机构数也可能受到该地区资金外流程度的影响。县域资金外流的数量越多,间接说明其具有较丰富的农户储蓄资金,同时可能存在某些难以观测的能降低资金流动成本的因素,金融机构从逐利的角度来看也会尝试在该地区设立网点。总之,不管是出于对哪一种情况的考虑,都在一定程度上导致本章无法准确判断农村金融机构数对农村资金外流的影响。当然,就导致内生性的其余因素而言,由于影响被解释变量的因素往往很多,考虑数据的可得性,任何实证研究中几乎总是存在遗漏变量。影响农户获得农贷资金的主客观因素较多,本章尽量把更多因素纳入考虑范围之内。并且,农村资金外流数量存在的测量误差不可避免,但本章使用的样本数据源于中国银行业监管委员会网站发布的官方统计信息,具备了较高的准确性与科学性,测量误差相对较小。

三、工具变量的选取

为了解决模型内生性问题,本章拟在回归模型中引入工具变量。采用该县域农村就业人口占总人口的比重作为工具变量,较好地解决了模型的内生性问题。工具变量需要满足相关性和外生性条件。具体来说,农村就业情况的好坏会对该地区金融机构产生显著影响,不难推断,农村就业率和金融机构数正相关。此外,我们认为,从资金资源来考虑,县域地方居民就业分为城市就业和农村就业,但是城市就业包含外出务工和本地城镇就业,从数据上来观测是无法对上述差异进行区分的,而这种差异却影响了地方居民收入结构,而这种结构差异会影响到金融机构增设。其次,农村地区高就业率作为反映农村经济发展的指标不会直接影响该地区资金外流,至少不是资金流出当地的原因。但是出于科学研究的严谨性,还是考虑了农村就业率的高低通过金融机构数之外的途径影响被解释变量——资金外流的数量,致使其并非完全外生,例如,某些政策措施帮扶地方农村就业。考虑到帮扶农村地区就业通常会有配套的项目,因此将固定投资作为工具变量的控制变量。工具变量通常是使用两阶段最小二乘法(2SLS)来实现的,因此我们构建式(10-4):

$$\Delta bank_{it} = \gamma + \theta(L)_1 \times noiv + \eta_1 \times \Delta X'_{it} + \lambda \times Z_{it} + \mu_{it} \qquad (10-4)$$

式(10-4)中,μ_{it} 是随机误差项,$noiv$ 是工具变量,我们选取"县域农村就业人口占总人口的比重"作为工具变量,这一变量满足上文作为工具变量的两个要求,即:第一,满足县域农村就业人口占总人口的比重显著影响其人均金融机构数,即 $Cov(noiv, \Delta bank_{it}) \neq 0$;第二,工具变量外生性要求得到满足:$Cov(noiv, \varepsilon_{it}) = 0$ 且 $Cov(noiv, \mu_{it}) = 0$。

对式(10-4)进行回归,得到 $\Delta bank_{it}$ 的预测值,即式(10-5):

$$\Delta b\hat{a}nk_{it} = \hat{\gamma} + \theta(L)_1 \times noiv + \hat{\eta}_1 \times X'_{it} + \hat{\lambda} \times Z_{it} \qquad (10-5)$$

通过式(10-5)我们得到 $\Delta b\hat{a}nk_{it}$,再以 $\Delta b\hat{a}nk_{it}$ 代替 $\Delta bank_{it}$ 在式(10-5)中回归,得到无偏的估计量。

第五节　农村金融机构对资金流动的实证分析

一、基础模型实证结果

根据上一节研究设计的回归模型,本节将对金融机构影响当地人均资金外流模型以及加入工具变量后的修正模型进行实证回归,具体结果见表10-4。

表10-4报告了计量方程式(10-1)和式(10-2)基准回归结果。模型(10-1)表示新增金融机构对县域人均资金外流程度冲击,其主要控制

变量为当年经济基本面变化冲击所造成的影响;模型(10-2)是在模型(10-1)的基础上添加了滞后二期和滞后三期的影响;而模型(10-3)是加入了工具变量即某县域农村就业人口占总人口的比重后的回归结果,工具变量将在后文进行具体分析;模型(10-4)是对模型(10-1)进行一阶差分后得到的,其估计新增金融机构冲击资金外流边际影响;同理,加入滞后项和工具变量后得到模型(10-5)和模型(10-6)。此外,提前一期的影响均已考虑。

由此可知,新增金融机构对县域内资金外流影响是显著为正的,我们之前提出的假设 1 得到证实。按照主要变量的回归结果系数可以得出县域每新增一家农村金融机构将对当地年人均资金增加流出 4.8—6.2 元,并且到了第二年新增的金融机构将在当年基础之上再进一步增加人均资金外流 5.2—9.0 元。此外,加入了工具变量后人均资金外流的数值在当期显著增加,达到 16.9 元,也是正向影响,由此看出涉农程度越高的地区资金外流越严重。从模型(10-2)和模型(10-5)结果得出新增金融机构在第三年和第四年中基于前一期的外流系数并不显著,说明在地方经济发展水平和个人收入稳定的条件下资金外流是存在一定规模的,当新增金融占据当地农村金融市场后打开资金通道一至两年后达到稳定规模。

根据《中国城市统计年鉴 2013》,县区平均人口 66.5 万人,而新增金融机构(邮储银行、农商行、信用联社)共计 5.8 万家,根据回归测算每新增一家金融机构两年后最终将使人均资金外流 10—15 元,由此估计新增金融机构导致年均流出资金约为 2410.6 亿元。根据全部金融机构渠道资金外流量与 2005—2012 年年均外流资金 4391.8 亿元的测算(周振,2015),新增金融机构影响的资金外流约占金融机构资金外流总量的 54%。

从控制变量情况来看,经济基本面单位土地 GDP 所反映的土地要素的资金向内流动,证实了土地价值所带动的相关产业是吸引县域资金流动的重要原因,而经济基本水平以及教育水平对地区资金外流都有显著的正向影响,金融深化水平对吸引资金回流有一定的影响。

表 10-4　基准回归

模型 变量	（1） OLS	（2） OLS	（3） IV	（4） OLS	（5） OLS	（6） IV
提前一期	−3.9742* (2.0773)	−3.4619 (2.1381)	−0.9771 (0.7111)	−0.8023 (2.1471)	−0.5491 (2.212)	−0.6472 (0.3901)
当期	4.7666** (1.9332)	5.0453** (2.0116)	16.9181* (9.6189)	5.9607*** (1.9966)	6 2628*** (2.0782)	13.7278** (5.4303)
滞后一期	8.4549*** (1.8538)	9.0065*** (1.9733)	7.9652* (4.6018)	5.1519*** (1.908)	5.504*** (2.032)	6 9901** (3.2791)
滞后二期	3.1232 (2.3051)	6.5377* (3.8338)	0.9789 (2.3887)	5.6178 (3.607)	—	—
滞后三期	−2.4380 (2.8502)	4.5067 (5.2604)	1.3678 (2.952)	3.5012 (2.8287)	—	—
Δ 人均GDP	0.0129** (0.0056)	0.0129** (0.0056)	0.0159** (0.0078)	0.0031 (0.0100)	0.0031 (0.0100)	0.0028 (0.0068)
Δ 单位面积GDP	−1.3680*** (0.2337)	−1.3796*** (0.2340)	−0.8627*** (0.3157)	−1.1658*** (0.2941)	−1.163*** (0.294)	−0.9289*** (0.3048)
Δ 人均服务业	0.2645*** (0.0246)	0.2666*** (0.0246)	0.3639* (0.1887)	0.1554*** (0.0282)	0.156*** (0.0282)	0.1241** (0.0566)
人均GDP	0.0362*** (0.00930)	0.0363*** (0.00930)	0.0482*** (0.0090)	—	—	—
单位面积GDP	0.7535*** (0.1360)	0.7468*** (0.1368)	0.6906*** (0.1367)	—	—	—
教育水平	1.8717*** (0.2247)	1.8783*** (0.2251)	1.7501*** (0.3958)	—	—	—
服务业水平	−0.0126 (0.0230)	−0.0123 (0.0230)	−0.0164 (0.0246)	—	—	—
金融深化水平	−0.3005*** (0.0098)	−0.3008*** (0.0098)	−0.3038** (0.0118)	—	—	—
常数项	95000 (23834)	98372 (24281)	99940 (25999)	−277639 (35415)	−273523 (36243)	−275722² (34964)
年份固定效应	NO	YES	YES	NO	YES	YES
区县固定效应	YES	YES	YES	YES	YES	YES
样本数	6968	6968	6968	6968	6968	6968
R²	0.234	0.238	0.239	0.191	0.192	0.192
县区数	1621	1621	1621	1621	1621	1621

注：***、**、*分别表示在1%、5%、10%的水平上显著，括号内为稳健性标准误；工具变量回归与普通 OLS 估计的 Hausman 检验 p 值显著，因此认为有必要使用工具变量回归验证，但囿于篇幅，省略变量系数的报告。

二、异质性分析

为了进一步研究,根据地区发达程度划分东、中、西部三个子样本,如表 10-5 所示,资金外流差异非常明显。经济发达的东部地区,无论在当期还是金融机构成立后的时期均未出现明显的资金外流现象,甚至出现了资金回流。这与东部地区经济基础发展良好,金融机构以及其他基础设施发达是离不开的,再加上近年来各种金融创新都从东部兴起并蓬勃发展,为获得高回报高收益,资金不断涌向东部地区。但中部和西部地区在新增金融机构冲击下大部分都出现了显著的资金外流,个别中部地区出现了回流的情况。中、西部地区经济发展"先天不足",不管是像金融机构这样的基础硬件设施,还是金融创新能力这样的软实力都和东部地区有一定差距,所以其资金流向与东部地区存在差异。由此,假设 3 得到证实。

表 10-5　地区差异分析

变量 ＼ 模型	(OLS)			(IV)		
	(1)	(2)	(3)	(4)	(5)	(6)
	东部地区	中部地区	西部地区	东部地区	中部地区	西部地区
提前一期	-3.5418 (3.5878)	-0.2527 (4.0179)	1.1126 (3.6865)	-7.6534 (7.1452)	1.0289 (1.6706)	2.1411 (1.5001)
当期	-0.2547 (3.5606)	13.8574*** (3.684)	5.7817* (3.3768)	-3.0731 (7.4193)	16.2587*** (5.2506)	6.4605** (3.2189)
滞后一期	1.1307 (3.4038)	4.8630 (3.558)	11.1791*** (3.4505)	-8.4781** (2.1012)	3.9891** (1.5936)	7.0301* (3.8182)
滞后二期	-9.3528** (4.056)	3.1336 (4.093)	7.6346* (4.0453)	-6.7151* (4.9811)	3.2011* (2.1581)	1.9676 (1.6875)
人均GDP	0.0192 (0.0170)	0.051*** (0.0066)	0.0247** (0.0111)	-0.0277* (0.0141)	0.0545*** (0.0075)	0.0478** (0.0237)
单位面积GDP	0.6089*** (0.1945)	-0.0458 (0.1940)	0.2646 (0.2518)	0.7921** (0.1991)	1.0947 (1.6201)	0.7858 (0.8087)

续表

模型 变量	(OLS)			(IV)		
	(1)	(2)	(3)	(4)	(5)	(6)
	东部地区	中部地区	西部地区	东部地区	中部地区	西部地区
教育水平	1.4664*** (0.3011)	3.0981*** (0.3261)	2.3178*** (0.3735)	1.8991* (0.8372)	2.6101*** (0.9311)	1.4047* (0.8337)
服务业水平	0.0834* (0.0485)	−0.0513** (0.0263)	0.0918*** (0.0347)	0.0604** (0.0290)	0.0264 (0.3548)	−0.1007 (0.0924)
金融深化水平	−0.2401*** (0.0179)	−0.4452*** (0.0170)	−0.2684*** (0.0157)	−0.3478*** (0.0290)	−0.3436*** (0.0654)	−0.1688*** (0.0499)
年份固定效应	YES	YES	YES	YES	YES	YES
区县固定效应	YES	YES	YES	YES	YES	YES
样本量	1771	2632	2681	7084	7084	7084
R^2	0.1390	0.3100	0.1590	0.1970	0.1730	0.0350
县区数	401	567	654	1622	1622	1622

注：***、**、*分别表示在1%、5%、10%的水平上显著性，括号内为稳健性标准误。

三、稳健性检验

为了进一步验证结果的稳健性，我们采用多种不同分位数水平基准的回归的方法，来验证同一政策环境下不同收入水平地区造成的资金外流差异。因此，我们对不同县区按照五分位数对资金外流进行拆细，得到反映不同分位水平下的金融机构冲击效果。表10-6表明随着分位点趋势的上升，金融机构对资金外流的当期和延期影响均在提高，但是在0.95分位点时结果变得不再显著，可能由于边缘分位样本数据样本过少引起的偏差。中位数回归由于比一般OLS回归具有更优的稳定性，从第二、第三、第四分位数（25%、50%、75%）结果表明金融机构在成立当期和延后一期的资金外流明显。接近于样本中位值结果相对稳定，而接近于两侧边缘的样本结果存在一定偏差，这是由于边缘样本相对较少而存在的样本选择性偏差。

表 10-6　稳健性检验

变量 ＼ 模型	五分位数				
	（1）	（2）	（3）	（4）	（5）
	Q5	Q25	Q50	Q75	Q95
当期	3.7901*** (1.2689)	3.7421*** (0.6676)	5.2019*** (1.0745)	5.1208*** (1.4128)	−2.4718 (2.3310)
滞后一期	0.8179 (1.9648)	1.4118 (1.0758)	3.4458*** (1.0938)	4.6831*** (1.3048)	0.4518 (4.3342)
人均 GDP	−0.0001 (0.0153)	0.0087*** (0.0030)	0.0056* (0.0030)	0.0208*** (0.0075)	0.0646*** (0.0157)
单位面积 GDP	0.3038*** (0.0915)	−0.0066 (0.0340)	−0.0117 (0.0312)	0.0058 (0.0652)	−0.4279*** (0.1105)
教育水平	0.0866 (0.1311)	0.1701*** (0.0605)	0.3443*** (0.0647)	0.4618*** (0.1118)	0.5289 (0.3857)
服务业水平	−0.0390 (0.0593)	0.0130 (0.0171)	0.0213* (0.0117)	0.0561** (0.0266)	0.1417** (0.0620)
金融深化率	−0.2447*** (0.0158)	−0.1138*** (0.0083)	−0.0616*** (0.0068)	−0.0757*** (0.0080)	−0.0224 (0.0355)
固定效应控制	YES	YES	YES	YES	YES
样本数	7084	7084	7084	7084	7084

注：***、**、*分别表示在 1%、5%、10%的水平上显著性，括号内为稳健性标准误；Q5、Q25、Q50、Q75、Q95 分别代表分位点为 0.05、0.25、0.5、0.75、0.95。

第六节　农村地区金融网点机构对资金外流的影响

　　本章基于 2005—2012 年县域经济和新增金融网点数据，进行金融机构对农村地区资金外流影响的研究。研究发现，农村地区金融网点机构是资金外流的重要渠道，农村金融机构通过吸收当地资金实现农村资金大量对外输送。研究结果显示，每新增一个金融网点在当期将使得人均资金外流增加 4.8—6.2 元，次年资金外流将在前一年的基础上再增加 5.2—9.0 元资金，越是涉农程度较高的地区资金外流就越严重。金融机构对地区资金外流的影响存在规模效应，新增金融机构对当地资金外流影响在成立两年以后不再进一步显著外流。新增金融机构对资金外流的影响约占金融机构资金外流总影响的 48%。外流差异与当期投资环境、经济基本面均有联系,凸显为人均 GDP 对资金外流有较弱正相关,但是与单位面积 GDP 显著负相关,这说明土地价值仍然成为金融机枋资金吸引的主要方向。东、中、西部的资金外流差异非常明显,东部地区经济较好,新增金融机构资金外流并不显著,中部新增金融机构不仅显著,而且系数较高,西部成立金融机构后资金外流逐渐增多。

长期过度资金外流,既不符合国家倡导服务当地、服务"三农"的目标,也不利于机构获取长期利益,因为当地经济持续发展是金融机构长期提供资金积累的保障。通过行政干预的方式将资金留在当地的措施往往不能解决资金外流的问题,农村金融机构应与地方政府、农户以及优势企业联动发展,努力创新,降低运营成本,加大当地有效投资规模,建立一个普惠金融体系。

第十一章 中国非政府组织小额贷款机构的使命偏移研究

普惠金融体系的构建为我国脱贫事业提供了方向,却有越来越多的小额贷款机构反其道而行。本章采用 2005—2015 年 29 家非政府组织小额贷款机构的数据,应用 DEA 模型、系统 GMM 进行实证分析,并采用分位数回归法分析各因素的影响程度,得出导致小额贷款机构使命偏移的影响因素有总资本、机构持续经营年限、客户规模以及地区的人均 GDP,其影响程度依次递减,该结果对支农扶贫有重要的作用。为了防止使命偏移程度持续升高,小额贷款机构的稳健发展要保持适度规模,扩大服务范围,建立完善的信用体系;政府部门在给予这些机构政策补贴时也要加强监管,不定期地考核其绩效。

第一节 非政府组织小额贷款机构产生的背景和原因

20 世纪 70 年代,尤努斯教授(Muhammad Yunus)提出小额贷款的融资模式,在孟加拉国的格莱珉银行建立了小组联保制度。由于其贷款简单、关注贫困客户等服务特点,各国纷纷开始效仿并且成了社会扶贫支农的有效手段。2005 年是联合国"国际小额信贷年",我国开始尝试这种新兴的融资模式,为了使其更好地服务于"三农"以及中小型企业,中央"一号文件"从 2004 年至 2016 年连续十三年强调大力发展小额贷款和微型金融服务,积极推动社会资金进入农村,解决农村融资困难的局面。至此,小额信贷公司如雨后春笋般层出不穷,据官方统计(见表11-1),至2016年全国共有8673家小额贷款机构,是2010年的2.3倍。公司实收资本8233.9亿元,比2010年多出6452.97亿元,贷款余额9272.8亿元,而2010年的贷款余额仅1975.05亿元。以湖南地区为例,湖南省小额贷款机构从2010年的30家上升到2016年的128家,贷款余额也从14.22亿元蹿升到104.1亿元。但是其支农扶贫的效果却不太理想,仍然存在大部分的农户无处可贷,而同时小额贷款机构的客户也没有覆盖贫困人群。

表11-1　2010—2016年全国小额信贷公司统计表

年份 全国小额信贷公司	2016	2015	2014	2013	2012	2011	2010
机构数量(家)	8673	8910	8791	7839	6080	4282	2614
从业人员(人)	108881	117344	109948	95136	70343	47088	27884
实收资本(亿元)	8233.90	8459.29	8283.06	7133.39	5146.97	3318.66	1780.93
贷款余额(亿元)	9272.80	9411.51	9420.38	8191.27	5921.38	3914.74	1975.05

资料来源:中国人民银行。

现代社会的小额贷款机构可以按照经营特点分为商业性和福利性两类。商业性的小额贷款机构以其可持续性为重点,而福利性的小额贷款机构更注重改善社会经济,为贫困人口创造福利。中国的福利性小额贷款机构主要分三类:一是非政府组织,它是独立于政府的非营利机构,主要资金来源为政府或者社会的基金。最早成立的机构有易县经济合作社、虞城县扶贫经济合作社等。二是中和农信、宜信宜农贷等互联网P2P小额贷款机构。三是诸如农村信用社的正规金融机构提供的小额贷款服务。本章所研究的是第一类小额贷款机构,即非政府组织的福利性机构,也称为NGO小额贷款机构。主要原因有三点:首先,非政府组织小额贷款机构是小额贷款发展的源头,最具代表性;其次,它的数据量相对更大且易于收集;最后,其目标是为弱势群体提供金融服务,特别是解决农户以及中小企业融资难的问题。我国的非政府组织小额贷款机构的使命是服务于"三农"及小微企业,携带着公益性与非逐利性的色彩,所以大部分的用户起点低、利率定价机制相对灵活、手续简便等,但同时也带来一些弊病,例如收益低、用户无抵押品导致贷款回收难、信用违约的风险大等。这一系列问题的出现,使得一些非政府组织小额贷款机构开始排斥农户与小微企业,将服务方向转向了大中型企业以及利润收入高的项目中,逐渐地出现小额贷款机构的使命偏移,涉农的比例越来越低,偏离了非政府组织小额贷款机构设立的初衷,也违背了普惠金融提出的让大众平等享受金融服务的原则。

据中国人民银行发布的数据统计,我国非政府组织小额贷款机构贷款的利润总额约达 111 亿元,什么导致了贷款额急剧上涨的情况下支农扶贫力度却停滞不前? 机构的内在趋利性与其自身的社会目标如何相互协调? 只有分析出发生使命偏移的原因,我们才能扭转偏移的局面,让小额信贷公司更好地服务于我国普惠金融的建设。

第二节　小额贷款机构使命偏移的历史研究角度

自小额贷款机构建立以来,经过多年的实践探索,世界各国开始认可小额贷款的融资模式,特别是贫困人口较多的发展中国家。国内外对小额贷款机构都有广泛的研究,但是对于小额贷款机构却没有统一的定义,大家广为接受的定义是:以低收入个人和小微企业为核心提供额度较小的金融服务的机构。国内外对小额贷款机构的研究从不同的角度出发大致可以分为以下三个主线。

第一个主线,是以小额贷款机构是否发生使命偏移为主要研究核心。学者的研究结论主要有三种观点,一种观点认为小额贷款机构很好地实现了社会目标;另一种认为其逐利性太强,还有观点处于中立状态。马克·爱泼斯坦等(Marc J.Epstein 等,2011)在文章中从宏观的角度出发,多方面地分析了机构与行业的趋势,认为小额贷款机构的商业化和逐利性导致了使命偏移的发生。王菲等(2016)通过农户的家庭情况,采用二分类 Logistic 模型分析了影响小额贷款的因素,认为小额信贷公司目前不能及时地满足农户的及时需求。郭正平等(2013)采用了中外 438 家机构的数据同样得出小额信贷公司逐渐出现"嫌贫爱富"的现象。另一些学者通过国内外的数据研究发现,小额贷款机构能很好地衡量双重目标,没有过度的逐利现象。胡宗义等(2016)利用了中国的省级数据验证了小额贷款机构的减贫效应显著。罗伊·迈尔斯兰(Roy Mersland,2010)利用多国小额贷款机构 11 年的面板数据,发现小额贷款机构平均贷款额度并没有显著增加也没有更高的贷款额度和更富有客户的倾向。弗兰克(Frank,2016)考察了菲律宾 211 户小额贷款客户和非客户家庭中小额贷款的减贫效应,一并讨论其对健康和教育的影响,发现小额贷款机构在减贫扶贫上贡献了一点微薄之力并且潜在地促进了客户的收入与储蓄。也有学者对小额贷款机构呈中立态度,如迪恩·卡兰(Dean Karlan,2014)认为小额贷款机构的部分贷款条款和条件可以为客户提供福利,小额贷款机构对于扶贫项目确实有帮助,但是也存在部分局限性和需要改善的地方,例如产品设计以及贷款质量的提高等。

　　第二个主线,是针对小额贷款机构使命偏移影响因素的研究。主要的影响因素分为以下几个方面:(1)利率。根据阿鲁纳(Aruna,2016)对 75 家印度小额贷款机构的调查数据提出利率的提高减少了贷款。卡洛斯(Carlos,2012)的研究结果与其一致,并认为通过某些技术可以降低利率来避免机构的使命偏移。(2)国外资产占 GDP 的比值。徐淑芳(2013)通过 MIX 数据库选取了亚洲、非洲、拉丁美洲等国家的数据,认为小额贷款机构如果一味地追求经营的可持续性,就会降低农户以及小微企业的金融覆盖深度,进而发生使命偏移。同时国外直接投资占 GDP 的比值对使命偏移指数有显著的正向影响,使得小额贷款机构商业化越来越明显,也会发生更强的资本逐利性。(3)预期效用。我国"存量式"改革在农村的实行效果不够理想(周孟亮,2010),小额贷款机构越来越有偏离国家政策预期的倾向,预期效用的增加会导致使命偏移,所以应该降低预期效用,但这是一个长期的过程,需要时间磨合。(4)客户以及服务范围。李明贤等(2010)用小额信贷公司的总体目标无差异曲线来分析扶贫与经济效益的结合情况,发现小额贷款机构如果一味地追求机构扩张以及赢利情况,就会逐渐地划分自己服务的重点,从而缩小服务范围,划分客户等级。阿鲁纳(Aruna,2016)研究也发现女性客户的减少是小额贷款机构发生使命偏移的影响因素之一。(5)工作人员。贾祥平等(2016)从小额信贷公司的信贷员入手,研究信贷员对贷款质量以及规模的影响,认为信贷员的职业背景对防止使命偏移有重要的作用。(6)战略目标的改变。R.米奇·卡塞尔(R.Mitch Casselman,2013)教授根据前人的理论依据设计了一个理论模型;研究使命偏移程度,最后发现小额贷款机构战略目标的改变会导致其开发更多的资源,甚至加强与其战略目标相匹配的工作能力,这直接加强了使命偏移的程度。所以要关注社会底层的利益,促进社会资源的有效配置,先要控制好小额信贷公司的战略规划。

第三个主线,是针对使命偏移的主要解决办法的研究。学者们从不同的方面提出了解决小额贷款机构使命偏移的路径。机构自身的内部改革迫在眉睫,所以蒙祖鲁尔·霍克等(Monzurul Hoque 等,2011)分析部分机构已经出现使命偏离的现象,提出小额贷款机构可以采用非商业融资替代商业化的方法。首先,这种融资的方式具有自主性、融资成本低等优点,能更好地让利农户以及小微企业。其次,小额贷款机构还应该注重外部的改革。萨斯瓦特(Saswat,2015)收集的印度小额信贷公司近十年的数据,从金融和社会维度出发,认为应该利用有效的工具来监控和完善小额贷款机构的性能,内外相互配合会很大程度上促进小额贷款机构的良性循环。在社会层面上也存在一定的改革路径,例如王修华等(2015)在苏曼·戈什(Suman Ghosh)研究的基础上,在五个假设条件的建立下提出了使命偏移的数学研究模型。认为小额贷款机构的机构风险鉴别能力差就会自然选择风险相对低的富裕人群发放贷款,降低自己的潜在损失。所以建议建立一套资源共享的信用体系,以减少逆向选择和道德风险,实现小额贷款机构与农户及小微企业的对接。

综上所述,对小额贷款机构使命偏移这方面的研究,国内的文章大部分都是定性研究,只有少量对此问题的微观数据的定量研究。其次,较少的文献涉及我国非政府组织小额贷款机构并针对我国目前的现状进行分析。

第三节　小额贷款机构数据选择及统计性描述

本章使用的数据来自中国小额信贷联盟以及农村公益性小额贷款机构发展研究报告,其中包括了我国40家非政府组织小额贷款机构,从2005—2015年长达十一年的时间跨度,剔除一些异常数据和缺失数据,最后的数据涵盖了我国14个省(自治区、直辖市)的29家非政府组织小额信贷公司,收集到了318个样本的面板数据,所选择的机构都是至少成立12年的小额贷款机构。这些小额贷款机构一般都是面向农户和小微企业,所以一般人均的贷款规模不大。如果小额贷款机构发生了使命偏移,那么我们衡量的这个指标就会出现波动和异常,但是考虑到这个指标会随着国家经济的增长产生偏差,为了保证准确性和稳定性,本章采用了人均贷款规模与当年人均 GDP 的比值(MD)作为衡量指数。

在这些数据中,因为总资产呈现偏态分布,所以在模型中对这个变量进行对数化处理。如表 11-2 所示,我们可以看出个体间差异悬殊。使命偏移指数从最大值 2.3111 到最小值 0.0006,差距明显,说明不同的小额贷款机构所存在的使命偏移的程度不同客户数量的跨度也非常明显,多的客户可以接近万人,少的客户只有21人。但是资产规模与贷款额度未成正比,贷款额度不够,覆盖面并不理想,间接表现出非政府组织小额贷款机构服务不到位。

表 11-2　使命偏移衡量指标的统计结果

变量	变量定义	均值	标准差	最大值	最小值
TA	资产规模	8.9288	30.8306	395.0443	0.0825
$Client$	客户数量	1836.3040	1611.8780	9870	21
Age	经营年限	12.3292	4.3526	22	2
MD	使命偏移	0.1379	0.2281	2.3111	0.0006

变量	变量定义	均值	标准差	最大值	最小值
AL	总贷款额	7.9084	26.4071	291.1489	0.005
Pgdp	人均GDP	2.5570	1.6691	10.7960	0.5052
NP	净利润	0.1460	0.4434	3.6396	−0.85
ROA	资产收益率	0.0250	0.1406	1.9985	−0.4258
Worker	工作人员	8.7649	10.3619	127	1

在进行实证之前,本章根据理论支撑以及前人的研究,展开讨论影响小额贷款使命偏移的因素并提出假设。我们认为应该从以下几方面讨论影响因素的假设:资产规模、资产回报率、客户规模、机构持续经营年限、地区的人均GDP以及工作人员数量。

一、资产规模

一般情况下机构的资产规模决定着业务范围。机构的资产规模越大,充裕的现金流以及可贷资金越能满足贷款需求,出现使命偏移的概率会降低。但是当规模到达一定的程度,小额贷款机构拥有的一套相对完善的操作流程,贷款的程序更简便以及贷款的时间缩短,贷款成本也会随之降低。这种贷款便利性会吸引急需资金的信用优良的大客户贷款的首要选择。很多客户甚至可能提出增加手续费以获取贷款,交易性贷款的优势使目标集中于大中型客户。而农户和中小企业也会主动把资产规模小的非政府组织小额贷款机构作为贷款的首要选择,或者无处可贷。

假设1:资产规模大的非政府组织小额贷款机构更易发生使命偏移。

二、资产回报率

一方面,非政府组织小额贷款机构的主要资金来源是捐赠或者是政府支持资金,如果要持续经营,则要保持一定的收益来抵消基本的经营成本;另一方面,机构如果越关注富裕人群,所产生的交易费用自然会有所减少,收益会相对增加。为了机构运营的持续性,金融机构主动的趋利性就会显现出来,否则一旦捐赠资金或者基金资助形式的资本金断裂,这些小额贷款机构就面临持续经营的难题。有些小额信贷公司为了实现利润收益的增加而牺牲社会目标,在双重目标之间权衡利弊,导致小额贷款主要流向了资金需求大且利润高的客户手中。所以资产回报率成为衡量非政府组织小额贷款机构使命偏移程度的主要指标之一。

假设2:资本收益率与 NGO 小额贷款机构的使命偏移成正相关关系。

三、客户规模

本章认为非政府组织小额贷款机构的目标是扩大扶贫力度,一般都是面向农户和小微企业,面向的客户群体庞大;另外,小额贷款机构最初定位的客户相对于其他的金融机构较为低端,这些客户贷款的金额也相对较小,小额贷款机构不吸收存款的这种模式给定了一个确定的贷款资金池,如果面向的是农户和小微企业,那么客户的规模就会偏大,但是小额贷款机构目标出现偏移的话,客户规模就会相对地缩小。

假设3:客户规模与非政府组织小额贷款机构的使命偏移呈反向关系。

四、机构持续经营年限

经营时间越久的非政府组织小额贷款机构为了长远的发展,越来越重视平稳的收益而非暂时性赢利。时间越久的非政府组织小额贷款机构,对客户已经建立了一套比较完善的信用体系,能更好地分辨客户,客户整体也呈稳态发展。并制定了一套合理的资金贷款方案,在控制风险范围的同时达到客户效用最大化和非政府组织小额贷款机构的收益最大化。

假设4:机构持续经营年限与使命偏移程度呈负相关。

五、地区的人均 GDP

一个地区的人均 GDP 更客观地反映出地区的经济发展水平,经济越发达的地区,金融行业的发展前景也就越乐观。例如2015年小额贷款的"领头羊"江苏省的贷款余额达到1060.75亿元,中部城市湖北省的贷款余额达到了347.28亿元,而西藏自治区仅达到了6.38亿元。面对这么大的贷款差距,而市场上是需求大于供给的情况,那么在贷款需求增大的情况下,非政府组织小额贷款机构就有可能会选择性地提供贷款,在控制风险的同时也增加了其收益。

假设5:地区的人均GDP与非政府组织小额贷款机构的使命偏移呈正相关。

六、工作人员数量

追求收益的非政府组织小额贷款机构在选择客户上会有更高的目光,把贷款业务主要集中于中大型客户,而忽略了几乎无收益的小额贷款者。小额贷款机构的工作人员便是引起上述情况的主要源头。首先,工作人员的社会关系、利益诱惑等都可能导致其利用职务便利违规贷款,导致使命偏移的发生。其次,人员的增加同时也加大了小额贷款机构的隐形成本,间接地加重了机构的经营负担,导致使命偏移的发生。

假设6:工作人员越多,非政府组织小额贷款机构更易于发生使命偏移。

第四节　小额贷款机构模型建立与实证分析

对于非政府组织小额贷款机构是否发生使命偏移的现象,根据杨虎锋等(2011)的研究,我们采用DEA模型来衡量,主要是因为DEA模型没有公式限制,以综合指标来衡量效率,权重不随人为主观影响而改变我们将搜集的数据,用MAXDEA分为两步运行。第一步采用工作人员数以及总资产作为投入变量,贷款的余额作为产出变量来衡量持续性效率;第二步采用工作人员数以及总资产作为投入变量,贷款的客户数量作为产出变量,进而衡量覆盖效率,得到的结果可以分析出非政府组织小额贷款机构更注重的是财务目标还是社会目标,即能分析出是否发生了使命偏移现象。

表 11-3　持续性效率与覆盖效率 DEA 结果

机构编号	持续性效率	覆盖效率	机构编号	持续性效率	覆盖效率
1	0.6594	0.3266	16	0.7200	0.1754
2	0.6421	0.3391	17	0.6447	0.5483
3	0.8251	0.6576	18	0.6426	0.6758
4	0.7911	0.6829	19	0.6752	0.9173
5	0.7241	0.3873	20	0.5730	0.5932
6	0.5759	0.6228	21	0.6324	0.6315
7	0.6587	0.4583	22	0.7665	0.8687
8	0.6309	0.5639	23	0.6773	0.5625
9	0.7624	0.1993	24	0.7364	0.7663
10	0.7180	0.4009	25	0.6818	0.5905
11	0.5600	0.3719	26	0.7325	0.3269
12	0.5030	0.2462	27	0.6681	0.4211
13	0.7559	0.3359	28	0.5977	0.3327
14	0.4426	0.2384	29	0.9099	0.5634
15	0.4363	0.2344	—	—	—

　　根据表 11-3 中 29 家非政府组织小额贷款机构的实证结果,持续性效率最高的可达 0.9099,而最低的只有 0.4363,它们之间的差额显而易见。而覆盖效率差值更为明显,最高值为 0.9173 和最低值为 0.1754,由此我们可以分析出不同的非政府组织小额贷款机构所获得的运营效率差距较大,大部分都存在更大的效率改进空间,此外,整体的覆盖效率都呈现偏低的状态,特别是有些机构存在只注重持续性效率的现象,为了赢利而忽略客户的覆盖率,这是一种严重的使命偏移的现象。为了更直观地看出非政府组织小额贷款机构的使命偏移的情况以及非政府组织小额贷款机构在赢利目标与社会目标面前的不同决策。我们给出了折线图。如图 11-1,我们可以看出,覆盖效率很大部分都处于持续性效率之下,有些甚至出现了严重的相互偏离,虽然存在部分覆盖效率大于持续性效率的情况,但是从表 11-3 中同样可以看出这些机构的持续性效率均处于均

值上方。结合表 11-3 和图 11-1 结果分析，我们认为我们所收集的非政府组织小额贷款机构均发生了不同程度的使命偏移情况。

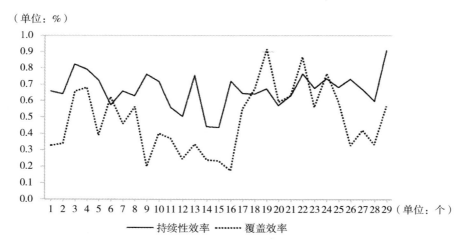

图 11-1　持续性效率与覆盖效率折线图

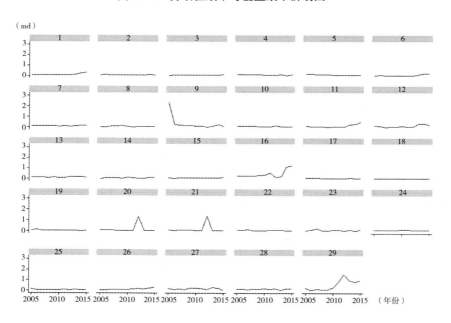

图 11-2　29 个非政府组织小额贷款机构的时间趋势图

　　图 11-2 显示的是不同小额贷款机构的使命偏移程度的时间趋势不同,有的很平稳,有的明显下降,有点波动上升,所以在一定程度上我们可以估计出使命偏移的影响因素。根据前人的研究,大部分是采用固定效应模型或者数学模型推导等研究方法,这些研究方法忽略了滞后项对当前研究的影响,所以本章选择动态面板数据的广义据估计法,即 GMM,考虑到使命偏移的程度也可能取决于个体的过去,所以引入了被解释变量的滞后值作为解释变量。又因为差分 GMM 中无法估计出不随时间变化的其他变量,但是系统 GMM 在提高估计效率的同时,也克服了差分 GMM 本身的缺点。所以我们设定以下模型:

$$MD_{it} = \beta_0 + \beta_1 MD_{i,t-1} + \beta_i X_{it} + u_i + \varepsilon_{it} \tag{11-1}$$

　　在式(11-1)中,列出了使命偏移的可能影响因素,其中 i 代表了第 i 家非政府组织小额贷款机构,β_i 是模型的估计参数,X_{it} 包含了影响非政府组织小额贷款机构的各个影响因素,主要是资产规模、客户规模、机构持续经营年限、资产回报率、工作人员数量以及地区的人均 GDP 等。不可观测的随机变量 u_i 是代表个体异质性的截距项,而 ε_{it} 为随个体与时间而改变的扰动项。

　　为了对比模型检验的结果,本章除了系统 GMM,也做了一个普通 OLS、固定效应模型的回归,其结果用于对比系统 GMM 模型以检验稳健性,结果如表 11-4 显示。根据模型的设定,本章选取了净利润以及地区分布作为本章的工具变量。地区分布主要是根据非政府组织小额贷款机构所在的地区分为了华东、华南、华北、华中、西北、西南和东北 7 个区域,不同地域的经济发展水平影响着资产回报率的变化,地区分布与内生变量相关,与其他的变量无关。我们采用阿雷拉诺邦德检验来测量扰动项是否存在自相关,一阶 p 值小于 0.05,而二阶 p 值大于 0.05。因此,扰动项的差分存在一阶自相关,但不存在二阶自相关。在我们的模型中,我们一共使用了 78 个工具变量,为了检验工具变量是否有效或者是否存在过度识别,本章使用了萨尔根(sargan)检验,最后得到 p 值为 0.2277,大于 0.05,所以在 5% 的显著性水平上无法拒绝原假设,所以所有工具变量都是有效的。

表 11-4　使命偏移模型偏移结果

模型　　　变量	（1）Statistic（OLS）	（2）Statistic（FE）	（3）Statistic（GMM）
md_{-1}	—	—	0.141 **（0.0617）
$pgdp$	0.00000103（0.0000）	0.00000523（0.0000）	0.00000527 **（0.0000）
$client$	−0.0000541 ***（90.0000）	−0.0000801 ***（0.0000）	−0.0000535 ***（0.0000）
age	−0.00365（0.00279）	−0.0215 *（0.0112）	−0.0200 ***（0.00723）
lta	0.118 ***（0.0176）	0.104 **（0.0431）	0.130 ***（0.0376）
$worker$	0.00175（0.00115）	0.00130（0.000935）	0.00127（0.000902）
roa	0.160 *（0.0892）	0.148 **（0.0649）	0.215（0.173）
$\_cons$	0.0797 **（0.0366）	0.263 ***（0.0723）	0.141 **（0.0569）

注：***、**、* 分别表示在 1%、5%、10% 的水平上显著，括号内为标准差。

　　根据表 11-4 中的结果，我们可以看到被解释变量的滞后项显著影响着使命偏移程度，所以进一步证明采用的系统 GMM 更接近真实值。从实证结果中，我们发现地区的人均 GDP 对于使命偏移的影响显著，一个地区的经济发展影响着该区域金融机构的发展，经济越是发达的地区，金融市场越发达，资金的周转率越高，就会有更多的资金借贷等情况发生。在众多的借贷需求中，非政府组织小额贷款机构越会产生信贷配给的情况，将资金转向少数高端客户以获取更大的收益。客户规模与非政府组织小额贷款机构的使命偏移成负相关关系，客户的规模越大，说明小额贷款机构所服务的人越多，贷款资金的分配越广泛，也就越能达到尽可能多地给更多人提供贷款、实现扶助"三农"以及小微企业的社会目标，这与我们的假设 3 相符合。且越是致力于服务大中型客户越有发生使命偏移的可能，大客户需求量一般较大，且其谈判能力较强，小额贷款机构在控制交易成本的前提下会尽量地减少麻烦,在控制风险的情况下把更多的资金贷款给大客户,所以那些小额的贷款者几乎无法从小额贷款机构成功地获得及时贷款,与扶贫和支农的道路越来越远。和假设4预计的一致,我们看到机构的持续经营年限与使命偏移在5%的显著性下呈负相关关系。也就是非政府组织小额贷款机构每增加1年的经营时间,使命偏移程度就会减少大约2%的概率。非政府组织小额贷款机构经营时间越长,越能避免社会目标的偏移。因为小额贷款机构在长时间的经营中积累比较多的经验,时间越久越能摸索出长久经营之道,建立起一套完善的机制,并且不断改善人员、服务、设备甚至是技术,不断优化非政府组织小额贷款机构的经营。而总资产的规模与使命偏移有正向影响,资产规模每增加1%,非政府组织小额贷款机构发生使命偏移程度也增加了0.13%,与我们上文的假设1相同。这证实了非政府组织小额贷款机构随着总资产的增加也会越来越倾向于选择客户,从而发生使命偏移,即资产规模超过了一定的范围就会更倾向于目标的偏移。资产规模越大,接触的客户越多,就会越倾向于大客户,就会利用大客户的优势来发展业务,逐渐地偏离服务"三农"和小微企业的初衷。

工作人员数量与小额贷款机构是正向影响,但是结果不显著。究其原因,我们发现,非政府组织小额贷款机构的第一主导是贷款需求客户,例如联保贷款或者社区发展基金,第二主导才是小额贷款机构,在这种贷款机制中,工作人员只提供服务和引导,并不能主导贷款。其次,非政府组织小额贷款机构是带有慈善性质的金融机构,所以工作人员除了机构所属的工作人员还包括一些志愿者及部分实习生,在不同经营时期工作人员变动也会不同,所以数据统计上存在着一些偏差,人员变动也是常事,所以人员变动造成的机构经营混乱可能导致最后结果的不显著。在表11-4中,资产回报率虽然对非政府组织小额贷款机构的使命偏移有正向的影响,但是结果也不显著。综合结果分析,可以发现小额贷款行业风险控制能力较弱,客户群体整体风险水平较高,所以大额贷款的风险更高,一旦违约,给小额信贷公司带来的影响将会更大,相应也需要较高的风险补偿,同时由于非政府组织小额贷款机构会受监管机构的监督调查,经营管理水平一直保持进步,同时还要保持一定的资产流动性,这些小额贷款机构更要以控制信贷风险为主。所以非政府组织小额贷款机构在贷款时会选择其资产水平能承受的借贷范围,不会因为追求利润而承担巨大的风险。

分析了非政府组织小额贷款机构使命偏移的影响因素,本章继续对这些影响因素进行研究,考察这些因素对非政府组织小额贷款机构发生使命偏移的影响程度。以下本章采用分位数回归方法,这种方法的主要优点就是可以观察到不同分位点上不同的影响因素的作用程度,历史上很多文章都有用分位数回归法来分析主要的自变量对因变量的影响程度,例如王韬等(2015)就利用了分位数回归法测量了流动人口家庭与城镇家庭的消费差异和影响因素。本章的回归结果见表11-5。

表11-5 使命偏移影响程度的估计结果

模型 变量	Q10	Q25	Q50	Q75	Q90
pgdp	−0.000839 (0.00254)	−0.00282 * (0.00145)	−0.00395 * (0.00205)	0.0126 * (0.00755)	0.0592 *** (0.0212)
roa	0.0925 *** (0.0262)	0.106 *** (0.0150)	0.144 *** (0.0212)	0.125 (0.0154)	0.0699 (0.0781)
client	−0.00000305 *** (0.00000285)	−0.0000253 *** (0.00000163)	−0.00000301 *** (0.00000230)	−0.0000331 *** (0.00000848)	−0.0000391 (0.0000238)
age	−0.00245 *** (0.000821)	−0.00312 *** (0.000469)	−0.00279 *** (0.00663)	−0.00449 * (0.00244)	−0.00531 (0.00686)
lta	0.0617 *** (0.00519)	0.0603 *** (0.00296)	0.0690 *** (0.00419)	0.0750 *** (0.0154)	0.0921 ** (0.0434)
worker	−0.000361 (0.000337)	0.000147 (0.000193)	0.000566 ** (0.000272)	0.000909 (0.00100)	0.00268 (0.00282)
_cons	0.0600 *** (0.00108)	0.0817 *** (0.00615)	0.0921 *** (0.00870)	0.106 *** (0.0320)	0.0883 (0.0900)
N	318	318	318	318	318

注:***、**、* 分别表示在1%、5%、10%的水平上显著,括号内为标准差。

表11-5给出了不同的解释变量在不同的分位点产生的效果。随着分位数的增加,人均 GDP 的分位数回归系数呈先降低后上升的不规则

"U"形分布趋势。相对于左端点,在右端点附近,人均 GDP 对使命偏移的影响极大。而在非政府组织小额贷款机构的使命偏移刚刚发展的趋势下,人均 GDP 几乎不再有影响,由此可以分析出在最开始人均 GDP 并没有大程度影响使命偏移,但是当非政府组织小额贷款机构发生了较大的使命偏移时,人均 GDP 会产生推波助澜的作用。这个可以解释为外部条件相同的话,相对于贫穷的地区,经济高度发达的地区更易发生使命偏移。根据表 11-5 和图 11-3 所示,我们发现使命偏移在第 90 个分位点之前,客户数量的回归系数几乎处于稳定,而后急剧下降,且系数都呈显著状态,说明客户数量一直都是影响非政府组织小额贷款机构使命偏移的重要因素,随着经济腾飞,要想让机构实现社会目标,客户数量是一个关键的控制量。最后客户数量急剧下降,说明非政府组织小额贷款机构的使命偏移情况越是严重,客户的数量越是急剧地减少。机构的持续经营年限在达到一定的时间值后,非政府组织小额贷款机构的使命偏移程度就会大大地减小,能更规范更严格地执行贷款业务,服务于"三农"以及小微企业。资产水平的回归系数在第 90 个分位点开始急剧上升,和客户数量回归系数的变化刚好相反,侧面反映了资产越少客户数量越多的机构比资产多客户少的机构使命偏移的程度低,使命偏移的情况就越不容易发生。而工作人员数量的回归系数在整个分位数阶段变化不大,几乎很平稳,更进一步地证明了工作人员数量对于我们研究的非政府组织小额贷款机构的使命偏移几乎没有影响。资产收益率的分位数回归系数在一定范围值附近上下波动,相对来说波动范围不大,意味着资产回报率对于小额贷款机构使命偏移的影响不太显著,这个结论与我们采用系统 GMM 方法得出的结果相一致。

第五节　对非政府组织小额贷款机构的政策建议

一、保持适度规模,扩大服务范围

非政府组织小额贷款机构要将自身的资产控制在一个相对的范围

内,有关部门需要给出一个规范并且明确的界定,严格监控此指标。这个范围既能保证贷款以及其他业务的开展,又不会导致追逐高收益、高回报率的使命偏移行为。其次,非政府组织小额贷款机构的设立也要保持在一定的数量、扩大客户范围,既能增加机构之间的相互竞争,又能使得客户获得更多的优势。在借贷需求下,客户愿意选择非政府组织小额贷款机构而不是迫不得已选择民间高利贷等方式。"三农"和小微企业面临更少的信贷配给,能有更多的选择范围和更多的贷款机会。

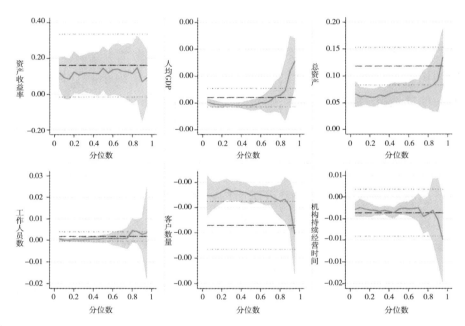

图11-3 非政府组织小额贷款机构使命偏移分位数回归的系数变化

二、加强信用体系建设,发展前沿技术

农户和小微机构在选择小额贷款渠道时常常会忽略非政府组织小额贷款机构,所以一方面要改善农户和小微企业对机构的认知,农户以及小微企业要了解非政府组织小额贷款机构的性质、成立的目的以及所提供的服务,并越来越倾向于通过非政府组织小额贷款机构获得贷款;另一方面需要加强机构的业务宣传力度,极力保证双方的信息透明化。首先,机

构也要建立一套相对完善的信用体系,对农户以及小微企业的信用等级进行评定,将贷款的风险控制在一定的范围之内。其次,应该建立贷款客户的数据库,明确自身贷款的目标,保证一定的信息充分性。在一定的基础上提升自我的管理水平,包括业务范围、客户范围以及风险控制机制等,使得机构业务得到良好的发展,也要注重创新技术的支持,发展先进的技术,促进技术更新与进步。

三、增加非政府组织小额贷款机构社会绩效的考核,加强监管

首先,相关部门应该注重加强非政府组织小额贷款机构的绩效考核,制定一些具体的考核标准与规范,在此基础上督促非政府组织小额贷款机构能够很好地完成自己的社会目标。且这种绩效的考核要随着时代的变化而有所改进,更贴合当前的非政府组织小额贷款机构的发展,也更利于农户和小微企业的利益。同时根据评级的不同制定相关的鼓励政策,例如减税等。其次,有关部门制定相应的法律措施加以监管,坚决抵制因为高额利益而引发违法犯罪行为。法律给予非政府组织小额贷款机构相关的权利,允许他们在金融机构缺失或者是相对贫困的地区建立分支,更好地融入,并且扶助农户和小微企业,同时也为我国的惠农以及减贫事业作贡献。

四、国家相关部门能给予机构一些政策补贴

非政府组织小额贷款机构使命偏移的有效治理措施是减少机构的成本及相关的费用,所以政府及有关部门的补贴极为重要。但众多的非政府组织小额贷款机构中,不同的机构有着不同的客户群和服务范围,所以国家相关部门的补贴需要根据不同的机构发展程度来定义。特别是对于不同的非政府组织小额贷款机构的绩效来给予不同的政策补贴额度,这样既能帮助非政府组织小额贷款机构发挥自己的社会目标,又能促进政府补贴资金的有效利用。

第 四 篇

农村金融发展与展望

第十二章 后脱贫时代下社会网络、非正规金融是解决农户多维贫困的途径

本章导读

　　文章通过构建农户多维贫困的评价体系,并利用 2014 年中国家庭追踪调查数据实证分析了社会网络、非正规金融与农户多维贫困之间的作用机制及其中介效应。研究结果表明:(1)社会网络可以显著改善农户的多维贫困状况且对中间层次多维贫困的农户减贫效果更大。(2)社会网络对农户的非正规金融借贷具有显著的正向影响。(3)社会网络可以通过影响农户非正规金融借贷,缓解贫困农户的融资约束进而改善农户的多维贫困,即遵循"社会网络→非正规金融→农户多维贫困"的作用机制。这意味着社会网络实际上成了农户借贷过程中的一种"隐性抵押",农户以此获得非正规金融的资金支持进而改善多维贫困,实现脱贫。

第一节　我国社会网络对多维贫困的影响

　　贫困问题一直是我国关注的重要问题,中共中央 2015 年年底在"十三五"规划中明确提出实施精准扶贫、精准脱贫的战略部署,扶贫开发工作已经提升到国家战略高度。2015 年年底,我国有 5575 万人口[①]处于贫困线以下,截至 2020 年年底,我国决战脱贫攻坚取得决定性胜利,现行标

---

　　①　国家统计局 2016 年 2 月 29 日发布的《2015 年国民经济和社会发展统计公报》。

准下农村贫困人口全部实现脱贫,实现了"两不愁三保障"的总体目标。但是,贫困并不是仅仅包含收入的单维衡量,除收入之外的教育、医疗等方面的缺乏与落后成为贫困的主要表现形式,仅以收入来衡量无法全面反映贫困人口的贫困状况,多维贫困更能反映贫困的本质与内涵(邹薇等,2011)。

在影响贫困发展的诸多因素中,社会网络日益受到更多的关注。社会网络作为一种重要的非正式制度,在缓解贫困方面发挥着积极作用(张爽等,2007)。特别在我国农村这样一个重视人情关系的"乡土社会",社会网络通常是维系双方关系、保持信任的基础,成为农户之间交流经验、获取信息的重要手段(Yueh,2009)。对于贫困农户而言,社会网络中蕴含的社会资源可以为贫困者形成自我发展能力(周晔馨等,2014)。社会网络因其本身的特性,对于具有本土化性质、能充分利用人缘、地缘等关系的非正规金融具有重要影响,可以显著提高农户的民间融资能力(杨汝岱等,2011)。且在农村地区,由于正规金融的缺位,非正规金融已经成了贫困农户融资的主要渠道,在帮助缓解贫困方面发挥重要的作用(张宁等,2015)。因此,社会网络在缓解贫困方面一个可能的作用机制则是,社会网络通过影响农户的非正规金融,提高农户获得非正规金融融资的能力,进而改善农户的贫困状况。

那么,社会网络能否改善农户多维贫困,促进农户脱贫呢?社会网络影响农户多维贫困的作用机制是怎样的?非正规金融是否是社会网络影响农户多维贫困过程中的重要途径?上述问题的解答,对于推进与完善社会网络影响农户多维贫困这一领域的研究与理论机制,以及为我国巩固脱贫攻坚成果,实现脱贫攻坚与乡村振兴的有机衔接,对决胜全面建成小康社会的战略目标提供参考依据具有极为重要的理论与现实意义。

第二节　社会网络的功能

多维贫困(Multidimensional Poverty)这一概念和理论最早由阿马蒂

亚·森(Amartya Sen,1999)提出,阿马蒂亚·森认为贫困产生于人的可行能力的剥夺,仅以收入或支出来衡量贫困的方法无法全面反映贫困状况。阿马蒂亚·森(2004)进一步提出贫困不仅仅是收入的低下,而且是教育、医疗等客观条件的缺乏与福利的主观感受不足。多维贫困开始取代单一贫困逐渐成为贫困研究关注的焦点,阿尔凯尔和福斯特(Alkire 和 Foster,2008、2011)提出了相对成熟的 A-F 方法对多维贫困进行计数与测算。阿尔凯尔和桑托斯(Alkire 和 Santos,2014)认为多维贫困指数(MPI)是对收入贫困局限性的有力补充与改进。阿尔凯尔和赛斯(Alkire 和 Seth,2015)通过分析 1999—2006 年印度的多维贫困发现最贫困的群体减贫进程非常缓慢。国内对于多维贫困的研究正在逐渐跟进,王小林、阿尔凯尔(2009)运用 A-F 方法对中国农村和城市家庭的多维贫困进行了测量。邹薇等(2011)基于 CHNS 数据从收入、教育和生活质量三个维度考察了贫困动态性。张全红等(2014)基于 MPI 对中国 1989 年以来多维贫困的动态变化进行分解与测度。王春超等(2014)采用 A-F 方法对比分析了农民工与城市劳动者的多维贫困状况。从我国实际情况来看,相比于收入贫困,多维贫困更是制约扶贫开发取得进一步成效的重要方面,推动更深层次贫困人口的减贫进程,需要从多维视角来分析贫困问题(高艳云,2012)。

社会网络作为社会资本范畴内的一个重要内容,被广泛用于经济学研究中。社会资本由社会网络、规范和信任三种要素构成(Putnam 等,1993),社会网络则是社会资本中最重要的一个内容(郭云南等,2015)。社会网络可以被定义为人与人之间形成的社会关系集合,在重视人情关系的贫困农村,社会网络对农户的日常生活与生产经营等经济行为产生重要影响(Zhang 和 Zhao,2011),农户社会网络中的亲朋好友会为其生产经营等活动提供信息、经验、技术以及资金上的支持(Yueh,2009;胡金焱等,2014)。社会网络作为"穷人的资本",被认为是一种物质资本的替代品,可以提高贫困家庭的劳动生产率以及收入水平,进而促进脱贫(Chantarat 和 Barrett,2011)。通过社区层面的研究发现,社会网络同样可以显著地减少贫困的发生(张爽等,2007)。由于社会网络是日彼此信任的"熟人"构成,社会网络能发挥风险分担的作用(Attanasio 等,2012)。在应对风险冲击方面,社会网络可以帮助家庭抵御负向冲击,降低家庭贫困脆弱性(徐伟等,2011)。此外,社会网络还具有提高穷人收入水平,缩小收入差距的作用(郭云南等,2014)。从现有的研究来看,一个共同的事实是社会网络对改善农户贫困状况方面具有重要影响,但这些研究都未曾涉及贫困的多维性,据此本章提出假说1:社会网络可以显著改善农户多维贫困状况。

社会网络的另外一个重要功能就是显著降低交易双方的信息不对称,其重要的信息甄别功能对于以人缘、地缘为基础的非正规金融具有重要影响(杨汝岱等,2011)。社会网络作为非正规金融的载体可以显著提高农户获得民间借贷资金的能力(马光荣等,2011)。在贫困农村,由于正规金融的缺位,贫困农户面临严重的融资约束,而非正规金融与正规金融相比既具有替代性又具有互补性(Madestam,2014),成为贫困农户融资的主要渠道(张兵等,2012)。农村非正规金融可以通过为贫困农户提供资金支持改善农户贫困状况(张宁等,2015)。在宏观层面上的研究也表明非正规金融存在显著的减贫效应(苏静等,2013),且相比于正规金融具有更强的减贫力度(高远东等,2014)。根据上述的研究分析来看,社会网络改善农户贫困状况一个可能的途径是社会网络通过促进农户的非正规金融进而改善农户的多维贫困状况。为验证这一机制,本章提出假说2:社会网络对农户多维贫困的影响并非直接影响,而是通过非正规金融缓解农户融资约束,间接影响农户多维贫困状况。

综上来看,已有的关于社会网络、非正规金融与贫困方面的研究多是从单一的收入贫困的角度出发,缺乏对贫困多维度性的考虑,无法全面反映贫困状况。首先,现有文献尽管肯定社会网络或非正规金融在缓解贫困上的作用,但较少能综合考虑三者的关系以及社会网络影响农户多维贫困的作用机制。其次,在针对非正规金融在社会网络影响农户多维贫困过程中的作用进行研究的过程中,定性分析者较多,缺乏定量测算非正规金融在其中的中介效应占比。

第三节 我国多维贫困数据来源与指标选取

一、数据来源

本章选取的数据来源于北京大学社会科学调查中心 2014 年开展的中国家庭追踪调查,该项目在 2008 年、2009 年对北京市、上海市、广州市三地预调查的基础上,2010 年对全国 25 个省份进行基线调查,2012 年对全体样本进行第一次追踪调查,2014 年进行第二次追踪调查。中国家庭追踪调查旨在通过跟踪收集个体、家庭、社区三个层次的微观数据,反映中国经济发展、人口福利与社会变迁,为研究与决策提供基础数据支持。本章所使用的数据为 2014 年中国家庭追踪调查中的农户家庭调查数据,通过对样本的筛选以及删去部分缺失值,我们获得 6692 个样本观测数据。

二、多维贫困的衡量

在鉴别农户家庭是否为多维贫困时,多维贫困的指标构建至关重要,以阿马蒂亚·森(1999)为代表的学者将多维贫困定义为人的基本可行能力的剥夺。本章借鉴阿马蒂亚·森的思想,结合国内外学者对多维贫困指标构建与测算方法(王小林和 Alkire,2009;Alkire 和 Foster,2011;高艳云,2012)以及我国目前贫困的实际情况,兼顾样本数据可获得性,建立以下 9 个指标来衡量农户多维贫困状况[①],如表 12-1 所示。

表 12-1 多维贫困指标与界定标准

维度	贫困界定标准
1. 收入	农户家庭年度人均纯收入小于国家制定贫困线 2300 元

---

① 与国内外大部分的多维贫困研究相同,本章采用各指标等权重的方法。

续表

维度	贫困界定标准
2. 做饭燃料	农户家庭做饭燃料以柴草为主
3. 通电	家中不通电
4. 住房条件	家中平时存在 12 岁以上子女与父母、12 岁以上异性子女或老少三代同住一室,床晚上架起白天拆掉,客厅架起睡床等住房困难中任意一种
5. 卫生设施	不能使用室内、室外冲水厕所或冲水公厕
6. 资产	家中没有汽车、电动自行车、摩托车、电冰箱、冰柜、洗衣机、电视机、电脑、照相机、空调、手机等任意一种耐用消费品资产
7. 土地	家中未能从集体中分配到耕地、林地、牧场、水塘中任意一种
8. 教育	家中成员最高学历为半文盲或文盲
9. 健康	受访者健康状况小于4(问卷中健康状况 1—7 分别表示从很差到很好)

农户家庭若上述任意一项指标界定为贫困,则界定该农户为一维贫困,赋值为 1,若存在任意两项指标为贫困,则界定为二维贫困,赋值为 2,以此类推,若 9 项指标均为贫困,赋值为 9。

表 12-2 显示了 9 个多维贫困指标下农户单维贫困的情况。统计结果显示,样本农户中有 17.87% 的农户收入在国家贫困线以下,即通常所说的贫困户,但存在更多的农户暴露在其他贫困状况中,其中做饭燃料、卫生设施和教育是较为突出的几个贫困维度,卫生设施的贫困状况最为严重,有 70.73% 的农户没有干净的冲水式卫生设施,其次 48.86% 的农户做饭仍然在使用柴草,而 37.15% 的农户受教育程度为文盲或半文盲,存在这些状况的贫困人数均显著高于国家认定的贫困户,反映现阶段的扶贫工作仍需多方面考虑而不能仅考虑贫困户的收入。其余的指标显示 17.08% 农户家中存在住房困难,而农户的通电与资产状况较好,仅有 0.25% 的农户家庭未通电,1.10% 的农户家中没有任何资产。

表 12-2　农户单维贫困情况　　　　　（单位：%）

维度	贫困发生率	维度	贫困发生率	维度	贫困发生率
1. 收入	17.87	4. 住房条件	17.08	7. 土地	7.74
2. 做饭燃料	48.86	5. 卫生设施	70.73	8. 教育	37.15
3. 通电	0.25	6. 资产	1.10	9. 健康	5.97

表 12-3 则反映了农户的多维贫困情况，数据显示农户的多维贫困情况多集中在一维、二维与三维贫困，三者的累计贫困发生率达到了78.25%，存在高维度多维贫困状况的农户较少，样本农户中最贫困的农户为七维贫困，仅有 0.09% 的农户。完全不贫困的农户同样较少，仅有9.26% 的农户不存在任何贫困状况。

表 12-3　农户多维贫困情况　　　　　（单位：%）

多维贫困	贫困发生率	多维贫困	贫困发生率	多维贫困	贫困发生率
维度	9.26	三维贫困	21.38	六维贫困	0.49
一维贫困	26.39	四维贫困	9.21	七维贫困	0.09
二维贫困	30.48	五维贫困	2.69	总计	100

三、变量选取

（一）社会网络

社会网络的测度目前尚未形成一个统一的标准，现有的研究主要是从个体社会网络的表现与行为上进行测度，选取的指标主要集中在礼金支出（章元等，2009；杨汝岱等，2011；马光荣等，2011；胡金焱等，2014）、亲友数量（陈钊等，2009；胡枫等，2012）和政治地位（陈雨露等，2009；郭云南等，2014）三个方面。首先，尽管政治地位可以近似衡量社会网络，但在研究贫困问题上不太适合，容易混淆政治地位本身带来的影响。其次，亲友数量可以作为社会网络的代理变量，但遗憾的是本章的调查数据中没有提供这一变量。考虑到在我国农村地区这样一个相对欠发达的地区,农户家庭的社会网络主要是依据人缘、亲缘和地缘来建立的社会关系,而维系和发展这样一个社会网络的主要手段则是"礼尚往来",即当亲友家庭出现红白喜事、建造新房或是逢年过节等重大事项时,农户登门拜访通过赠予礼品或是礼金的方式来保持一种良好的社会关系,而农户在建立新的社会网络时,通常的做法也是赠礼,因此,农户家庭的人情礼金支出越高可以近似地认为农户的社会网络规模越大越广泛,据此本章选取"农户家庭人情礼支出"作为社会网络的代理变量,农户家庭人情礼支出包括亲朋好友家中出现红白喜事、生育、升学以及过节等产生的礼品礼金支出。①

尽管人情礼支出是识别农户社会网络的重要方式,但是人情礼支出仅发生在亲友家庭出现重大事项时,而平时农户与亲朋好友之间的联络交往、相互拜访同样是维系与发展社会网络的重要方式。因此,仅以人情礼支出来衡量农户的社会网络得出的结论可能不是很稳健。为使本章的研究结果更具有稳健性,考虑到农户家庭平时维系发展社会网络而产生的社会交往,本章设置"亲友交往联络"②作为社会网络的第二个代理变量,亲友交往联络代表在过去一年中农户家庭与非同住亲友之间通过聚会、拜访等交往联络的频率。一般而言,亲友交往越频繁的农户家庭社会网络规模越大越广泛。

(二)非正规金融

由于社会网络对农户多维贫困状况的影响可能并非直接关系,而是有可能通过非正规金融改善农户融资条件,使贫困农户获得资金支持,从而间接改变多维贫困状况。在农村地区,农户非正规金融借贷主要来源于亲戚朋友借款以及地下钱庄、合会等民间借贷组织,因此,本章选取"农户非正规金融借贷额"来作为非正规金融的代理变量,非正规金融借贷额包括向亲戚朋友借款以及向正规金融机构以外的民间借贷组织借款中尚未归还的余额。非正规金融借贷额反映农户通过非正规金融渠道获

---

① 礼品支出折算成现金,与礼金支出加总。
② "亲友交往联络"这一变量中数值1表示没有交往,2表示不常交往(1年1—2次),3表示偶尔交往(每半年1—3次),4表示经常交往(每月1次)。

得资金支持量的大小,非正规金融的资金支持为农户脱贫提供了物质保障,预期改善农户多维贫困状况。

(三)农户特征变量

研究农户多维贫困状况的过程中,为控制社会网络对农户多维贫困的影响,本章设置农户特征变量作为控制变量,具体包括农户户主的年龄、户主性别、是否成家与农户家庭规模(人口数)。农户户主的特征在一定程度上影响农户多维贫困状况,不同年龄段的户主显然会产生不同的经济行为,户主为女性可能在家庭投资决策方面趋于保守,已经成家可能在为人处世上有更多的责任感、经济行为更为理性,而农户家庭成员越多,反映农户人力资源越丰富,生产能力越高,这些都有可能影响农户多维贫困状况。此外,考虑到户主年龄对农户多维贫困可能存在非线性关系,中年户主更有可能改善农户的多维贫困状况,本章加入户主年龄的平方作为控制变量。

(四)村级特征变量

考虑到农户家庭所处行政村地理位置对农户多维贫困可能造成一定影响,本章在计量模型中设置所在村庄到最近集镇、本县县城以及本省省城距离作为村级控制变量。同时,自然灾害等情况可能对农户贫困状况造成一定影响,在自然灾害较为频繁的地方可能加深农户多维贫困的状况,因此,我们设置"本村是否属于自然灾害频发区"这一虚拟变量来控制自然灾害的影响。此外,考虑到我国地区间差异较大且发展不均衡,本章在模型中加入省级控制变量。

选取变量的描述性统计见表12-4。样本农户中有80.36%的农户存在人情礼支出,平均支出礼金为2765.49元[1],占农户平均收入[2]的比重为6.54%,亲友交往联络的平均值为3.37,标准差为0.89,可见农户社会交往较为频繁并花费较高比例收入用以维持发展社会网络关系。农户非正规金融借贷平均金额为14104.45元,借贷发生率为29.92%,标准差较

---

①　为便于直观表达,农户人情礼支出与非正规金融借贷额在统计性描述中采用"元"为单位,在后面的计量回归中采用"万元"为单位。

②　样本农户家庭的平均收入经测算为42266.72元。

高表明农户之间非正规金融借贷的资金量上存在显著的差异。此外,约有17%的农户地处自然灾害频发区。

表12-4　变量的描述性统计

变量	指标说明	均值	标准差	样本量
$society_1$	农户家庭人情礼支出(元)	2765.49	4503.58	6692
$society_2$	亲友交往联络	3.37	0.89	6689
$debt\_inf$	农户非正规金融借贷额(元)	14104.45	54327.83	6692
age	户主年龄(岁)	50.79	14.93	6691
age^2	户主年龄平方/100	28.02	14.89	6691
$sexual$	户主性别(1=男,0=女)	0.64	0.48	6692
$marry$	是否成家	0.95	0.23	6692
$familysize$	农户家庭规模(人口数)	3.99	1.93	6692
$distance_1$	最近集镇的距离(米)	9.03	13.44	6228
$distance_2$	本县县城的距离(米)	51.81	41.70	6228
$distance_3$	本省省城的距离(千米)	0.51	0.58	6228
$disaster$	本村是否属于自然灾害频发区	0.17	0.37	6228

第四节　社会网络影响农户多维贫困的实证分析

一、模型设定

本章研究的被解释变量是农户的多维贫困状况,用多维贫困的维度数表示,依据上文的多维贫困指标,数值1—9分别表示农户存在一维贫困到九维贫困,数值0表示不存在任何贫困状况。由于被解释变量"农户多维贫困"数值具有内在的排序性质,属于排序数据(Ordered Data),数值越大表示农户陷入的贫困状态越深,如果单纯使用OLS进行估计,容易把数据之间的排序视为基数处理,如果使用多元Probit模型(Multinomial Probit Model),又会忽略数据的排序关系,因此,本章采用针

对排序数据广泛使用的有序 Probit 模型(Ordered Probit Model)进行估计,模型的设定形式为:

$$y_i^* = x_i'\beta + \varepsilon_i \tag{12-1}$$

其中,y_i^* 为不可观测的潜变量,x_i 为可能影响多维贫困的一系列解释变量,ε_i 为随机扰动项,y_i 的选择规则为:

$$y_i = \begin{cases} 0, & \text{若 } y_i^* \leqslant r_0 \\ 1, & \text{若 } r_0 < y_i^* \leqslant r_1 \\ 2, & \text{若 } r_1 < y_i^* \leqslant r_2 \\ \cdots\cdots \\ 7, & \text{若 } r_6 \leqslant y_i^* \end{cases} \tag{12-2}$$

式(12-2)中,$r_0 < r_1 < r_2 < \cdots < r_6$ 为待估参数,称为切点。y_i 为农户多维贫困状况的离散变量,取值范围 0—7 分别表示农户多维贫困状况为不贫困到七维贫困。具体的计量模型形式设定如下:

$$y_i = \alpha_0 + \alpha_1 society_i + \alpha_2 X_i + \varepsilon_i \tag{12-3}$$

二、实证结果分析

表 12-5 汇报了社会网络对农户多维贫困状况影响的估计结果,模型(1)、模型(2)、模型(3)显示,"农户家庭人情礼支出"在 1% 的显著性水平下负向影响农户多维贫困状况,说明农户社会交往支出的人情礼增多可以显著降低农户多维贫困的贫困维度,改善贫困状况,这种影响即使在控制农户特征变量、村级特征变量以及省级控制变量的情况下仍然是显著负向影响。上述结果表明,农村地区社会网络越广泛的家庭可以显著改善农户的多维贫困状况,降低农户多维贫困的维度。考虑到人情礼支出仅发生在亲友家庭有重大事项时,仅以此来作为社会网络代理变量容易忽略农户平时的社会交往,而"亲友交往联络"则不受此影响,亦能反映农户平时的社会网络。模型(4)、模型(5)、模型(6)汇报了"亲友交往联络"对农户多维贫困的影响,结果显示"亲友交往联络"在 1% 的显著性水平下负向影响农户多维贫困状况,说明亲友交往联络越频繁的农户

越不易陷入较深的多维贫困状态中。上述结果表明,代表社会网络的第二个代理变量同样反映农户的社会网络越广泛、规模越大越可以帮助农户脱离多维贫困,结果具有稳健性。总体而言,表12-5的实证结果有力地说明了社会网络是改善农户多维贫困的重要决定因素。

表 12-5　社会网络影响农户多维贫困的估计结果

变量＼模型	（1）多维贫困	（2）多维贫困	（3）多维贫困	（4）多维贫困	（5）多维贫困	（6）多维贫困
$society_1$	−0.2538 *** (−8.87)	−0.2575 *** (−8.47)	−0.2138 *** (−6.93)	—	—	—
$society_2$	—	—	—	−0.1298 *** (−9.02)	−0.1320 *** (−8.89)	−0.1308 *** (−8.81)
age	−0.0144 *** (−3.28)	−0.0205 *** (−4.17)	−0.0203 *** (−4.12)	−0.0143 *** (−3.25)	−0.0210 *** (−4.27)	−0.0208 *** (−4.21)
age^2	0.0333 *** (7.78)	0.0391 *** (8.28)	0.0394 *** (8.34)	0.0327 *** (7.66)	0.0392 *** (8.30)	0.0395 *** (8.35)
$sexual$	−0.1725 *** (−6.46)	−0.2074 *** (−7.45)	−0.2258 *** (−8.09)	−0.1680 *** (−6.30)	−0.2034 *** (−7.31)	−0.2253 *** (−8.07)
$marry$	−0.3679 *** (−5.49)	−0.3444 *** (−4.89)	−0.3275 *** (−4.65)	−0.3702 *** (−5.52)	−0.3466 *** (−4.92)	−0.3209 *** (−4.55)
$familysize$	0.0078 (1.16)	0.0011 (0.16)	−0.0085 (−1.19)	0.0075 (1.11)	0.0006 (0.08)	−0.0098 (−1.37)
$distance_1$	—	0.0048 *** (4.76)	0.0051 *** (5.04)	—	0.0050 *** (4.99)	0.0053 *** (5.27)
$distance_2$	—	0.0042 *** (12.84)	0.0038 *** (11.49)	—	0.0041 *** (12.44)	0.0037 *** (11.03)
$distance_3$	—	0.0970 *** (4.14)	0.0916 *** (3.91)	—	0.1027 *** (4.39)	0.0953 *** (4.07)
$disaster$	—	−0.0829 ** (−2.32)	0.0067 (0.18)	—	−0.0896 ** (−2.51)	0.0108 (0.29)
省级控制变量	未控制	未控制	控制	未控制	未控制	控制
样本量	6691	6227	6227	6688	6224	6224

注:***、**、*分别表示在1%、5%、10%的水平上显著,括号内为z值。

农户特征控制变量方面,回归结果显示户主年龄显著负向影响农户多维贫困,年龄平方显著正向影响,表明户主的年龄与多维贫困状态存在

"U"形关系,即那些中年的农户户主更有可能改善多维贫困状况,中年户主相比于少年与老年户主体力更具优势且拥有一定的经验与资源,更能带领家庭脱贫致富。农户户主性别显著负向影响多维贫困,表明男性户主更能帮助家庭脱贫,一般而言,农村地区户主就是家中的"顶梁柱",对家庭决策与状态改变具有重要影响,男性户主相比女性而言作出的决策更加稳健且获取资源能力更强,更利于农户脱贫。"是否成家"这一变量显著负向多维贫困,说明已经结婚成家的家庭陷入多维贫困的概率较小,"成家立业"在农村更多代表的是一种责任感,已经成家的农户在决策时必须考虑到家庭的发展,更有利于脱离多维贫困。农户家庭规模在统计上不显著,表明该因素对农户多维贫困的影响不大。

村级特征控制变量方面,回归结果显示农户所在村到"最近集镇的距离""本县县城的距离"与"本省省城的距离"均在1%的显著性水平下正向影响农户多维贫困,说明农户距离最近集镇、县城与省城越远,陷入多维贫困的状态越深。这表明位于集镇、县城、省城这样的资源交换便利、发展机会更多的地方的农户更有利于改善多维贫困状况,农户可以更方便地获取城市中的各种资源。"本村是否属于自然灾害频发区"在控制省级变量的情况下不再显著,说明这一因素对农户多维贫困不具有较大的影响力。

由于有序 Probit 模型估计的系数显示的信息不全面,只能从系数的符号与显著性上给出有限的信息。因此,我们进一步计算了各解释变量对农户多维贫困影响的边际效应。表 12-6 和表 12-7 分别是利用表 12-5 的模型(3)与模型(6)的估计结果计算的社会网络两个代理变量"农户家庭人情礼支出"和"亲友交往联络"对农户多维贫困影响的边际效应。具体来看,农户家庭人情礼支出每增加 1 万元,可以使农户完全不贫困的概率增加 2.99%,一维贫困的概率增加 4.80%,二维贫困的变化不显著,三维贫困概率减少 3.83%,四维贫困概率减少 2.74%,五维贫困概率减少 1%,六维贫困概率减少 0.18%,七维贫困概率减少 0.03%。农户亲友交往联络的实证结果与农户家庭人情礼支出增加的结果类似,亲友交往联络每上升一个等级,会显著降低农户三维贫困到七维贫困的概率,二维贫困变化不显著,完全不贫困与一维贫困的概率增加,表明社会网络对于中间层次多维贫困的农户改善的效果更大。尽管社会网络的扩大使农户一维贫困的概率上升,二维贫困的变化不显著,但其显著降低了农户三维贫困到七维贫困的概率,而联合国在人类发展报告的多维贫困指数测算中将1/3以上指标存在贫困定义为多维贫困,阿尔凯尔和桑托斯(2014)定义多维贫困的截断点为30%。因此,我们仍然可以认为社会网络可以显著改善农户的多维贫困状况。

表 12-6　农户家庭人情礼支出对农户多维贫困影响的边际效应

模型 变量	(1) 完全不贫困	(2) 一维贫困	(3) 二维贫困	(4) 三维贫困	(5) 四维贫困	(6) 五维贫困	(7) 六维贫困	(8) 七维贫困
$society_1$	0.0299 *** (6.81)	0.0480 *** (6.84)	-0.0000 (-0.05)	-0.0383 *** (-6.81)	-0.0274 *** (-6.76)	-0.0100 *** (-6.29)	-0.0018 *** (-4.37)	-0.0003 ** (-2.08)
age	0.0028 *** (4.09)	0.0046 *** (4.11)	-0.0000 (-0.05)	-0.0036 *** (-4.09)	-0.0026 *** (-4.08)	-0.0010 *** (-3.97)	-0.0002 *** (-3.34)	-0.0000 * (-1.95)
age^2	-0.0055 *** (-8.10)	-0.0089 *** (-8.21)	0.0000 (0.05)	0.0071 *** (8.10)	0.0051 *** (8.02)	0.0018 *** (7.29)	0.0003 *** (4.70)	0.0000 ** (2.13)
$sexual$	0.0302 *** (8.20)	0.0507 *** (7.98)	0.0022 * (1.89)	-0.0397 *** (-8.07)	-0.0298 *** (-7.63)	-0.0113 *** (-6.80)	-0.0021 *** (-4.50)	-0.0003 ** (-2.11)
$marry$	0.0368 *** (5.84)	0.0736 *** (4.74)	0.0146 ** (2.31)	-0.0531 *** (-5.33)	-0.0472 *** (-4.20)	-0.0200 *** (-3.61)	-0.0041 *** (-2.91)	-0.0007 * (-1.82)
$familysize$	0.0012 (1.19)	0.0019 (1.19)	-0.0000 (-0.05)	-0.0015 (-1.19)	-0.0011 (-1.19)	-0.0004 (-1.19)	-0.0001 (-1.17)	-0.0000 (-1.05)
$distance_1$	-0.0007 *** (-4.99)	-0.0011 *** (-5.00)	0.0000 (0.05)	0.0009 *** (4.99)	0.0007 *** (4.97)	0.0002 *** (4.78)	0.0000 *** (3.76)	0.0000 ** (2.00)
$distance_2$	-0.0005 *** (-10.98)	-0.0009 *** (-11.06)	0.0000 (0.05)	0.0007 *** (10.95)	0.0005 *** (10.76)	0.0002 *** (9.07)	0.0000 *** (5.04)	0.0000 ** (2.14)
$distance_3$	-0.0128 *** (-3.89)	-0.0206 *** (-3.89)	0.0000 (0.05)	0.0164 *** (3.89)	0.0118 *** (3.88)	0.0043 *** (3.78)	0.0008 *** (3.21)	0.0001 * (1.91)
$disaster$	-0.0009 (-0.18)	-0.0015 (-0.18)	-0.0000 (-0.06)	0.0012 (0.18)	0.0009 (0.18)	0.0003 (0.18)	0.0001 (0.18)	0.0000 (0.18)
省级控制变量	控制	控制	控制	控制	控制	控制	控制	控制
样本量	6227	6227	6227	6227	6227	6227	6227	6227

注:***、**、*分别表示在1%、5%、10%的水平上显著,系数 0.0000 表示数值为小数点后 5 位以上,四舍五入后为 0,括号内为 z 值。

表 12-7 亲友交往联络对农户多维贫困影响的边际效应

模型 变量	(1) 完全不贫困	(2) 一维贫困	(3) 二维贫困	(4) 三维贫困	(5) 四维贫困	(6) 五维贫困	(7) 六维贫困	(8) 七维贫困
$society_2$	0.0182*** (8.54)	0.0294*** (8.64)	-0.0000 (-0.02)	-0.0235*** (-8.54)	-0.0168*** (-8.42)	-0.0061*** (-7.57)	-0.0010*** (-4.73)	-0.0001** (-2.06)
age	0.0029*** (4.18)	0.0047*** (4.20)	-0.0000 (-0.02)	-0.0037*** (-4.18)	-0.0027*** (-4.17)	-0.0010*** (-4.06)	-0.0002*** (-3.37)	-0.0000* (-1.90)
age^2	-0.0055*** (-8.11)	-0.0089*** (-8.21)	0.0000 (0.02)	0.0071*** (8.11)	0.0051*** (8.03)	0.0018*** (7.29)	0.0003*** (4.65)	0.0000** (2.06)
$sexual$	0.0300*** (8.18)	0.0507*** (7.96)	0.0022* (1.90)	-0.0397*** (-8.05)	-0.0298*** (-7.61)	-0.0112*** (-6.78)	-0.0020*** (-4.46)	-0.0003** (-2.05)
$marry$	0.0361*** (5.70)	0.0722*** (4.64)	0.0141** (2.26)	-0.0523*** (-5.19)	-0.0463*** (-4.11)	-0.0194*** (-3.55)	-0.0038*** (-2.85)	-0.0006* (-1.77)
$familysize$	0.0014 (1.37)	0.0022 (1.37)	-0.0000 (-0.02)	-0.0018 (-1.37)	-0.0013 (-1.37)	-0.0005 (-1.37)	-0.0001 (-1.34)	-0.0000 (-1.16)
$distance_1$	-0.0007*** (-5.21)	-0.0012*** (-5.23)	0.0000 (0.02)	0.0010*** (5.21)	0.0007*** (5.19)	0.0002*** (4.98)	0.0000*** (3.83)	0.0000* (1.96)
$distance_2$	-0.0005*** (-10.57)	-0.0008*** (-10.65)	0.0000 (0.02)	0.0007*** (10.55)	0.0005*** (10.38)	0.0002*** (8.83)	0.0000*** (4.94)	0.0000** (2.07)
$distance_3$	-0.0133*** (-4.04)	-0.0214*** (-4.05)	0.0000 (0.02)	0.0171*** (4.04)	0.0123*** (4.03)	0.0044*** (3.92)	0.0008*** (3.28)	0.0001* (1.87)
$disaster$	-0.0015 (-0.29)	-0.0024 (-0.29)	-0.0000 (-0.12)	0.0019 (0.29)	0.0014 (0.29)	0.0005 (0.29)	0.0001 (0.29)	0.0000 (0.28)
省级控制变量	控制	控制	控制	控制	控制	控制	控制	控制
样本量	6227	6227	6227	6227	6227	6227	6227	6227

注：***、**、*分别表示在1%、5%、10%的水平上显著，系数 0.0000 表示数值为小数点后 5 位以上，四舍五入后为 0，括号内为 z 值。

第五节 社会网络影响农户多维贫困的作用机制

上文的实证分析表明,社会网络可以显著改善农户多维贫困状况,帮助农户脱贫,但是社会网络具体影响农户多维贫困的作用机制尚不明确。而由于正规金融的缺位,非正规金融在农村地区的融资借贷活动中占据极为重要的地位,非正规金融的存在为农户的经济活动提供必要的资金支持,缓解农户融资约束,对改善农户的贫困状况具有重要作用(张宁等,2015)。因此,在我国农村地区这样一个乡土社会,社会网络影响农户多维贫困的重要途径之一可能是通过提高获得非正规金融信贷的可能性,使贫困农户获得非正规金融的借贷资金从而改善其贫困状况。为进一步检验非正规金融在社会网络影响农户多维贫困过程中的作用,本章运用中介效应检验与测算对此进行论证。

一、中介效应的检验方法

中介效应(Mediation Effect)概念的提出最早源于心理学研究,指的是变量 X 对变量 Y 的影响过程并非直接影响,而是通过变量 M 间接影响,变量 M 则称之为中介变量。随着中介效应研究的深入,中介效应已经产生了较为成熟的检验方法。(温忠麟等,2004)提出了一个较为完善的中介变量检验方法,相较于以前的单一检验方法同时考虑了第一类错误率(弃真错误率)和第二类错误率(存伪错误率)的控制,此外该方法可以区分完全中介效应与部分中介效应。因此,本章借鉴这一中介效应检验方法来检验非正规金融在社会网络影响农户多维贫困过程中的作用机制。

根据中介效应检验程序,结合本章的研究内容,首先设定如下三个计量模型:

$$mutilpoverty_i = \alpha_0 + \alpha_1 society_i + \alpha_2 X_i + \varepsilon_i \tag{12-4}$$

$$debt\_inf_i = \beta_0 + \beta_1 society_i + \beta_2 X_i + \varepsilon_i \tag{12-5}$$

$$mutilpoverty = \delta_0 + \delta_1 society_i + \delta_2 debt\_inf_i + \delta_3 X_i + \varepsilon_i \tag{12-6}$$

其中,$mutilpoverty_i$ 表示农户多维贫困,$debt\_inf_i$ 表示非正规金融,$society_i$ 表示社会网络,X_i 表示所有的控制变量,ε_i 为随机扰动项。具体的检验程序如图 12-1 所示。

按照上述检验程序,首先需要测算三个计量模型,而式(12-4)的计量模型已经在表 12-5 进行了汇报,接下来我们将进一步对式(12-5)的计量模型进行估计。

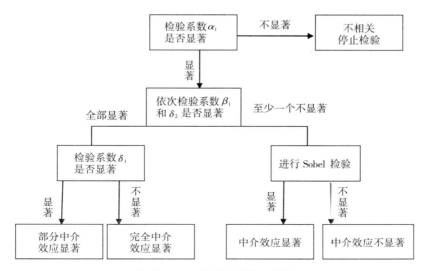

图 12-1　中介效应的检验程序

二、社会网络对非正规金融的影响

式(12-5)考察的是社会网络对非正规金融的影响,由于被解释变量为农户非正规金融借贷额,考虑到大部分农户没有进行非正规金融借贷,样本数据中存在较多的零值,如果单纯使用 OLS 可能得不到一致的估计值且回归结果不够稳健,为了克服该问题,本章同时使用 Tobit 模型来修正这一偏误。

表 12-8 汇报了社会网络对非正规金融影响的估计结果,其中模型(1)、模型(3)为普通 OLS 估计结果,模型(2)、模型(4)为运用 Tobit 模型的估计结果。模型(1)结果显示"农户家庭人情礼支出"在 1% 的显著性水平下正向影响非正规金融借贷额,说明农户家庭人情礼支出越多可以从非正规金融借到的资金也就越多。这一结果表明广泛的社会网络可以获得非正规金融更多的资金支持,缓解农户融资约束的难题。我们在使用 Tobit 模型对样本数据进行处理后,农户家庭人情礼支出这一变量仍然在 1% 的显著性水平下正向影响非正规金融借贷额,证明该结论具有稳健性,对比两者回归结果可以看出,模型(2)中社会网络的系数估计值要

高于模型（1），说明 OLS 模型的回归结果可能低估社会网络的影响。

表 12-8 社会网络影响非正规金融的估计结果

模型 变量	（1） OLS debt_inf	（2） Tobit debt_inf	（3） OLS debt_inf	（4） Tobit debt_inf
$society_1$	0.9005 *** （7.74）	2.1225 *** （6.88）	—	—
$society_2$	—	—	0.1153 ** （2.04）	0.4693 *** （2.79）
age	−0.0152 （−0.81）	0.0829 （1.45）	−0.0145 （−0.77）	0.0812 （1.42）
age^2	0.0015 （0.08）	−0.1624 *** （−2.93）	−0.0009 （−0.05）	−0.1639 *** （−2.94）
$sexual$	−0.0558 （−0.53）	−0.2938 （−0.97）	−0.0638 （−0.60）	−0.3272 （−1.08）
$marry$	0.3719 （1.39）	2.4527 *** （2.84）	0.4636 * （1.72）	2.6686 *** （3.07）
$familysize$	0.1572 *** （5.80）	0.6821 *** （8.81）	0.1705 *** （6.27）	0.7088 *** （9.11）
$distance_1$	−0.0023 （−0.60）	−0.0055 （−0.51）	−0.0032 （−0.82）	−0.0080 （−0.73）
$distance_2$	−0.0009 （−0.72）	0.0032 （0.90）	−0.0002 （−0.19）	0.0049 （1.36）
$distance_3$	0.0194 （0.22）	0.4706 * （1.90）	−0.0016 （−0.02）	0.4287 * （1.72）
$disaster$	0.0523 （0.37）	−0.4761 （−1.15）	−0.0026 （−0.02）	−0.5977 （−1.43）
省级控制变量	控制	控制	控制	控制
样本量	6227	6227	6224	6224

注：***、**、* 分别表示在 1%、5%、10%的水平上显著，括号内为 t 值。

模型（3）、模型（4）显示代表社会网络的第二个代理变量"亲友交往联络"显著正向影响非正规金融借贷额，说明农户与亲友的交流来往越频繁可以获得更多的非正规金融借贷资金。这一结果进一步论证了农户的社会网络越广泛，就可以获得更多的非正规金融借贷资金支持，缓解农户的融资约束。

农户特征变量方面,模型(1)、模型(3)的回归结果显示农户家庭规模显著正向影响非正规金融借贷额,说明农户家庭人口数越多,越能获得非正规金融的资金支持,反映农村家庭人口规模是民间借贷还款的重要保障之一。"户主年龄""户主年龄平方""户主性别"以及"是否成家"在统计上不显著,说明这些因素对农户非正规金融借贷影响不大。模型(2)、模型(4)的回归结果显示"农户家庭规模"同样显著正向影响非正规金融借贷额。此外,"是否成家"显著正向影响非正规金融借贷额,反映已经成家的农户更容易受到非正规金融放贷者的青睐。"户主年龄的平方"显著负向影响非正规金融借贷额,但"户主年龄"这一变量在统计上不显著,因此该因素并没有实质上的含义。"户主性别"在统计上不显著,说明此因素对农户非正规金融借贷影响不大。

村级特征变量方面,模型(1)、模型(3)中的四个变量均在统计上不显著,而模型(2)、模型(4)中,与预期不太相符的是农户所在村到"本省省城的距离"显著正向影响非正规金融借贷额,说明农户离省城越远反而可以获得更多的非正规金融借贷资金。其实这不难解释,非正规金融借贷属于一种非正式的借贷形式,一般多存在于农村地区,在城市中较为少见,而省城是全省的中心,非正规金融由于受到严格监管反而较少存在,因此农户离省城较近可能难以借到非正规金融借贷资金。

三、中介效应的检验与估计

表 12-9 汇报了中介效应的检验与估计结果,其中式(12-6)的回归结果如模型(3)、模型(6)所示。模型(1)、模型(2)、模型(3)显示的是社会网络第一个代理变量"农户家庭人情礼支出"的估计结果,按照中介效应的检验程序,首先系数 α_1 的检验结果为显著;其次,依次检验系数 β_1 和 δ_2,两者的检验结果均为显著;最后,系数 δ_1 的检验结具同样显著。说明非正规金融的中介效应成立,但并非完全中介效应而是部分中介效应。模型(4)、模型(5)、模型(6)中社会网络第二个代理变量"亲友交往联络"的实证结果同样显示非正规金融在社会网络影响农户多维贫困的过

程中存在中介效应且为部分中介效应。对此,我们参照麦金农(Mackinnon,1995)提出的中介效应占比测算方法对上述结果显示的部分中介效应占比进行测算,具体的测算方法为:

$$MediatedEffect = \frac{\delta_2 \times \beta_1}{\delta_2 \times \beta_1 + \delta_1} \qquad (12-7)$$

测算得到的中介效应占比分别为 9.99% 和 4.20%,这意味着"农户家庭人情礼支出"对农户多维贫困的影响效应中有 9.99% 的比例来自非正规金融,而非正规金融在"农户亲友交往联络"对农户多维贫困影响的中介效应占比为 4.20%。实证结果表明我国农村地区,农户的社会网络可以通过提高非正规金融的信贷可获得性,获得非正规金融更多的资金支持,从而改善多维贫困状况。事实上,我国农村地区这样一个"乡土社会"中往往更为重视人情关系,农户之间的人情交往通常被视为维系双方信任的重要保障,广泛的社会网络可以增进他人对农户本身的了解,降低双方的信息不对称,减少交易双方的博弈次数。对于非正规金融的借款人而言,贷款给社会网络广泛的农户会产生一种正向激励,降低不良贷款的风险,因为一旦农户贷款出现不良,其广泛的社会网络会迅速传递这一信息,农户后续贷款的门槛将会大大提高,从而对农户的道德风险产生约束。因此,社会网络实际上形成了农户借贷过程中的一种"隐性抵押"。而依托于社会网络的非正规金融借贷资金为农户的经济活动提供了最低资金支持,这种资金支持对贫困农户而言具有重要意义,平滑了农户各期消费,帮助农户形成自我发展能力,提高了农户各方面的福利水平,最终为农户多维贫困状况的改善提供了重要保障。

表 12-9　中介效应的检验与估计结果

模型 变量	(1) mutilpoverty	(2) debt_inf	(3) mutilpoverty	(4) mutilpoverty	(5) debt_inf	(6) mutilpoverty
$society_1$	-0.2138 *** (-6.93)	2.1225 *** (6.88)	-0.2046 *** (-6.60)	—	—	—
$society_2$	—	—	—	-0.1308 *** (-8.81)	0.4693 *** (2.79)	-0.1295 *** (-8.72)

续表

变量＼模型	(1)mutilpoverty	(2)debt_inf	(3)mutilpoverty	(4)mutilpoverty	(5)debt_inf	(6)mut_lpoverty
debt_inf	—	—	-0.0107^{***} (-3.15)	—	—	-0.0121^{***} (-3.58)
age	-0.0203^{***} (-4.12)	0.0829 (1.45)	-0.0205^{***} (-4.15)	-0.0208^{***} (-4.21)	0.0812 (1.42)	-0.0209^{***} (-4.25)
age^2	0.0394^{***} (8.34)	-0.1624^{***} (-2.93)	0.0395^{***} (8.35)	0.0395^{***} (8.35)	-0.1639^{***} (-2.94)	0.0395^{***} (8.35)
sexual	-0.2258^{***} (-8.09)	-0.2938 (-0.97)	-0.2267^{***} (-8.12)	-0.2253^{***} (-8.07)	-0.3272 (-1.08)	-0.2265^{***} (-8.11)
marry	-0.3275^{***} (-4.65)	2.4527^{***} (2.84)	-0.3240^{***} (-4.60)	-0.3209^{***} (-4.55)	2.6686^{***} (3.07)	-0.3160^{***} (-4.48)
familysize	-0.0085 (-1.19)	0.6821^{***} (8.81)	-0.0068 (-0.96)	-0.0098 (-1.37)	0.7088^{***} (9.11)	-0.0078 (-1.08)
$distance_1$	0.0051^{***} (5.04)	-0.0055 (-0.51)	0.0051^{***} (5.02)	0.0053^{***} (5.27)	-0.0080 (-0.73)	0.0053^{***} (5.24)
$distance_2$	0.0038^{***} (11.49)	0.0032 (0.90)	0.0038^{***} (11.47)	0.0037^{***} (11.03)	0.0049 (1.36)	0.0037^{***} (11.03)
$distance_3$	0.0916^{***} (3.91)	0.4706^{*} (1.90)	0.0918^{***} (3.92)	0.0953^{***} (4.07)	0.4287^{*} (1.72)	0.0953^{***} (4.07)
disaster	0.0067 (0.18)	-0.4761 (-1.15)	0.0072 (0.19)	0.0108 (0.29)	-0.5977 (-1.43)	0.0107 (0.29)
省级控制变量	控制	控制	控制	控制	控制	控制
样本量	6227	6227	6227	6224	6224	6224

注：*** 、** 、* 分别表示在 1%、5%、10%的水平上显著,括号内为 z 值。

第六节　社会网络对我国扶贫的启示意义

我国目前正处在脱贫攻坚的克难期与决胜期、实施乡村振兴战略的启动期、脱贫攻坚与乡村振兴的交汇期,而社会网络和非正规金融在我国农村这样一个重视人情关系的乡土社会中具有非常重要的地位,农户的多维贫困与社会网络和非正规金融息息相关。本章利用 2014 年中国家庭追踪调查数据,实证检验了社会网络对农户多维贫困的影响,研究结果表明农户的社会网络可以显著改善农户的多维贫困状况,社会网络越广泛的农户越不易陷入程度更深的多维贫困中,社会网络对中间层次多维贫困的农户改善效果更大。对社会网络影响农户多维贫困作用机制的进一步研究发现:第一,社会网络对农户的非正规金融借贷具有显著正向影响,广泛的社会网络可以获得非正规金融更多的资金支持;第二,社会网络通过影响农户非正规金融借贷进而改善农户的多维贫困,即遵循"社会网络→非正规金融→农户多维贫困"这样一种作用机制;第三,在重视人情关系的农村地区,社会网络实际上成为农户借贷过程中的一种"隐性抵押",农户以此获得非正规金融资金支持进而实现脱贫致富。

上述结论对于我国目前制定实施精准扶贫和"三农"发展政策具有一定启示意义。第一,农户的社会网络在助其脱贫过程中发挥积极作用,在相对落后的农村地区,政府应充分考虑到社会网络这类非正式制度的影响力。基层政府可以组织农户形成互助小组,宣传互帮互助精神,发展农户的社会网络,特别要发挥出基层社区对贫困户的支持作用。此外,也可以利用农户现有的社会网络,动态监测与识别农户的多维贫困状况,降低农户致贫、返贫的可能性。第二,社会网络为农村非正规金融提供着信息传递的功能,降低了双方信息不对称。正规金融机构也可以借鉴这一模式,在对农户贷款申请审核时,除考虑农户的抵押担保等财务信息外,还可以参考道德品质、邻里评价、诚信程度等基于社会网络获取的非财务信息,综合评价农户的信用状况。这样既可以充分挖掘出潜在的贷款客户,也可以为抵押担保品不足的贫困农户提供贷款资金支持,发挥好金融在精准扶贫攻坚战中的力量。第三,非正规金融成为农村居民融资的重要渠道,填补了农村金融的空白之处,政府和监管机构对非正规金融不宜采用一味抑制的策略,堵不如疏,应当重视非正规金融在农村地区的地位与积极作用,加快推进非正规金融的合法化进程,制定非正规金融的监管红线,积极引导合规的非正规金融加入精准扶贫体系中,实现"造血式"扶贫。

　　最后,由于数据方面的限制,本章还存在一些可扩展之处。虽然,本章从新的角度解析了非正规金融在社会网络影响农户多维贫困过程中的中介机制,但社会网络影响农户多维贫困过程中也有可能存在其他的作用机制,我们的结论也证明非正规金融在社会网络影响农户多维贫困过程中存在部分中介效应,完全地解析社会网络影响农户多维贫困的机制还有待更深入的探讨,这也是未来的研究可以突破的一个方向。

第十三章　非正规金融能是促进农户脱贫的重要因素

本章利用 2012 年中国家庭追踪调查微观数据,从理论与实证的角度,论证了非正规金融对农户脱贫的影响。理论分析表明非正规金融的加入使得未能获得融资的部分农户获得非正规金融的资金支持,农户整体福利得到提高;实证方面文章利用二元 Logit 模型,基于农户绝对贫困与相对贫困标准,结果显示:无论是绝对贫困还是相对贫困,非正规金融对农户脱贫的可能性存在显著的正向影响,非正规金融发展可以有效降低农户陷入贫困的概率。为此,政府在制定政策时应该充分考虑非正规金融的积极作用,加快非正规金融的合法化进程,给予农村非正规金融更明晰的发展定位与政策支持。

第一节　我国扶贫成果及问题

改革开放以来,我国农村扶贫开发工作取得了极大进展,农村贫困发生率由 1978 年的 30.7% 下降到 2020 年 5 月的 0.6%。"十三五"期间,全国建档立卡贫困人口从 2015 年的 5575 万人减少到 2019 年的 551 万人,2020 年年底,现行标准下的农村贫困人口已全部脱贫,贫困县全部摘帽,中国创造了人类反贫困史上的中国奇迹。然而,新时代脱贫攻坚瞄准的是现行标准下贫困人口尤其是革命老区、民族地区、边疆地区和集中连片特困地区贫困人口的"两不愁、三保障"问题,重点解决吃饭、穿衣与住房、教育和医疗等基本需求,属"特惠型"的专项福利制度,难以彻底破解贫困人口、贫困地区发展瓶颈,无法满足贫困人口更高层次的需求,也无法保障贫困人口或贫困地区的全面发展。实践证明,仅仅依靠财政倾斜、社会保障等手段,难以彻底改变农村贫困人口在国民经济中的绝对弱势地位。金融是优化资源配置的关键,是改变贫困人口发展的重要切入点(Levine,2005)。因而引导信贷资金进入农村是减贫的有效手段(章元等,2013)。但是,农村地区因其天然存在的弱质性,受地理、自然风险影响严重,受到资金上的金融抑制。金融供给方面,国有商业银行大范围撤并农村基层分支机构,在贷款投向上偏重城市部门,形成农村资金"抽水机"效应;金融需求方面,农户因其财物残缺,受到严重融资约束,其正常的信贷需求得不到满足,成为制约农村脱贫的关键因素(李锐等,2007)。与正规金融远离农村地区相对应的是农村非正规金融的快速发展,在大部分农村地区,非正规金融已经成为贫困农户融资的主要渠道(张兵等,2012)。相比于对抵押品有严格要求的正规金融,内生于农村的非正规金融对于缺乏抵押品的贫困农户而言具有显著的优势,且非正规金融在信息获取以及运作机制灵活性方面也更为良好。那么,非正规金融是否能促进农户脱贫呢? 其促进农户脱贫的机制是怎么样的? 在后脱贫时代背景下,非正规金融对农户脱贫增收的研究对巩固脱贫攻坚成果,实现脱贫攻坚与乡村振兴的有机衔接,对决胜全面建成小康社会的战略目标提供参与依据具有极为重要的意义。

第二节　金融发展与贫困减少的关系

贫困问题一直是发展中国家关注的重要问题,而金融发展与贫困减少之间的关系,大部分学者认为,金融发展通过促进经济增长来实现减少贫困(Akhter 和 Daly,2009;Jeannene 和 Kpodar,2011;崔艳娟等,2012)。然而,金融发展促进贫困减少的关系并非绝对,相对资产较少的贫困家庭从金融发展中获得利益在一定程度上受到严重的金融市场条件约束(苏静等,2013)。正规金融机构内在的趋利性使得其贷款投向不会主动偏向于贫困家庭,加之贫困家庭信息不对称程度高,由此产生的信贷资金供求失衡使得贫困家庭难以在金融市场上获得融资,在金融市场不完善的农村地区,这一现象尤为严重。即使有政策导向的惠农贷款,正规金融机构也往往更愿意提供给农村较富裕的农户(Jia 等,2010)。从贫困农户角度来看,贫困农户并非没有资金需求,相反,"靠天吃饭"的贫困农户普遍存在资金需求用以平滑其各期消费与生产活动。而正规金融的信贷配给产生了严重的金融抑制(Ghosh 等,2001),使得贫困农户正常的资金需求难以得到满足,即使有脱贫致富的想法,往往也因为缺乏资金而放弃。

作为农村金融市场上存在的另一种形式,非正规金融与正规金融相比既具有替代性又具有互补性(Madestam,2014)。大量研究表明,非正规金融具有"本地化"性质,其能充分利用人缘、地缘等关系,相比正规金融在信息获取上具有较大优势,且贷款期限灵活、手续简便(林毅夫等,2005;胡士华,2007;姚耀军,2009;钱水土等,2009),在农村地区成为贫困农户融资的主要手段(张兵等,2012)。国内外学者针对非正规金融与农户贫困方面的研究较少,伊马伊等(Imai 等,2012)认为小额贷款机构发展能显著降低贫困广度与深度。苏静等(2013)利用面板平滑转换模型研究认为中国农村非正规金融具有显著减贫效应。高远东等(2014)采用中国农村省级面板数据发现农村非正规金融降低了农村贫困发生率。张宁等(2015)以江苏省农村地区为例,证明非正规金融的存在通过扩大金融服务面抑制了农村内部收入差距扩大的同时也促进了贫困缓解。谢婷婷等(2015)以新疆维吾尔自治区为例,选用1988—2013年数据实证分析发现非正规金融显著促进贫困减少且对贫困减少的贡献超过正规金融。

综上所述,已有的关于非正规金融与农户脱贫方面的研究多是基于宏观层面进行研究,缺乏微观层面的分析,而解决农村金融问题尤其是农户资金信贷问题的关键在于深入研究农户家庭金融层面的微观数据(Campell,2006),同时现有文献亦未能理清非正规金融与农户脱贫的理论机制。此外,由于我国正处于经济高速发展时期,区域发展不均衡,收入差距持续扩大,产生部分达到温饱水平但收入水平明显低于其他人的相对贫困人口,相对贫困人口比起富裕人口而言更难以从经济增长中获益。因此,相对于绝对贫困,相对贫困问题更加需要关注(陈宗胜等,2013)。本章拟从上述几点进行突破,希望推进非正规金融与农户脱贫研究。

第三节　非正规金融促进农户脱贫的理论假设与分析

一、前提假设

对于农村金融市场而言,金融需求方一般是农户与小微企业,由于本章研究对象是农户,因此这里假设农村金融需求方为农户,金融供给方包括正规金融与非正规金融。供求双方符合"理性经济人"假设,即经济主体在约束条件下,所作出的决策使自己的利益最大化,同时假设正规金融与非正规金融都是风险中性的。

假定市场上存在 m 个农户,每个农户都拥有一个需要融资的项目,项目的资金需求量为 C,农户自身没有初始资本,所需资金完全依赖外源融资,未获得贷款的项目无法启动。每个投资项目拥有相同的收益函数 $R(C)$,投资项目的结果只有成功和失败两种可能,项目成功的平均概率为 p,成功时农户可获得 $R(C)$ 的收益;项目失败的概率为 $1-p$,失败时农户的收益为 0。

二、市场上只存在正规金融的情况

假设市场上只存在正规金融机构提供贷款,所有非正规金融均不存在的情况,需要融资的农户均向正规金融机构申请贷款。由于农户之间在自身条件与个体特征(信用状况等)之间存在差异,而正规金融在对农户信息获取上不具备优势,即存在某种程度上信息不对称,正规金融只能依据农户所能提供的资产或财务状况进行审核并发放贷款,未能符合正规金融规定的资产条件的农户则无法获得贷款。假设从正规金融申请获得贷款的农户数 a 个,正规金融对所有项目的贷款利率均为 γ_B。此

时,农户的期望收益为:

$$Y_1 = \alpha p [R(C) - C(1 + \gamma_B)] + \alpha(1 - p) \times 0$$
$$= \alpha p [R(C) - C(1 + \gamma_B)] \qquad (13-1)$$

三、非正规金融进入市场的情况

未获得融资的农户太多,仅有正规金融存在无法满足农户的资金需求,受到融资约束的农户开始寻求其他途径获取资金,非正规金融进入市场,市场上同时存在正规金融与非正规金融。内生于农村市场的非正规金融相对于正规金融而言信息不对称程度较低,非正规金融可以通过当地人缘、地缘的优势,获取农户的信息,尤其是信用状况等非财务信息,非正规金融可以依据信息优势,向市场上未获得正规金融融资但偿还能力较好的优质农户提供较少抵押甚至无抵押贷款。相对的是,非正规金融与正规金融相比,资金规模很小,无法通过大规模放贷实现规模经济,因此,非正规金融提供的贷款利率要高于正规金融的贷款利率,既往的研究也证明了这一点(钱水土等,2009)。假设非正规金融的贷款利率为 r_I,$r_I > r_B$,此时农户基于成本原因会优先向正规金融申请贷款,正规金融对农户贷款具有优先选择权,未能获得贷款的农户向非正规金融申请贷款,非正规金融依据其获得的信息对农户进行筛选,对 b 个农户发放贷款。此时,农户的期望收益为:

$$Y_2 = \alpha p [R(C) - C(1 + \gamma_B)] + \alpha(1 - p) \times 0 + bp[R(C) - C(1 + \gamma_I)] \downarrow +$$
$$b(1 - p) \times 0 = \alpha p [R(C) - C(1 + \gamma_B)] + bp[R(C) - C(1 + \gamma_I)]$$

$$(13-2)$$

$$Y_2 - Y_1 = bp[R(C) - C(1 + \gamma_I)] \qquad (13-3)$$

非正规金融进入市场与仅存在正规金融情形相比,农户期望收益变化如式(13-3)所示,此时存在一个临界贷款利率使非正规金融加入可以提升农户福利,即:

$$\gamma_I \leqslant \frac{R(C)}{C} - 1 \qquad (13-4)$$

非正规金融期望收益为:

$$Y_1 = b[p\gamma_1 C + (1 - p) \times (- C)] \tag{13-5}$$

非正规金融不放贷时,期望收益为0,因此存在一个临界收益 $\gamma_1 \geqslant 0$,非正规金融才会向农户贷款。此时,临界贷款利率为:

$$\gamma_1 \geqslant \frac{1 - p}{p} \tag{13-6}$$

因此,非正规金融贷款利率满足:

$$\frac{1 - p}{p} \leqslant \gamma_1 \leqslant \frac{R(C)}{C} - 1 \tag{13-7}$$

由式(13-7)分析可知,农户的投资项目在满足项目成功后能产生一定的收益且项目具备一定成功率条件,非正规金融的加入提升了农户福利水平。可见,非正规金融的加入使得未能获得融资的部分农户获得非正规金融的资金支持,农户整体福利得到提高。基于上述文献研究与理论分析,我们认为非正规金融发展有利于农户脱贫。

第四节　非正规金融促进农户脱贫的实证研究

一、数据选取

本章使用数据来源于北京大学社会科学调查中心主持的中国家庭追踪调查2012年的微观调查数据。中国家庭追踪调查的调查对象为中国的25个省(自治区、直辖市)的家庭户和样本家庭中所有的家庭成员,由于这25个省(自治区、直辖市)的人口约占全国总人口的95%,因此可以将中国家庭追踪调查视为具有一个全国代表性的样本,反映中国的经济发展与社会变迁。通过对中国家庭追踪调查2012年样本数据的筛选,我们获得了9032个农户样本数据。

首先,我们对所有农户借贷情况占比进行了简单的统计,如表13-1所示。统计结果显示,发生过借贷的农户中无论是贫困农户还是非贫困农户,非正规金融借贷都是其首选融资渠道,比例分别达到77.82%与75.40%,且相对而言贫困农户更愿意选择非正规金融借贷,说明非正规金融在农村金融中具有非常重要的地位。

表 13-1　农户借贷情况占比

农户借贷情况 / 样本	有借贷农户			无借贷农户
	有借贷农户占比	正规金融借贷农户在借贷农户中占比	非正规金融借贷农户在借贷农户中占比	
贫困农户	28.53%	22.18%	77.82%	71.47%
非贫困农户	30.37%	24.60%	75.40%	69.63%
样本数	2706	652	2054	6326

注:表 13-1 采用 2300 元国家贫困线标准界定是否为贫困农户。

二、变量设定

(一)农户贫困状况

本章分别从绝对贫困与相对贫困的角度来考察农户的贫困状况。首先,对于农户的绝对贫困状况衡量,本章采用国家设定的贫困线标准,以 2300 元为标准来衡量农户的绝对贫困,农户家庭人均纯收入小于 2300 元即为绝对贫困,$poverty_1 = 0$,农户人均纯收入大于 2300 元则认定为脱贫,$poverty_1 = 1$。其次,由于我国贫富差异较大,收入差距持续扩大且地区发展极不均衡,农村贫困人口较难从经济增长中获得利益,农村相对贫困状况相对更为严重,因此,本章借鉴陈宗胜等(2013)的研究,设置相对贫困线来衡量农户相对贫困状况。相对贫困线具体计算为上一年农村居民的平均收入乘以 0.4 系数,因此 2012 年农村相对贫困线为 2791 元,农户家庭人均收入高于此标准认定为脱贫,$poverty_2 = 1$。最后,考虑到上述相对贫困线仍是对于全国统一标准设立的贫困线,未能考虑到地区差异,且相比绝对贫困线差异不算特别大,因此本章设置农户家庭人均纯收入在全体样本中排序处于最低的 25% 的部分农户认定为相对贫困,否则即为脱贫,$poverty_3 = 1$。

(二)非正规金融变量

农户非正规金融借贷主要来源于亲戚朋友借款、地下钱庄、合会等,因此本章选取农户民间借款额与民间借出额来作为非正规金融的代理变量,其中民间借款额包括向亲戚朋友借款以及向所有正规金融机构以外的民间借贷组织的借款,民间借出额包括借给亲戚朋友以及民间借贷组织尚未归还的余额。农户民间借款额以及民间借出额是本章关注的最重要解释变量,农户民间借款额以及民间借出额越高,说明该地区非正规金融越活跃,非正规金融参与农村金融市场程度越高。

(三)农户特征变量

研究农户脱贫过程中,为控制非正规金融对农户脱贫的影响,本章设置农户特征变量作为控制变量,具体包括农户户主特征与农户家庭特征。农户户主特征在一定程度上能影响农户脱贫能力,包括户主年龄、性别、受教育年限[①]以及健康状况,考虑到户主年龄可能对脱贫存在非线性影响,本章加入户主年龄的平方作为户主特征变量。农户家庭特征包括农户家庭规模(人口数)、家庭住房面积,这些都有可能影响农户贫困状况。

(四)村级特征变量

考虑到家庭所处行政村地理位置对农户脱贫可能造成影响,因此本章控制距离最近医疗点、最近学校的距离以及到最近商业中心的时间作为村级控制变量。此外,由于我国地区间差异较大且发展不均衡,本章在模型中加入省级控制变量。选取变量的描述性统计见表 13-2,可以看出,民间借款额均值为 7665.09 元,民间借出额均值为 2249.61 元[②],两者的标准差都比较大,表明农户之间民间借贷的资金量上存在显著的差异。

表 13-2　变量的描述性统计

变量	指标说明	均值	标准差	样本量
borrow	民间借款额(元)	7665.09	37069.47	9032
lend	民间借出额(元)	2249.61	12986.45	9032

---

①　中国家庭追踪调查 2012 年的调查问卷中仅提供受教育程度没有提供受教育年限,本章参照相关学者的做法(胡金焱等,2014),根据我国目前各阶段的受教育年限,将受教育程度转化为受教育年限:文盲/半文盲为 0 年,小学为 6 年,初中为 9 年,高中/中专/技校/职高为 12 年,大专为 15 年,大学本科为 16 年,硕士为 19 年,博士为 22 年。

②　为便于直观表达,农户民间借款额与民间借出额在统计性描述中采用"元"为单位,在后面的计量回归中采用"万元"为单位。

续表

变量	指标说明	均值	标准差	样本量
age	户主年龄	38.36	21.09	9032
age^2	年龄平方/100	19.16	16.98	9032
$sexual$	户主性别(1=男,0=女)	0.50	0.50	8960
$education$	户主受教育年限(年)	9.67	5.72	9032
$health$	户主健康状况(1—7分别表示很差到很好)	5.25	1.17	8931
$familysize$	农户家庭规模(人口数)	4.09	1.83	9032
$housesize$	农户住房的建筑面积(平方米)	135.73	111.55	9032
$distance_1$	最近的医疗点距离(千米)	1.86	4.60	8931
$distance_2$	最近的高中距离(千米)	15.34	18.25	8931
$distance_3$	到最近商业中心时间(分钟)	32.54	53.95	8931

三、计量模型

本章采用二元 Logit 模型来分析非正规金融能否促进农户脱贫。参考既往相关的研究成果,以下分析将每一个农户数据作为一个样本,假设效用函数的误差项是独立同分布的,农户实际脱贫的概率为:

$$prob(y = 1) = \frac{\exp(\alpha X + \beta W + \gamma V + \theta Z)}{1 + \exp(\alpha X + \beta W + \gamma V + \theta Z)} \qquad (13-8)$$

式(13-8)中,因变量 y 是一个分类变量,$y=0$ 代表农户属于贫困户,$y=1$ 代表农户已经脱贫;X 为代表非正规金融的主要解释变量;W 为农户家庭特征控制变量;V 为村级控制变量;Z 为省级控制变量。

非正规金融影响农户脱贫的计量模型具体形式如下:

$$\ln \frac{p}{1-p} = \alpha_0 + \alpha_1 borrow + \alpha_2 lend + \alpha_3 age + \alpha_4 age^2 + \alpha_5 sexual +$$

$$\alpha_6 education + \alpha_7 health + \alpha_8 familysize + \alpha_9 housesize +$$

$$\alpha_{10} distance_1 + \alpha_{11} distance_2 + \alpha_{12} distance_3 + \alpha_{13} Z + \varepsilon$$

$$(13-9)$$

四、实证结果分析

在绝对贫困标准下，非正规金融对农户绝对贫困的影响如表 13-3 所示。

表 13-3　非正规金融影响农户脱贫的估计结果：绝对贫困标准

变量	(1) $poverty_1$	(2) $poverty_1$	(3) $poverty_1$	(4) $poverty_1$
$borrow$	0.0381 *** (3.06)	0.0301 ** (2.43)	0.0286 ** (2.31)	0.0237 * (1.90)
$lend$	0.2981 **** (5.56)	0.2476 **** (4.79)	0.2494 **** (4.82)	0.2295 **** (4.42)
age	—	−0.0015 (−0.33)	−0.0009 (−0.20)	0.0007 (0.14)
age^2	—	0.0017 (0.30)	0.0011 (0.18)	−0.0004 (−0.06)
$sexual$	—	−0.0049 (−0.09)	−0.0019 (−0.04)	−0.0017 (−0.03)
$education$	—	−0.0038 (−0.78)	−0.0038 (−0.78)	−0.0031 (−0.64)
$health$	—	0.1932 **** (8.94)	0.1899 **** (8.75)	0.1921 **** (8.45)
$familysize$	—	−0.0043 (−0.30)	0.0017 (0.12)	0.0290 * (1.91)
$housesize$	—	0.0023 **** (7.96)	0.0023 **** (7.65)	0.0024 **** (7.79)
$distance_1$	—	—	−0.0164 *** (−3.12)	−0.0133 ** (−2.45)
$distance_2$	—	—	−0.0007 (−0.49)	0.0009 (0.60)
$distance_3$	—	—	−0.0017 **** (−3.98)	−0.0012 *** (−2.79)
省级控制变量	未控制	未控制	未控制	控制
$constant$	1.1956 **** (44.26)	−0.0280 (−0.18)	0.0674 (0.44)	−0.3295 * (−1.91)
样本量	9032	8931	8931	8931

注：****、***、**、* 分别表示在 1‰、1%、5%、10% 的水平上显著，括号内为 z 值。

模型(1)结果显示,民间借款额与民间借出额分别在1%和1‰显著性水平上正向影响农户脱贫可能性。表明农户从亲戚朋友与民间借贷组织借到的资金越多以及农户借出给亲戚朋友与民间借贷组织的资金越多,农户脱贫的可能性越大。上述实证结果与本章理论分析的结论相一致,非正规金融的存在为无法从正规金融获得融资的农户提供资金支持,农户脱贫致富的想法得以实施,进而促进农户脱贫,提升农户福利水平。此外,民间借款额与民间借出额可以衡量非正规金融活跃程度,一般而言,民间借贷资金数额越大说明当地非正规金融活跃程度越高。上述实证结果另一方面的含义则是非正规金融越活跃,农户陷入贫困的概率越小,民间借款额同时也说明农户获得非正规金融资金支持程度,获得非正规金融资金支持越多,农户脱贫的可能性也就越大。模型(2)、模型(3)、模型(4)表明在控制农户家庭特征变量、村级特征变量以及省级虚拟变量的情况下,民间借贷额与民间借出额仍然显著正向影响农户脱贫可能性,说明非正规金融确实有助于农户脱贫。

模型(2)、模型(3)、模型(4)的农户家庭特征变量回归结果中显示,农户户主健康水平与农户家庭住房面积显著正向影响农户脱贫的可能性。表明农户家庭中户主越健康,农户陷入贫困的概率越小,农户家庭拥有更大面积的住房越有助于农户脱贫。这在一定程度上反映出人力资本与物质资本对农户脱贫具有较大影响。模型(4)中在控制村级和省级变量的情况下,农户家庭规模也显著正向影响农户脱贫。农户户主的年龄、年龄的平方、性别以及受教育年限这些变量在统计上不显著,说明这些因素对农户脱贫可能性影响不大。

模型(3)、模型(4)中村级特征变量实证结果说明:农户家庭距离最近医疗点以及距离最近商业中心的距离显著负向影响农户脱贫,在模型(4)中这两个因素的显著性水平略有下降,但仍在统计上显著。表明农户家庭离医疗点与商业中心越近,其脱贫能力越强。一般而言,农户家庭附近有医疗点和商业中心,就可以较为方便地获取各种资源,降低农户的交易成本与获取资源的时滞,这些都有利于农户脱贫。农户家庭与最近学校距离在统计上不显著,该因素对农户脱贫不具有较大影响。

相比于我国绝对贫困人口数量不断下降，我国的收入差距也在不断扩大，贫困人口相对收入过低，收入差距的扩大引起的极端贫困影响贫困人口的自我发展能力，不利于贫困人口脱贫致富。相对贫困问题凸显，贫困人口更难以从经济增长中获得利益，基于此，在绝对贫困基础上研究相对贫困问题显得更为重要，本章进一步研究非正规金融对农户相对贫困的影响。其中表 13-4 是在 2791 元相对贫困线标准下，非正规金融对农户相对贫困的影响，表 13-5 是以全体样本中收入最低的 25% 分位为标准，研究非正规金融对农户相对贫困的影响。

表 13-4　非正规金融影响农户脱贫的估计结果：相对贫困线标准

变量	(1) $pverty_2$	(2) $pverty_2$	(3) $pverty_2$	(4) $pverty_2$
$borrow$	0.0369 *** (3.19)	0.0294 ** (2.55)	0.0273 ** (2.37)	0.0227 * (1.95)
$lend$	0.3393 **** (6.37)	0.2915 **** (5.62)	0.2946 **** (5.66)	0.2749 **** (5.26)
age	—	0.0022 (0.52)	0.0029 (0.67)	0.0045 (1.03)
age^2	—	−0.0033 (−0.62)	−0.0041 (−0.77)	−0.0057 (−1.04)
$sexual$	—	0.0052 (0.11)	0.0092 (0.19)	0.0101 (0.20)
$education$	—	−0.0049 (−1.06)	−0.0049 (−1.05)	−0.0044 (−0.93)
$health$	—	0.1751 **** (8.47)	0.1715 **** (8.26)	0.1737 **** (7.97)
$familysize$	—	−0.0068 (−0.50)	0.0006 (0.04)	0.0281 * (1.94)
$housesize$	—	0.0026 **** (9.12)	0.0025 **** (8.71)	0.0025 **** (8.78)
$distance_1$	—	—	−0.0170 *** (−3.28)	−0.0135 ** (−2.54)
$distance_2$	—	—	−0.0020 (−1.47)	−0.0001 (−0.09)

续表

变量	（1） $pverty_2$	（2） $pverty_2$	（3） $pverty_2$	（4） $pverty_2$
$distance_3$	—	—	-0.0022 **** （-4.83）	-0.0016 **** （-3.55）
省级控制变量	未控制	未控制	未控制	控制
$constant$	0.9874 **** （38.50）	-0.2059 （-1.42）	-0.0754 （-0.51）	-0.5058 *** （-3.05）
样本量	9032	8931	8931	8931

注：****、***、**、* 分别表示在1‰、1%、5%、10%的水平上显著,括号内为 z 值。

表 13-4 实证结果表明,与表 13-3 实证结果相一致,民间借款额与民间借出额统计上显著正向影响农户相对贫困脱贫的概率,说明非正规金融的发展不仅能促进农户绝对脱贫,同时也对农户相对脱贫具有重要影响。非正规金融的发展在收入差距扩大的背景下,对于难以从经济增长中获利的相对贫困农户具有重要意义。收入差距持续扩大,使得相对贫困的农户更难以从正规金融获得融资,非正规金融的存在弥补了这些相对贫困的农户所需的资金缺口,相对贫困农户社会地位更低,相对之下受到更为严重的融资约束,非正规金融恰好为其提供了获得金融服务机会,尽管农户需要为此付出高昂的代价,但是必需的家庭负债为这些相对贫困农户平滑各期消费与投资起到重要作用,最终为提升农户福利水平与农户脱贫提供强大助力。

农户家庭特征变量中农户户主健康水平和农户家庭住房面积仍然显著影响农户相对贫困的脱贫,农户户主年龄、性别、受教育年限以及农户家庭规模对农户相对贫困脱贫不具有较大影响。村级特征变量中,农户家庭与医疗点和商业中心距离越近,陷入相对贫困概率越小,相对较贫困的农户在资源集中的地区数量较少,学校与农户家庭的距离对农户相对贫困影响较小。

表 13-5 是考虑"一刀切"地设置相对贫困线可能存在一定不合理性,所以对相对贫困标准进一步的划分。结果与表 13-4 结果类似,尽管系数相比之下有所增大,但以民间借贷额与民间借出额来衡量的非正规

金融对农户相对脱贫的可能性仍具有显著正向影响。对非正规金融与农户相对贫困标准进一步论证表明,无论从绝对贫困角度还是相对贫困角度,非正规金融的发展确实有助于农户脱贫。

表 13-5 非正规金融影响农户脱贫的估计结果:相对贫困比例标准

变量	(1) $poverty_3$	(2) $poverty_3$	(3) $poverty_3$	(4) $poverty_3$
$borrow$	0.0406 **** (3.60)	0.0338 *** (3.00)	0.0316 *** (2.81)	0.0275 ** (2.41)
$lend$	0.3391 **** (6.72)	0.2943 **** (5.98)	0.2980 **** (6.02)	0.2781 **** (5.60)
age	—	−0.0008 (−0.19)	−0.0000 (−0.01)	0.0014 (0.33)
age^2	—	−0.0002 (−0.04)	−0.0011 (−0.21)	−0.0024 (−0.46)
$sexual$	—	0.0008 (0.02)	0.0047 (0.10)	0.0068 (0.14)
$education$	—	−0.0023 (−0.52)	−0.0024 (−0.53)	−0.0018 (−0.40)
$health$	—	0.1634 **** (8.13)	0.1598 **** (7.91)	0.1652 **** (7.79)
$familysize$	—	−0.0080 (−0.61)	−0.0003 (−0.02)	0.0270 * (1.92)
$housesize$	—	0.0024 **** (9.03)	0.0023 **** (8.57)	0.0024 **** (8.59)
$distance_1$	—	—	−0.0198 **** (−3.81)	−0.0165 *** (−3.12)
$distance_2$	—	—	−0.0024 * (−1.80)	−0.0006 (−0.42)
$distance_3$	—	—	−0.0023 **** (−4.89)	−0.0016 **** (−3.61)
省级控制变量	未控制	未控制	未控制	控制
$constant$	0.8439 **** (33.94)	−0.2375 * (−1.68)	−0.0946 (−0.66)	−0.5194 *** (−3.21)
样本量	9032	8931	8931	8931

注:**** 、*** 、** 、* 分别表示在1‰、1%、5%、10%的水平上显著,括号内为 z 值。

第五节　非正规金融发展对我国农户脱贫的启示及政策建议

非正规金融发展对农户脱贫具有非常重要的意义。而我国的农村地区存在严重的金融抑制,非正规金融在农村占据重要的地位,农户的福利水平与非正规金融发展息息相关。本章首先从理论上论证了非正规金融促进农户脱贫的理论机制,相对于市场上仅存在正规金融的情形,非正规金融通过为农户提供资金支持以及缓解融资约束进而提升农户福利,然后利用 2012 年中国家庭追踪调查数据实证检验了非正规金融对农户脱贫的影响。实证结果显示:非正规金融对农户脱贫的可能性存在显著的正向影响,非正规金融发展可以有效降低农户陷入贫困的概率。我们还进一步考察在绝对贫困与相对贫困的标准下,非正规金融对农户绝对脱贫与相对脱贫的影响,研究发现:非正规金融不仅能促进绝对贫困农户脱贫,对相对贫困农户脱贫同样有重要意义。

上述研究结果对我国目前"三农"发展制定政策具有一定启示意义。在我国目前农村地区存在严重的金融抑制,以及正规金融"资金趋利",将农村资金吸收投放到城市从而成为农村"资金抽水机"。农村非正规金融发展对我国农村地区的农户获得信贷资金、缓解融资约束,进而实现脱贫具有重要的作用。同时,非正规金融还可以通过减少信息不对称等问题增加农村金融的服务对象,降低金融服务的门槛,一定程度上推动普惠金融的发展。

基于以上研究结论,本章提出以下政策建议:

首先,在对未来的农村金融体制进行改革时,政府应该充分考虑非正规金融的积极作用,加快非正规金融的合法化进程,给予农村非正规金融更明晰的发展定位与政策支持。

其次,促进正规金融与非正规金融的合作,充分利用非正规金融的信息优势和正规金融的资金规模优势,减少农村金融市场的信息不对称,降低农村金融市场服务门槛,为低收入农户提供经济机会,从而缓解农村贫困实现农户脱贫。

再次,借鉴非正规金融运行模式,大力发展农村小型的商业性金融机构,比如村镇银行、农村资金互助社等小型金融机构可以借鉴非正规金融的相关经验,研究非正规金融的操作办法和金融技术,发展能满足农户需求的小型的商业金融机构,建立适合农户习惯和需求的存贷款业务,以更好地发展和完善现有正规金融机构和服务。

最后,加大公共财政支出力度,实现农村地区经济向上发展,创造农村地区良好的经济环境,实现经济与金融良性互动。同时,推进农村基础设施建设,保障农民的医疗,提高卫生水平,也是促进农村脱贫的有效方式,有必要制定切实可行的政策,以促使中国农村深层次减贫进程加快步伐。

第十四章　普惠金融支持农户创业是缓解贫困脆弱性的重要措施

▌本章导读 ▶

　　本章利用 2012 年、2014 年和 2016 年中国家庭追踪调查数据,运用倾向得分匹配法实证分析农户创业对农村家庭贫困脆弱性的影响。研究结果表明:农户创业能够显著降低农村家庭未来陷入贫困的可能性,降低了农村家庭贫困的脆弱性。农户创业通过提高收入、促进农村区域经济发展和提高自有资本降低了家庭贫困脆弱性。

第一节　我国扶贫现状及特征

　　改革开放 40 多年来,中国经济高速增长使得中国在消除极端贫困方面成效显著。对全球扶贫事业作出了巨大贡献,以 2010 年贫困标准,中国贫困人口从 1978 年的 7.7 亿人,到 2020 年年末基本全部消除绝对贫困,现阶段中国已全面建成小康社会的发展阶段,绝对贫困基本消除,但是相对贫困和多维贫困问题仍然存在,尤其是以收入、社会公共服务教育医疗等上的不平等问题,还需要逐步完善。

　　解决农村家庭贫困问题需要建立长效机制,要确保脱贫的可持续性,应该要努力实现农村地区从"输血到造血"的扶贫思路转变,重视农户脱贫的内生动力、提升自身发展能力以达到持久脱离贫困。当前,中国处于脱贫攻坚与乡村振兴的历史交汇期,农村贫困人口的全面脱贫以及脱贫攻坚战的胜利不是农村发展问题的终点,而是农村下一步高质量发展的起点。绝对贫困的消除伴随着更深刻、复杂的相对贫困、多维贫困表现形式的出现，学者们也更多聚焦于复杂研究。贫困的动态性越来越受到学者们的关注，贫困脆弱性的概念应用得愈发广泛。传统对贫困的测量以及扶贫、减贫政策都是属于事后干预，扶贫政策的有效实施需要对贫困人口进行精准识别。传统贫困测量方式忽略了现在不贫困但是未来有很大概率陷入贫困的群体，从而导致返贫现象的发生。因此，关于事前的状况即贫困脆弱性则日益受到关注，通过对脆弱群体采取事前干预，可以提高扶贫资源的瞄准性，阻断贫困路径，防止农村家庭返贫。

实现农户持久脱贫、降低农户未来陷入贫困的可能性的关键是要解决农户的就业问题。在解决农户就业问题方面，非农就业尤其是农户创业受到广泛关注。党的十九大报告指出要支持与鼓励农户就业和创业，拓宽增收渠道。创业对经济增长具有拉动力，农户创业可以拓宽增收渠道，收入的增长又会带动其他方面的生产与生活消费，对促进农村经济发展和农村减贫具有重要作用。因此，研究普惠金融资金扶持农户创业的减贫效果对于巩固脱贫攻坚，最终实现脱贫攻坚与乡村振兴的有效衔接具有重要意义。

第二节　国内外对创业减贫的研究

脆弱性的概念出现于 20 世纪 70 年代，对灾害风险及其负面影响进行了研究，从而产生了脆弱性的概念（Costa 等，2018）。脆弱性的概念具有前瞻性，被广泛运用于不同学科，脆弱性最早被运用在自然科学中，后来逐渐更多地被运用到社会科学中。不同学科界定脆弱性的定义也不相同，学术界目前对于脆弱性的定义还没有完全统一的定论。世界银行在 2000 年提出贫困脆弱性的定义，指个人或者家庭在未来陷入贫困的可能性。脆弱性是衡量福利水平的良好指标，虽然脆弱性与贫困两者紧密相连，但是两者在概念上还是存在区别，脆弱性与未来风险相关，不能事前直接观测到，只能进行事前预估。贫困家庭和脆弱性家庭两者是不一样的，某些贫困家庭远离风险冲击反而有可能比非贫困家庭要不脆弱，即有的个体或者家庭贫困但是不脆弱,而有的个体或者家庭不贫困但很脆弱。所以,脆弱性群体应当包括那些当前处于贫困线之上不贫困的群体,但是在未来有可能因为风险冲击而陷入贫困的群体(Glewwe 和 Hall,1998)。普里切特等(Pritchet 等,2000)对脆弱性进行了动态定义,认为家庭由于面临风险冲击在未来几年中至少有一次陷入贫困,则属于脆弱性家庭。脆弱性的概念很好地体现了贫困的动态性,因此,为制定有效的反贫困干预政策,需要瞄准脆弱性群体。现有对脆弱性的研究主要集中在两个方面:一是如何测量脆弱性,不同的脆弱性的定义,其测量方法也不同,主要分为期望贫困脆弱性、期望效用脆弱性和风险暴露脆弱性三类(Chaudhurin 和 Jalan,2002;Gaiha 和 Imai,2009)。二是脆弱性的影响因素研究,公共转移支付、金融普惠、新农保、社会资本和公共设施等因素对脆弱性具有缓解作用,显著降低了贫困脆弱性,而健康冲击等负面因素则加剧了贫困脆弱性(樊丽明和解垩,2014;张栋浩和尹志超,2018;沈冰清和郭忠兴,2018;徐戈等,2019)。

国外学者对农户择业问题研究开始得较早,有从人力资本、家庭资本和地理环境等方面对农户择业问题进行静态分析,也有从制度政策变迁和职业选择演进角度进行动态分析(Banerjee 和 Newman,1993;Abdulai 和 Delgado,1999)。农户创业对乡村振兴战略具有重要意义,创业活动对经济发展和就业问题的解决具有推动作用。从微观层面上看,现有关于农户创业问题的研究主要集中在农户创业的影响因素和创业绩效方面。正规金融和非正规金融、社会网络和外出务工经历等因素都对农村家庭的创业行为具有显著的促进作用,并且正规金融和非正规金融对农村家庭的创业绩效也有显著影响(彭克强和刘锡良,2016;周广肃等,2017)。从宏观层面上看,现有关于农户创业问题的研究主要集中在农户创业对农村经济、收入不平等和贫困方面。农户创业可以显著拉动农村经济的增长并缓解农村贫困状况,促进农村家庭收入的增长但是会加剧收入不平等(Kushalakshi,2014)。经济新常态下,农户创业推动了农村发展方式的转变,在促进经济增长与减少贫困等方面发挥重大作用,是解决"三农"问题的根本(Acs 等,2005)。农户创业也推动了农村经济结构的调整,激发了当地经济活力,是农户从小规模纯农业生产向一定规模农业和非农业生产转变的重要途径,提升农村家庭收入增长。农户创业不仅提高家庭收入和消费水平,还促进农村经济从外延拉动向内源发展转变,创造工作岗位吸纳闲置劳动力,降低农村失业率和贫困化程度,缩小城乡差距(石智雷等,2011)。农户创业有效地解决了城乡收入差距大以及农村劳动力过剩的问题,发展个体经营和开办工商业可以摆脱贫困陷阱。

对创业减贫即期效果的研究较为丰富,相关研究都表明了创业对当期收入的提高和贫困减轻具有促进作用,但是对创业减贫的远期效果即创业对贫困脆弱性影响的研究还相对有限。贫困具有动态性,现在贫困的农村家庭未来不一定还贫困,而现在不贫困的农村家庭未来不一定不贫困。因此,关注农户创业对收入和贫困的长期效果更有利于减贫政策的制定,从贫困脆弱性的视角来研究创业的减贫效果更具有现实意义。家庭在未来很容易受到风险冲击,家庭活动向非农业部门的多样化将降低这种风险。参与农村非农业部门就业或参与农村非农业部门经济活动,以及旨在帮助农村家庭从事多样化非农业部门活动政策的实施,显著降低了脆弱性(Knight 等,2010;Imai 等,2015)。徐超和宫兵(2017)利用 CHIP 2013 截面数据进行研究,表明我国农民创业能够显著降低家庭的贫困脆弱性。

综上所述,现有研究大多是从贫困的静态角度来分析农户创业减贫的效果,从贫困的动态角度来分析农户创业与脆弱性之间关系的则较少涉及,且是用截面数据来检验两者关系。本书则利用中国家庭追踪调查数据库构建面板数据来分析农户创业与脆弱性之间的关系,补充和丰富已有研究。

第三节 农户创业减贫数据来源与变量说明

一、数据来源

本书所使用的数据来源于北京大学社会科学调查中心主持的中国家

庭追踪调查,中国家庭追踪调查收集了个体、家庭和社区三个层次的数据,反映了经济发展与社会变迁,为学术研究和公共政策分析提供了微观数据基础。中国家庭追踪调查样本调查对象覆盖了 25 个省(自治区、直辖市)的家庭户的全部家庭成员,是一个具有全国代表性的样本。本书通过把 2012 年、2014 年、2016 年发布的追踪数据进行匹配、筛选和整理,在保留农村样本和对主要变量缺失值进行处理后,得到了一个容量为 9924 户的农村家庭三期平衡面板数据。

二、变量说明

(一)农村家庭贫困脆弱性

贫困脆弱性反映的是未来陷入贫困的可能性,即未来有可能陷入贫困的家庭具有脆弱性。本书借鉴(胡金焱,2015)运用二分型测度家庭贫困脆弱性的方法,并采用国家设定的贫困线标准,2012 年和 2014 年以 2300 元每人每年、2016 年以 3000 元每人每年的贫困线标准来衡量农村家庭贫困状况,即当年人均家庭纯收入低于贫困线则该家庭在当年是贫困的。如果某家庭 2012 年不贫困,而 2014 年或 2016 年贫困,则为脆弱性,即 POORVL = 1;而只有 2012 年贫困,2014 年不贫困、2016 年不贫困或这三年都不贫困,则为非脆弱性,即 POORVL = 0。

(二)农户创业

已有文献将创业界定为自我雇佣或创建企业,在中国家庭追踪调查的问卷中对被访者询问了个体经营或开办私营企业的情况。其中有一个问题"是否有人从事个体私营",因此本书使用家庭是否有人从事个体私营的二值虚拟变量作为主要解释变量。

(三)其他控制变量

借鉴已有研究成果,本书选取了户主个体、家庭和地区层面的相关变量作为控制变量。农户户主个体特征变量包括户主的年龄、性别、婚姻状况、健康状况、受教育程度和非农工作。不同年龄段的户主对于是否创业和其经济行为是不同的,并且考虑到户主年龄对贫困脆弱性可能存在非线性,即中年的户主由于更具备丰富的工作经验,将会有可能获得更多的收入降低家庭脆弱性,因此加入年龄的平方作为控制变量。户主为女性对创业与否更为保守,已婚的户主具有更强的家庭责任感,在经济行为上会更加理性。健康状况、受教育程度可以测度户主人力资本水平,反映了个体获得收入的能力,受教育程度对农户是否创业也有影响,受教育程度高的人可能具备获得较高工资水平的能力,使得个体选择创业的机会成本变高降低个体创业的可能性;但受教育程度高的个体因其人力资本水平高,能更好地判断创业机会提高个体创业的可能性。户主从事非农工作可能会具有更高的收入水平和广泛的社会关系网络,对创业和贫困脆弱性状况产生影响。

对家庭层面的特征变量,本书选取了家庭人口规模、家庭住房价值、家庭土地资产和种植养殖业经营。一方面,家庭人口规模越大的农村家庭由于老幼所占比例越高导致负担率较高,家庭在遭受风险冲击时脆弱性程度也越高,并且会倾向于不创业;另一方面,家庭人口规模越大,其家庭成员所拥有的人力资源也越多,为开展创业活动提供有利条件。家庭住房价值、家庭土地资产和家庭种植养殖业经营反映了家庭的资产状况和财富水平,会对家庭创业意愿产生影响。根据数据特征,对家庭住房价值、家庭土地资产取对数处理。

另外,由于我国地区间差异较大且发展不平衡,为了消除地区固定效应的影响,纳入了地区变量。变量说明和描述性统计见表14-1。

表 14-1 变量说明与描述性统计

变量名称	指标说明	均值	标准差
农户创业	是否从事个体私营(是=1,否=0)	0.072	0.259
户主年龄	(岁)	50.701	12.672
户主年龄的平方	年龄平方/100(岁)	27.311	13.016
户主性别	男=1,女=0	0.671	0.470
户主婚姻状况	在婚=1,其他=0	0.896	0.305
户主受教育程度	1—8分别表示文盲到博士	2.262	1.068
户主健康状况	1—5分别表示非常健康到不健康	3.152	1.254
户主非农工作	是否从事非农工作(是=1,否=0)	0.178	0.383

续表

变量名称	指标说明	均值	标准差
家庭人口规模	家庭人口总数(人)	4.126	1.886
家庭住房价值	家庭住房价值,取对数(万元)	1.991	1.100
家庭土地资产	家庭土地资产,取对数(万元)	1.162	0.901
种植养殖业经营	是否从事种植养殖业经营(是=1,否=0)	0.816	0.387
地区	东部地区=1,中部地区=2,西部地区=3	1.966	0.834

第四节 农户创业减贫实证结果与分析

一、模型设定

从动态贫困视角比较同一个体进行创业与否对贫困脆弱性的影响,以此评价农户创业的减贫效果,由于无法直接同时观测到进行创业与否的行为,因此本书构建一个反事实的因果关系进行分析。本书研究的重点是农户创业对农村家庭贫困脆弱性的影响,考虑到农户创业并不是随机发生的,与农户的个人特征和家庭特征都具有一定的关系。本书采用倾向得分匹配法(PSM)能够相对有效地解决由于样本选择问题等导致的内生性问题。倾向得分匹配法的基本思路是反事实因果分析,通过设置处理组和控制组,其中创业农户为处理组,非创业农户为控制组,通过倾向得分匹配法,把倾向得分值相近的创业组农户与非创业组农户进行匹配估计,可以减少由内生性问题所产生的偏误。本书分别使用 k 近邻匹配、卡尺匹配和卡尺内 k 近邻匹配分析农户创业对农村家庭贫困脆弱性的影响。

首先计算倾向得分值。在给定样本可观察特征 X 的情况下,计算农户创业的条件概率,本书使用 Logit 模型估计倾向得分,即:

$$p(X_i) = pr(D_i = 1 \mid X_i) = \frac{\exp(\beta X_i)}{1 + \exp(\beta X_i)} \tag{14-1}$$

其中,D 是一个指标函数,$D = \{0,1\}$ 表示是否处于处理组,X_i 代表协变量向量，β 为参数向量。

计算得到农户创业的倾向值后，农户创业的平均处理效应（ATT）可以表示为：

$$ATT = E(Y_{1i} - Y_{0i} \mid D = 1)$$
$$= E\{E[Y_{1i} - Y_{0i} \mid D_i = 1, P(X_i)]\}$$
$$= E\{E[Y_{1i} - Y_{0i} \mid D_i = 1, P(X_i)] - E[Y_{0i} \mid D_i = 0, P(X_i)] \mid D_i = 1\}$$
$$= \frac{1}{N^T} \sum_{i \in T} Y_T^i - \frac{1}{N^T} \sum_{j \in c} \eta(p_i, p_j) Y_C^j \tag{14-2}$$

其中，Y_{1i} 和 Y_{0i} 分别表示农户在创业和不创业两种情况下的贫困指数；N^T 代表创业农户的样本数；T 代表匹配后的实验组；C 代表匹配前的控制组；Y_T^i 为实验组中第 i 个创业农户的观测结果；Y_C^j 为控制组中 j 个没有创业农户的观测结果；$\eta(p_i, p_j)$ 为权重函数。

二、实证结果分析

本书首先利用 k 近邻匹配、卡尺匹配和卡尺内 k 近邻匹配来检验农户创业对农村家庭贫困脆弱性的影响。为了使估计结果更加具有稳健性，使用了不同大小的 k 值和不同范围的卡尺来进行匹配，k 值取值 1、5 和 10，卡尺范围是 0.01、0.05 和 0.1。表 14-2 汇报了 k 近邻匹配、卡尺匹配和卡尺内 k 近邻匹配三种匹配方法的估计结果。

表 14-2　农户创业对农村家庭贫困脆弱性影响的回归结果

匹配方法	匹配参数	平均处理效应（ATT）	标准误
k 近邻匹配	$k = 1$	−0.076***	0.025
	$k = 5$	−0.063***	0.019
	$k = 10$	−0.065***	0.015
卡尺匹配	卡尺 = 0.01	−0.061***	0.014
	卡尺 = 0.05	−0.076***	0.012
	卡尺 = 0.1	−0.095***	0.015

续表

匹配方法	匹配参数	平均处理 效应（ATT）	标准误
卡尺内 k 近邻匹配	$k=1$；卡尺 $=0.01$	-0.076^{***}	0.023
	$k=5$；卡尺 $=0.01$	-0.064^{***}	0.018
	$k=10$；卡尺 $=0.01$	-0.066^{***}	0.016
	$k=1$；卡尺 $=0.05$	-0.076^{***}	0.026
	$k=5$；卡尺 $=0.05$	-0.063^{***}	0.018
	$k=10$；卡尺 $=0.05$	-0.065^{***}	0.016
	$k=1$；卡尺 $=0.1$	-0.076^{***}	0.023
	$k=5$；卡尺 $=0.1$	-0.063^{***}	0.019
	$k=10$；卡尺 $=0.1$	-0.065^{***}	0.016
共同支持样本数	9912		
样本量	9924		

注：***、**、* 分别表示在 1%、5%、10% 的水平上显著，标准误是由 Bootstrap 产生的稳健性标准误。

从表 14-2 的估计结果可知，在 k 近邻匹配、卡尺匹配和卡尺内 k 近邻匹配三种匹配方式下，农户创业的平均处理效应都显著为负，并在 1% 的水平上显著。说明了农户创业能够显著降低家庭在未来陷入贫困的可能性，降低了家庭贫困脆弱性。平均处理效应（ATT）在 -0.061 和 -0.095 之间，表明农户创业可以使家庭贫困脆弱性降低 6.1% 到 9.5%。

三、匹配平衡性假定检验

倾向得分匹配法需要满足共同支撑假定和平衡性假定，满足共同支撑假定需要处理组和控制组的个体的倾向值尽可能处于共同范围内；满足平衡性假定是在条件外生假设下，需要协变量在匹配后在处理组和控制组之间是平衡的，没有显著性差异。

如图 14-1 所示，经过匹配后处理组家庭和控制组家庭的共同支撑范围增大，处理组和控制组的倾向值密度曲线接近重合，表明匹配效果良好。

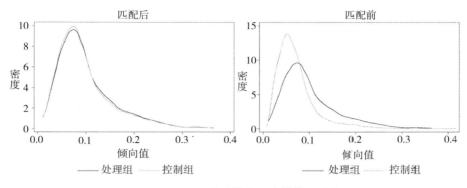

图 14-1 匹配前后的共同支撑范围对比

倾向得分匹配法还需满足平衡性假定条件,因此,对处理组和控制组进行平衡性检验,表 14-3 汇报了 k 近邻匹配后主要变量标准化偏差结果。

表 14-3 倾向得分匹配的平衡性检验

变量	匹配前后	均值		偏差（%）	偏差减少（%）	t 检验	
		处理组	控制组			t	$P>t$
户主年龄	匹配前	47.3090	50.9660	−29.20	85.60	−7.47	0.000
	匹配后	47.3090	46.7820	4.20		0.80	0.426
户主年龄的平方	匹配前	23.9150	27.5760	−29.00	88.50	−7.28	0.000
	匹配后	23.9150	23.4960	3.30		0.65	0.515
户主性别	匹配前	0.6732	0.6711	0.40	−1087.10	0.12	0.908
	匹配后	0.6732	0.6481	5.30		1.00	0.316
户主婚姻状况	匹配前	0.9346	0.8931	14.80	79.90	3.52	0.000
	匹配后	0.9346	0.9263	3.00		0.62	0.534
户主受教育程度	匹配前	2.6342	2.234	37.20	90.60	9.74	0.000
	匹配后	2.6342	2.5967	3.50		0.63	0.528
户主健康状况	匹配前	2.9930	3.1648	−13.90	73.30	−3.54	0.000
	匹配后	2.9930	2.9471	3.70		0.72	0.474
户主非农工作	匹配前	0.2893	0.1697	28.70	96.50	8.09	0.000
	匹配后	0.2893	0.2935	−1.00		−0.17	0.862

续表

变量	匹配前后	均值		偏差（%）	偏差减少（%）	t 检验	
		处理组	控制组			t	P>t
家庭规模	匹配前	4.4673	4.0990	19.40	84.50	5.05	0.000
	匹配后	4.4673	4.5243	-3.00		-0.55	0.580
家庭住房价值	匹配前	2.2794	1.9684	26.20	99.60	7.32	0.000
	匹配后	2.2794	2.2783	0.10		0.02	0.985
家庭土地资产	匹配前	1.0885	1.1880	-10.40	65.10	-2.85	0.004
	匹配后	1.0885	1.1232	-3.60		-0.65	0.516
种植养殖业经营	匹配前	0.7001	0.8253	-29.60	97.80	-8.32	0.000
	匹配后	0.7001	0.6982	0.70		0.11	0.908
地区	匹配前	1.8999	1.9714	-8.60	65.00	-2.22	0.027
	匹配后	1.8999	1.9249	-3.00		-0.58	0.560

从表 14-3 可以发现，匹配后处理组和控制组的均值基本接近，匹配前有些变量在处理组和控制组之间存在显著差异，通过匹配后所有变量在处理组和控制组之间没有了显著差异，t 检验的 p 值都大于 10%，并且匹配后大多数变量的标准化偏差小于 10%，表明匹配的效果良好。

四、稳健性检验

（一）不同的匹配方法

k 近邻匹配、卡尺匹配和卡尺内 k 近邻匹配这三种匹配方法在本质上均属于近邻匹配法，即创业组的每一个家庭的匹配结果为倾向得分距离最近的非创业组的部分家庭，然后进行简单的算术平均。整体匹配法则是每个创业家庭的匹配结果为共同支持域内非创业组的全部家庭，根据不同的个体距离给予不同的权重。因此，本书使用整体匹配法中的核匹配和局部线性回归匹配来进行稳健性检验。

本书在进行核匹配和局部线性回归匹配时选择了较为常用的 Epan 核函数和 Tricube 核函数，表 14-4 汇报了核匹配和局部线性回归匹配的估计结果。从表14-4的估计结果可以看出,农户创业对农村家庭贫困脆弱性的影响依然显著为负,并在1%的水平上显著。说明农户创业能够显著降低家庭陷入贫困的可能性,降低了家庭贫困脆弱性,这与前文结论一致。所以,核匹配和局部线性回归匹配的回归结果支持前文结论。

表14-4　农户创业对农村家庭贫困脆弱性影响的回归结果

匹配方法	匹配参数	平均处理效应(ATT)	标准误
核匹配	Epan 核函数	−0.074***	0.012
	Tricube 核函数	−0.071***	0.013
局部线性回归匹配	Epan 核函数	−0.069***	0.014
	Tricube 核函数	−0.069***	0.015
共同支持样本数	9912		
样本量	9924		

注:***、**、*分别表示在1%、5%、10%的水平上显著,标准误是由 Bootstrap 产生的稳健性标准误。

(二)不同的农户创业指标

前文对农户创业的定义界定为农村家庭的非农经营活动,这一界定被学者们广泛采用(Paulson 和 Townsend,2004;马光荣等,2011)。但是这一界定没有把农业内创业包含其中,由于农户本身就是以农业经营为主的自我雇佣群体,所以应该采取更为广泛的农户创业界定标准。农户的创业行为与其财富增长具有一致性,因此本书采用程郁等(2009)对农户创业的界定,将一年的经营纯收入超过30000元的农村家庭定义为创业家庭,否则为非创业家庭,使用不同的农户创业指标进行稳健性检验。

表14-5汇报了各种匹配方式的估计结果,报告了 k 为1,卡尺为0.01的 k 近邻匹配、卡尺匹配、卡尺内 k 近邻匹配、核匹配和局部线性回归匹配。从回归估计结果可以看出,农户创业对家庭贫困脆弱性的影响依旧是显著为负,并在1%的水平上显著。说明考虑了农业创业活动的农户创业可以降低农村家庭未来陷入贫困的可能性,降低家庭贫困脆弱性。这与前文研究结论一致。

表 14-5　农户创业对农村家庭贫困脆弱性影响的回归结果

匹配方法	匹配参数	平均处理效应（ATT）	标准误	共同支持样本数
k 近邻匹配	$k = 1$	-0.094^{***}	0.027	9853
卡尺匹配	卡尺 $= 0.01$	-0.086^{***}	0.016	9839
卡尺内 k 近邻匹配	$k = 1$；卡尺 $= 0.01$	-0.093^{***}	0.026	9839
核匹配	Epan 核函数	-0.093^{***}	0.018	9853
局部线性回归匹配	Tricube 核函数	-0.096^{***}	0.015	9853
样本量		9924		

注：***、**、* 分别表示在 1%、5%、10%的水平上显著，标准误是由 Bootstrap 产生的稳健性标准误。

第五节　农户创业降低贫困脆弱性的影响机制分析

本书利用 PSM 模型从定量分析角度实证检验农户创业与农村家庭贫困脆弱性之间的相关关系,对农户创业与贫困脆弱性之间内在逻辑的探讨有利于更好地理解两者之间的关系,即农户创业通过何种途径降低贫困脆弱性。农户创业对于农村家庭贫困脆弱性降低的效应主要从以下三个方面来实现,期望实现脱贫的可持续性与降低家庭未来陷入贫困的可能性,从根本上解决脱贫又返贫的现象。

一、收入与贫困脆弱性降低

大多数农村家庭都是从事农业生产活动,家庭可获得的收入就限定在了一定的收入水平。要想实现大幅且持续的收入增长,从根本上看需要依靠劳动力转移,因此,农户进行创业活动可以实现这一目标。创业可以拓宽增收渠道,实现农户持续增收,并且不仅可以提高农户自身的收入水平,还能带动周围农户一起脱贫致富。农户收入的增长,增强了家庭抵御外部风险冲击的能力,降低了家庭未来陷入贫困的可能性,从而形成农户创业—收入增长—贫困脆弱性降低的路径。

二、农村区域经济发展与贫困脆弱性降低

创业活动是经济发展的引擎动力,农户创业通过提供就业机会来吸纳农村剩余闲置劳动力,农村剩余闲置劳动力就业问题的解决促进了农村生产力的发展。创业能加大市场竞争,促进产品创新,从而大力地推动了农村地区经济的发展。创业可以推动农村经济增长方式的改变,使得农村经济增长方式由外延拉动向内源发展转变,并且改善了农村经济的产业结构与农村生产生活方式,从而带动农村区域整体经济状况的改善。农村区域经济的发展,可以改善农村家庭的生活状况,提高农户的福利水平。因此,降低了农村家庭未来再返贫的可能性。

三、自有资本发展与贫困脆弱性降低

培育自身发展能力是可持续脱贫的根本,单纯地依靠政府的转移性支付和政策支持无法实现脱贫的可持续性。物质资本、人力资本和社会资本的发展使个人能够更有准备地面对他们的福利水平产生负面作用的不利影响。这些自有资本的发展有助于农户提高自身内在的可行能力,内在能力的提高可以增强抵御外部风险冲击的能力。通过政府部门提供的创业扶贫激励政策,使得创业环境改善和创业教育推广,从而提高农户的知识资本与技能资本,使得农户人力资本提高。农户自有资本的发展可扩宽自身的社会网络关系,有助于农户家庭获取更多的信息与资源等,从而增强农户抵御外部风险冲击的能力,降低未来陷入贫困的概率。

第六节 我国实现持续脱贫的政策性建议

基于大众创业和实现脱贫不返贫目标的现实背景,本书利用中国家庭追踪调查 2012 年、2014 年和 2016 年的数据,运用倾向得分匹配法实证检验了农户创业对农村家庭贫困脆弱性的影响。采用倾向得分匹配法可以相对有效地解决由于自选择问题等导致的内生性偏误问题,因为农户

创业并不是随机发生的,与农户的个人特征和家庭特征都具有一定的关系。实证结果表明农户创业能够显著降低农村家庭的贫困脆弱性,降低家庭未来陷入贫困的可能性。本书还使用不同的匹配方法和不同的农户创业指标来进行稳健性检验,结果同样表明农户创业能够显著降低农村家庭的贫困脆弱性。

结合本书结论,要实现脱贫的可持续性,政府应该采取对贫困事前干预的政策。事前干预通过相对较准确地识别出未来有可能陷入贫困的群体,实施政策帮扶,能够有效地解决脱贫再返贫现象。农村贫困问题的彻底解决关键点在于农户自身,实现可持续脱贫最终还是要靠农户自身努力。农户创业显著降低家庭的贫困脆弱性,而要推动农户积极创业,发挥农户创业减贫的作用,则还需要政府的政策支持。

第一,对贫困脆弱性农户采取"造血式"扶贫方式。政府应当推动更多的产业项目落户农村地区,通过普惠金融资金扶持地方产业发展,以产业项目带动贫困脆弱性人群进行创业活动,增强其自身"造血"能力,实现可持续脱贫。

第二,对具有一定创业能力的农户实施优惠和补贴政策,提高农户创业积极性。例如对从事种植养殖业经营的农户进行普惠金融资金扶持,使其从小规模家庭生产扩张成大规模的农业创业活动。

第十五章　金融能力、金融决策影响农村金融未来发展

▎本章导读 ▶

　　本章利用 2013 年中国家庭金融调查(CHFS)数据,通过因子分析法构建居民金融能力指数,运用 Probit 模型、工具变量法和中介效应模型实证分析了金融能力对贫困的影响以及金融能力、金融决策与贫困之间的作用机理。研究发现:(1)无论是绝对贫困还是相对贫困,金融能力能够显著抑制贫困的发生,且城镇地区相较农村地区更明显。(2)金融能力对贫困的影响既存在"抑制效应"也存在"偏离效应",两者之间呈现正"U"形关系。(3)经中介效应模型计算可知,在"抑制效应"下,金融能力可以通过提高金融决策从而缓解居民贫困状况,具体而言,在三种不同的贫困状况衡量方式下,金融决策的中介效应占比分别为 25.42%、22.96%和 21.60%。

第一节　国内外对影响贫困的因素研究

　　20 世纪末由于发展中国家优先发展现代化工业而产生的二元经济结构以及城乡资源错配问题,导致农村发展长期滞后于城市,经济发展结构持续性失衡,贫困问题及城乡发展不均衡问题始终是政学两界关注的重点。随着我国经济发展保持中高速增长,贫困难题的破解也取得了较为突出的成就。2020 年年末,在党中央以及全国人民的不懈努力,已实现在现行标准下农村贫困人口的全面脱贫,消除绝对贫困,实现所有贫困县全部脱帽,解决区域性整体贫困问题。凡是过往,皆为序章。农村贫困

人口的全面脱贫以及脱贫攻坚战的胜利不是农村发展问题的终点,而是农村高质量发展的起点,探寻推动农村发展的支撑动力仍是至关重要的议题。

改革开放以来中国的经济发展史可以称作贫困人口脱贫史。随着城镇化率的提高和居民收入差距的扩大,城镇贫困问题同样不容忽视(陈宗胜和于涛,2017)。从现有文献来看,较多学者从财政支出、公共转移支付、经济发展、农业贷款等宏观层面考察其对贫困的影响(李永友和沈坤荣,2007;罗楚亮,2012;樊丽明和解垩,2014;王小华等,2014)。也有部分学者从微观个体角度如个人社会网络、社会地位、受教育程度、健康状况等考察对贫困的影响(刘生龙和李军,2012;高帅,2015;李晓嘉,2015;谭燕芝和张子豪,2017)。对于目前的贫困状况而言,仅仅从国家宏观层面、金融机构中观层面着手解决贫困问题远远不够,更重要的是贫困户能力的提升,从而实现"造血式"扶贫、脱贫不返贫以及自身的可持续发展。金融作为现代经济运行的神经中枢,其体系结构及运行效率对一国经济发展和个体与家庭的生产生活及福祉水平的提升发挥着重要作用。我国贫困人口在金融市场中由于或主动或被动的原因被"边缘化",金融机构在农村金融市场"沙漠化",金融资源向更富裕的群体倾斜,金融机构与贫困人口之间存在着巨大的金融鸿沟。在金融动荡和不平等加速发展的经济背景下,我国贫困人口面临着更加复杂与艰难的金融市场环境和多重挑战:在日益复杂的金融市场中,他们缺乏金融知识和金融技能来作出有效金融决策;与此同时,他们难以获得适当、有益且能为未来提高福祉水平的金融服务。贫困的本质源于基本能力的剥夺和机会的丧失,提高贫困户的内在能力和参与金融市场的可能性并作出有效金融决策有助于缓解贫困(Sen,1976)。

金融能力(Financial Capability)是指个人通过金融教育获得了金融知识和技能且有机会参与金融市场,从而产生金融行为以提高自身金融福利的能力(Sherraden,2013)。金融能力的概念源于 2006 年英国金融服务机构对全国居民金融能力的调研,并由阿特金森等(Atkinson 等,2006)在其研究成果中正式提出。随后,奥地利、爱尔兰、美国、加拿大等国家也先后进行了类似的全国性调查。随着金融能力这一概念在发达国家的产生和发展,在发展中国家同样逐渐被重视起来。在金融能力提出之前,更多学者聚焦于居民金融素养的研究,卢萨迪和米切尔(Lusardi 和 Mitchell,2007)、克拉克等(Clark 等,2015)研究发现金融素养水平的提高促进了家庭的储蓄行为,且使消费者更好地把握投资机会、增加风险资产投资从而提高投资收益。国内学者主要从家庭理财规划、家庭资产选择等金融决策角度以及家庭借贷行为方面来考察金融素养对其的影响(胡振和臧日宏,2016、2017;吴卫星等,2018a、2018b)。此外,王正位等(2016)通过研究金融知识与家庭收入流动之间的关系发现,金融知识的提高使得家庭能更有效地进行金融投资,有助于低收入家庭跃迁至高收入阶层。

金融能力相较于金融知识、金融素养而言具有更丰富的内涵。不同的学者对于金融能力的定义和衡量有不同的见解。约翰逊和谢拉登(Johnson 和 Sherraden,2007)提出参与金融市场能充实居民的生活、使人生际遇最大化,而这需要将金融知识转化金融行为的能力和产生金融行为的机会。阿特金森等(Atkinson 等,2006)将居民金融能力定义为财产管理、开支计划、金融产品选择、金融前沿动态掌握四个方面,由此计算出英国居民金融能力的综合得分。在此基础上,卢萨迪(Lusardi,2011)通过对美国居民金融能力进行调查,提出金融能力是衡量人们收支状况、提前计划、选择和管理金融产品并拥有作出金融决策的知识和技能。而肖等(Xiao 等,2014)则认为金融能力包括金融认知能力、金融素养和金融行为三个方面,金融能力体现了居民管理并控制金融行为的能力。谢拉登(2013)提出了一个较为完整的金融能力分析框架,他认为在错综复杂的金融交易环境中,人们不仅需要金融知识,同时也应该得到金融包容。金融能力既是一个个体特征,也是结构性的概念。因此,他认为金融能力结合了个人作出金融决策的能力和行动的机会,包括个人内在能力和外部环境。德斯帕德和乔瓦(Despard 和 Chowa,2014)深入讨论了金融素养和金融能力的区别,前者仅从个体的层面解释居民如何作出金融决策,而后者则将个人作出金融决策的能力与环境有机结合。在此基础上,乔瓦等(2014)对金融能力的概念进行了进一步细分,内在能力主要包括教育水平、金融知识和经济能力,外部环境则包括到金融机构的距离、金融机构的规则严苛程度以及非正规储蓄机构的发展。由此可见,目前对于金融能力的定义可以概括为三类:第一类将金融能力定义为具体的一种或几种金融行为;第二类认为金融能力为金融知识与金融行为的结合,拥有一定的金融知识并作出了理想的金融行为则为金融能力;第三类则提出金融能力是内在能力与外部环境的有机结合,即知识技能与机会相融合。

综上所述,现有相关文献较少从需求侧微观主体能力的角度切入研究,且国内多数学者研究金融知识、金融素养等对个体福祉的影响,少有学者从居民金融能力展开研究,并同时考虑农村贫困与城镇贫困。此外,目前对金融能力的衡量多以定性的方式分析,鲜有文献将这一概念量化。金融能力的概念为经济学、心理学和社会学等学科搭建了研究桥梁,将个人行为、人类心理和社会结构如何影响家庭金融决策纳入同一分析框架下。因此,研究居民金融能力对贫困状况的影响对于提高个人福祉、金融机构可持续发展具有重要意义,同时也对实现脱贫攻坚与乡村振兴的有机衔接,实现农村地区高质量发展具有重要推动作用。鉴于此,本书致力于通过理论与实证分析解决以下两个问题:第一,金融能力能否对贫困状况的改善产生作用? 第二,金融能力是通过何种途径缓解贫困的?

第二节　金融能力与贫困理论框架及研究假设

森(Sen,1976)的贫困理论提出,贫困的本质是个人可行能力被剥夺,导致其产生的根本原因是权利与能力的双重缺失。因此,摆脱贫困陷阱的最终出路应是培养和提升个人的可行能力,并且提供使得居民参与到经济社会发展的机会。坎贝尔(Campbell,2006、2016)创立的家庭金融理论从家庭如何有效利用金融工具实现效用最大化目标出发,探究家庭资产投资与借贷行为等问题,提出金融知识是影响居民参与金融决策构建有效投资组合的决定性因素之一。因此,金融能力作为经济金融迅速发展下引导居民对家庭资产进行合理配置的可行能力是摆脱贫困桎梏的关键能力。据此,提出假设1:金融能力能显著抑制居民贫困的发生。部分文献表明,金融知识能提高居民收入和财富积累,且对于低收入人群与高收入人群的影响效应并非相同,金融知识对于收入的提高存在边际递减的效应(吴雨等,2016)。对于具有更全面内涵的金融能力而言,金融能力与贫困之间可能并非简单的线性关系。因此,提出假设2:金融能力对于贫困不仅仅存在"抑制效应",可能呈现"U"形曲线关系的双重效应。

关于金融知识、金融素养与家庭金融行为的研究表明,学者更关心的是金融知识的增加或金融素养的提高是否有利于居民优化其金融决策。阿美里克斯等(Ameriks 等,2003)研究发现,金融素养的提高促进了消费者的储蓄和金融市场投资的频率。且金融素养越高的消费者将风险投资分散化的可能性越大(Gaudecker,2015)。此外,盖古德和韦伯(Gathergood 和 Weber,2015)研究发现,金融素养的高低与消费者的借贷行为密切相关,金融素养的提高同样也会提高消费选择低成本抵押贷款的可能性。同样地,金融能力的提高可以加大家庭参与金融市场的可能性,并增加家庭风险资产的占比,改善家庭金融资产的配置结构(尹志超等,2014;曾志耕等,2015)。随着居民金融能力的提高,其对金融市场的风险与收益特征认知更加充分,更倾向于客观合理的金融决策,以此加剧财富的积累。金融能力对于贫困的抑制作用主要从以下四个方面来实现。

第一,金融能力通过影响储蓄行为增加家庭财富积累从而实现脱贫。储蓄对居民生产生活的重要性在于其决定着居民教育与医疗的选择,满足居民未来面对不确定性的需要。金融能力的提高使得居民对储蓄规划更合理,对于正规金融与非正规金融的选择也更加理性。金融能力越高的居民能更好地理解金融机构相关制度与规定,根据经济发展环境合理安排储蓄从而增加财富积累以实现脱贫。

第二,金融能力通过影响风险投资增加财产性收入从而实现脱贫。

随着金融市场的蓬勃发展,金融产品变得愈加复杂,居民面对"满目琳琅"的金融产品如何在最小成本的基础上实现最优化选择之难度大大增加。金融能力低的居民往往伴随着风险分散不足或者是风险资产选择不合理。金融能力的提高能有效实现风险投资的合理化、低成本化和风险分散化,从而增加居民财产性收入以实现脱贫。

第三,金融能力通过缓解信贷约束问题提高收入流动性从而实现脱贫。长久以来,信贷被认为是提升居民生活发展和福祉水平的重要因素。金融能力的提高降低了居民获得信贷的门槛,同时增加了获得信贷的渠道,极大程度上缓解了信贷约束问题,提高居民收入流动性从而实现脱贫。

第四,金融能力通过自有资本发展实现脱贫。依靠政府的转移性支付可以实现暂时性的脱贫,而自身能力的提高才能满足脱贫的可持续性。金融能力作为一种特殊的自有资本,能增强居民的风险抵抗能力与社会生存能力,提高自身社会网络关系,改善贫困人群自身资源的质量,实现内部自生的"造血式"脱贫。

因此,金融能力最重要的作用体现在居民参与金融市场中能作出合理有效的金融决策,从而提高金融福利摆脱贫困的恶性循环。基于此,本文提出假设3:金融能力对贫困状况的影响并非直接作用,而是通过影响居民金融决策从而间接改善贫困状况。

第三节 金融能力与贫困数据来源及变量描述

一、数据来源

本文将微观数据与宏观数据相匹配,以期更全面、客观地反映经济社会问题。文中微观数据来源于2013年中国家庭金融调查的数据,样本覆盖了我国29个省(自治区、直辖市)、262个县(市、区)以及1048村(居)委会,共获得28142个家庭有效样本及97916个个人有效样本,反映了各家庭的资产与负债、收入与支出以及家庭人口特征等方面的动态变化,为研究和决策提供权威可信的数据基础。在对数据进行异常值和缺失值的处理之后共获得 61730 个样本。本书宏观数据来源于中国银行业监督管理委员会统计数据以及国家统计局公布的《中国统计年鉴》。

二、金融能力的衡量

金融能力不仅强调居民内在的金融知识和素养,同时也强调居民所在外部环境提供金融支持的数量以及金融服务的可获得性。因此,借鉴舍拉登(Sherraden,2013)对金融能力指标的衡量,本章对金融能力指标的构建从内在能力与外部环境两个方面衡量。内在能力来源于居民的金融教育,而外部环境强调家庭具有参与金融市场的机会,即能否接触金融产品和服务。其中,作出金融决策的能力基于个人的知识和技能,因此,内在能力又可进一步分为金融知识和教育信息。在日益复杂的金融市场,居民需用知识技能来武装自己,从而获得并理解金融信息以作出更有效的金融决策,从而在各种各样的金融产品和服务中作出最优化选择。2013 年中国家庭金融调查数据设计了关于利率、通货膨胀和投资风险三个方面的问题以考察居民的金融知识水平,因此,本章将利率计算是否正确、通货膨胀计算是否正确、投资风险计算是否正确作为金融知识的具体衡量指标。[①] 通过对这三个问题回答情况的统计可知,利率、通货膨胀、投资风险问题答对的居民比例分别为 14.74%、15.56% 和 27.66%,而三个问题全部答对的居民比例仅为 1.57%。此外,居民所受到的教育程度是能力的重要组成部分,因此本书选取文化程度以及

---

① 2013 年中国家庭金融调查的调查问卷中设计了关于利率计算、通货膨胀计算、投资风险计算三个问题,关于利率的问题为"假如您现在有 100 元钱,银行的年利率是 4%,如果这 100 元钱存 5 年定期,5 年后的本息和是多少",选项为:小于 120 元、等于 120 元、大于 120 元、算不出来,选择"等于 120 元"则为利率计算正确,记为 1,否则为 0;关于通货膨胀的问题为"假设您现在有 100 元钱,银行的年利率为 5%,通货膨胀率每年是 3%,这 100 元钱存银行一年之后能够买到的东西将",选项为:比一年前多、和一年前一样多、比一年前少、算不出来,选择"比一年前多"则为通货膨胀计算正确,记为 1,否则为 0;关于投资风险的问题为"您认为一般而言,单独买一只公司的股票是否比买一只股票基金风险更大",选项为:是、否、没有听过股票、没有听说过股票基金、两者都没有听说过,选择"是"则为投资风险计算正确,记为 1,否则为 0。

是否上过经济、金融课程作为教育信息的衡量指标。对于外部环境的指标选取，本书将微观数据与宏观数据相结合，利用原中国银行业监督管理委员会网站2013年的各地区银行金融机构网点数量以及国家统计局公布的地区总人口以及总面积计算出家庭所在地区每万人享有的银行金融机构网点数量和家庭所在地区每万平方千米的银行网点数量作为金融服务可获得性的指标来衡量外部环境。具体指标及其描述性统计见表15-1。

表15-1　金融能力指标体系构建及其描述性统计

项目	一级维度	二级维度	具体指标	均值	标准差
金融能力	内在能力	金融知识	利率计算是否正确	0.367	0.482
			通货膨胀计算是否正确	0.156	0.363
			投资风险计算是否正确	0.277	0.447
		教育信息	文化程度	3.502	1.778
			是否上过经济、金融课程	0.071	0.255
	外部环境	金融服务可获得性	家庭所在地区每万人拥有的银行金融机构网点数量	1.535	0.251
			家庭所在地区每万平方千米的银行网点数量	825.634	1162.479

在构建金融能力评价指标的基础上，本书运用因子分析法探析众多指标间的内在关联和基本结构，从而计算出金融能力指数，以期更客观地衡量居民金融能力。通过对变量进行KMO检验得到其检验值为0.6734，如表15-2所示，由此可知运用因子分析法计算金融能力指数的合理性。本书依据特征值大于1的标准提取公因子，根据Stata 13.1的计算结果，获得了3个公因子，命名为知识因子、教育因子与环境因子。同时得到因子载荷矩阵，利用公因子的方差贡献率在累计方差贡献率的比重作为权重，分别是1.2703、0.4274和0.1929，将权重乘以计算得出的相应因子得分加总得到金融能力指数。

表 15-2 因子分析 KMO 检验值及公因子的旋转因子载荷

变量	知识因子	教育因子	环境因子	KMO
利率计算是否正确	0.1488	0.2635	-0 0016	0.6638
通货膨胀计算是否正确	0.2718	0.0606	0.0528	0.6887
投资风险计算是否正确	0.0208	0.2684	-0.0232	0.6030
文化程度	0.2936	0.0066	0.0341	0.6776
是否上过经济、金融课程	0.2319	0.0087	-C.0701	C.6986
家庭所在地区每万人享有的银行金融机构网点数量	0.0506	-0.0101	0.1942	0.6616
家庭所在地区每万平方千米的银行网点数量	0.1096	-0.0291	0.1983	0.6766
全样本				0.6734

表 15-3 汇报了全样本以及分地区的居民金融能力情况。从表 15-3 中可以看出,就全国而言,居民的平均金融能力水平较低,最大值为 5.4818,最小值为 -2.1380。将样本分为农村与城镇来看,农村地区平均金融能力水平远远低于城镇地区,且农村地区与城镇地区金融能力的内部差距也较大。从东、中、西部来看,东部地区居民金融能力水平最高,中部地区次之,西部地区最低。此外,本书对不同年龄阶段的居民金融能力水平进行了统计,发现金融能力最高的年龄段为 21—40 岁这一阶段。

表 15-3 金融能力指数的描述性统计

金融能力的描述性统计 / 地区	样本量	均值	标准差	最小值	最大值
金融能力(全样本)	61730	0.0021	1.3553	-2.1380	5.4818
金融能力(农村地区)	25779	-0.6651	0.8822	-2.1380	4.8474
金融能力(城镇地区)	35951	0.3731	1.4281	-2.1380	5.4818
金融能力(东部地区)	28332	0.2639	1.4184	-1.6536	5.4818
金融能力(中部地区)	18581	-0.1425	1.2246	-1.9977	5.2801
金融能力(西部地区)	14817	-0.3068	1.2985	-2.1380	5.1333

三、变量描述

(一)贫困

本书从绝对贫困与相对贫困两个方面对贫困进行界定。第一,以国家 2011 年采用的 2300 元每人每年的贫困线标准作为绝对贫困的衡量指标,居民年收入低于 2300 元为贫困,即 $poverty_1$ 等于 1,否则为非贫困,即 $poverty_1$ 等于 0。第二,我国经济发展迅速,社会的贫困结构在不断变化,贫困线的变动也应适应经济发展水平的变化,因此,借鉴陈宗胜等(2013)提出的相对贫困衡量标准,本书以上一年农村居民人均收入的 0.4 作为相对贫困线,2012 年农村居民人均收入为 7916.58 元,因此年收入低于 3166 元为相对贫困,即 $poverty_2$ 等于 1,否则为非贫困,即 $poverty_2$ 等于 0。第三,我国幅员辽阔,各地区经济发展不均衡,城镇地区的贫困问题同样不容忽视,因此本书选取全样本收入最低的五分之一的居民作为相对贫困的第二种衡量方法,处于后五分之一的居民则为贫困,即 $poverty_3$ 等于 1。在后文将三种贫困状况分别简称为绝对贫困、相对贫困和相对比例贫困。根据上述三种对贫困的衡量方法,本书分别获得了绝对贫困 6203 个样本、相对贫困 7899 个样本,分别占总样本的 10.05% 和 12.80%,相对比例贫困的衡量方法为选取全样本收入最低的五分之一,即年收入低于 8865 元的农户为相对比例贫困。变量具体描述性统计见表 15-4。

(二)金融决策

目前我国居民参与金融市场作出决策主要体现为家庭金融资产的配置,因此本书借鉴尹志超等(2014)的研究,将家庭风险资产占金融资产的比重作为家庭金融决策的衡量指标。本书所定义的风险资产包括股票、基金、期货、金融衍生品、金融理财品、外汇、黄金等。金融资产包括风险资产、政府债券、现金、活期存款、定期存款等。

(三)其他控制变量

借鉴其他学者的做法,本书最终选取个体特征变量以及地区特征变量两大类作为影响贫困的控制变量。个体特征变量包括性别、年龄、政治面貌、工作状况、健康水平、家庭规模、房屋资产现值、父母最高受教育程度等变量,并在回归中对房屋资产现值进行对数处理。居民的个体特征会在不同程度上影响贫困的状况,不同的年龄段会作出不同的金融行为从而影响贫困;女性可能比男性作出更保守的投资决策;是否为中共党员以及家庭规模可能会影响家庭的社会网络从而影响贫困状况;有工作的人、房屋资产现值更高的人以及没有重大疾病的人更容易脱贫;父母的受教育程度越高,子女发生贫困的可能性越小。此外,考虑到贫困状态会受当地宏观经济发展状况的影响,因此本书加入地区特征变量地区人均GDP 作为控制变量。

(四)工具变量

金融能力在一定程度上存在内生性问题。主观态度是影响金融能力的重要因素,获取金融知识的意愿不仅受个人时间偏好的影响,还取决于居民对现状的改变欲望与对未来价值的估计,更希望改变现状或者对未来估值较高的居民更愿意提高金融能力。莫提科(Monticone,2010)研究发现,若居民严重低估未来价值则不愿意学习新知识而满足于较低的金融素养水平。此外,如果居民对未来的福祉水平较为关心,则会主动地直接或间接地接受金融知识。鉴于此,本书选取"对经济金融信息的关注度"这一主观评价作为金融能力的工具变量,这一变量能够直接影响个人金融能力,但是与贫困的相关性不大。变量选取及描述性统计见表15-4。

表 15-4 变量选取与描述性统计

变量名称	符号	变量定义	均值	标准差
金融能力	FC	依据金融能力指标体系构建的指数	0.0021	1.3553
贫困	$poverty_1$	以年收入2300元为标准的绝对贫困(贫困=1,非贫困=0)	0.0628	0.2426
	$poverty_2$	以上一年农村家庭居民平均纯收入乘以0.4为标准的相对贫困(贫困=1,非贫困=0)	0.0803	0.2717
	$poverty_3$	以全样本收入排序处于后20%为标准的相对比例贫困(贫困=1,非贫困=0)	0.1645	0.3707
金融决策	$decision$	风险资产占金融资产的比重	0.0491	0.1797

续表

变量名称	符号	变量定义	均值	标准差
性别	*gender*	男 = 1,女 = 0	0.5018	0.4999
年龄	*age*	（岁）	39.2330	17.4955
政治面貌	*politics*	是否为中共党员（是 = 1,否 = 0）	0.0877	0.2841
工作状况	*job*	是否有工作（是 = 1,否 = 0）	0.6063	0.4886
健康水平	*health*	健康状况（不好 = 1,非常好 = 5）	2.6128	1.1990
家庭规模	*scale*	家庭成员个数	4.0856	1.8213
房屋资产现值	*house*	对目前拥有的房屋市价估计值（万元）	63.0314	107.8099
父母最高受教育程度	*parents*	没上过学 = 1,博士 = 9	2.1153	1.3489
地区人均 GDP	*gdp*	农户所在地区 2013 年的人均 GDP（万元/人）	4.9764	2.0792
工具变量	*IV*	对经济金融信息的关注度（从不关注 = 1,非常关注 = 5）	2.1334	1.1180

第四节　金融能力影响贫困的实证分析

一、模型设定

本书研究的重点是居民金融能力对贫困状况的影响,在设定计量模型的过程中,其被解释变量是贫困状况,贫困状况是数值为 0 和 1 的变量,即被解释变量是离散的,考虑到离散被解释变量通常不宜使用 OLS 回归的特点,本书选用二值选择模型 Probit 模型分别考察金融能力对三种不同衡量标准的贫困状况的影响。模型的设定形式为:

$$poverty_i = \alpha_0 + \alpha_1 fc + \alpha_2 x + \varepsilon_i \qquad (15-1)$$

在式（15-1）中, $poverty_i$ 表示以绝对或相对标准衡量的贫困状态, $poverty_i = 1$ 表示在绝对贫困线标准下的贫困状况, $poverty_i = 0$ 表示在绝对贫困线标准下的非贫困状况, $i = 1,2,3$; fc 为居民金融能力指数; x 代表其他控制变量; α_0 为回归截距项, α_i 为各解释变量的待估系数, ε_i 为扰动项。

此外,由于 Probit 模型回归结果仅能给出显著性及参数符号等有限信息,而无法给出直观的经济含义,本书不仅仅考虑解释变量对被解释变量的影响趋势和显著性,还进一步计算金融能力对贫困的平均边际效应,也即当解释变量变化一个单位时,被解释变量状态变化的概率变化幅度,计算方法为:

$$\frac{\partial E(poverty_i \mid fc)}{\partial fc} = \frac{\partial F(\beta^T fc)}{\partial fc} = \frac{\partial \varphi(\beta^T fc)}{\partial fc} = \varphi(\beta^T fc) \cdot \beta \qquad (15-2)$$

二、实证结果分析

表 15-5 汇报了 Probit 模型即式(15-1)的估计结果并计算边际效应。其中,列(1)(3)(5)使用 Probit 估计,分别为金融能力对绝对贫困、相对贫困、相对比例贫困的回归结果,列(2)(4)(6)分别汇报了不同衡量标准下的贫困状况的平均边际效应,从而进一步解释其经济含义。由表 15-5 的列(1)(3)(5)可以看出,在尽可能地控制所有影响居民贫困状况的个体特征与地区特征后,在绝对贫困线标准、相对贫困线标准、相对比例贫困标准线三种衡量方式下,金融能力的估计系数均在 1% 的显著性水平下为负,这一结果说明金融能力的提升可以显著改善居民的贫困状况,金融能力越高的居民发生贫困的概率越小。在个体特征控制变量方面,男性比女性发生贫困的可能性更低,这可能是因为男性较女性而言具有更强壮的劳动力,能获得更稳健的劳动回报,因此产生贫困的可能性更低。从年龄来看,在三种贫困衡量标准下年龄均在 1% 的显著性水平下为负,以相对比例贫困标准为衡量方式时,年龄平方在 1% 的显著性水平下为正。而在绝对贫困线标准与相对贫困线标准下,年龄平方没有通过显著性检验。从居民政治面貌来看,中共党员的身份使得其更不可能陷入贫困,这是由于中共党员相对来说拥有更广泛的社会网络,因此能获得各方面的金融信息从而作出更有效的金融决策。且有工作的居民具有稳定的收入来源,陷入贫困的可能性更低。对于家庭规模而言,家庭人数越多,发生贫困的概率越小,这也遵循了我国传统"人多力量大"的文化理念,随着家庭人数的增多,收入数量和收入来源也逐渐增多。另外,

居民的健康状态和房屋资产现值也能显著影响贫困状况,健康状况越好、房屋资产现值越高陷入贫困的可能性越低。从地区特征来看,居民所在地区人均 GDP 在三种贫困衡量标准下均在 1%显著性水平下为负,说明当地经济状况越好居民发生贫困的可能性越小。

表 15-5　全样本金融能力对贫困状况影响的回归结果

变量名称	Probit (1)	边际效应 (2)	Probit (3)	边际效应 (4)	Probit (5)	边际效应 (6)
金融能力	-0.1260 *** (0.0106)	-0.0150 *** (0.0012)	-0.1538 *** (0.0100)	-0.0218 *** (0.0014)	-0.2280 *** (0.0084)	-0.0507 *** (0.0018)
金融能力平方	0.0260 *** (0.0041)	0.0038 *** (0.0005)	0.0291 *** (0.0039)	0.0041 *** (0.0006)	0.0424 *** (0.0034)	0.0094 *** (0.0008)
性别	-0.1180 *** (0.0192)	-0.0139 *** (0.0023)	-0.1091 *** (0.0178)	-0.0154 *** (0.0025)	-0.1071 *** (0.0150)	-0.0238 *** (0.0033)
年龄	-0.0104 *** (0.0039)	-0.0012 *** (0.0005)	-0.0132 *** (0.0036)	-0.0019 *** (0.0005)	-0.0156 *** (0.0031)	-0.0035 *** (0.0007)
年龄平方	2.84e-5 (3.77e-5)	3.37e-6 (4.46e-6)	2.23e-5 (3.49e-5)	3.17e-6 (4.95e-6)	0.0001 *** (2.98e-5)	2.38e-5 *** (6.62e-6)
政治面貌	-0.2278 *** (0.0362)	-0.0270 *** (0.0043)	-0.2131 *** (0.0331)	-0.0302 *** (0.0047)	-0.2861 *** (0.0273)	-0.0636 *** (0.0061)
工作状况	-0.3848 *** (0.0208)	-0.0457 *** (0.0025)	-0.3080 *** (0.0194)	-0.0437 *** (0.0028)	-0.0973 *** (0.0166)	-0.0216 *** (0.0037)
健康水平	-0.0186 ** (0.0083)	-0.0022 ** (0.0010)	-0.0325 *** (0.0078)	-0.0046 *** (0.0011)	-0.0719 *** (0.0066)	-0.0160 *** (0.0015)
家庭规模	-0.1011 *** (0.0065)	-0.0120 *** (0.0008)	-0.1022 *** (0.0059)	-0.0144 *** (0.0008)	-0.1170 *** (0.0048)	-0.0260 *** (0.0011)
房屋资产现值	-9.53e-8 *** (1.30e-8)	-1.13e-8 *** (1.54e-9)	-1.08e-7 *** (1.24e-8)	-1.53e-8 *** (1.76e-9)	-1.51e-7 *** (1.07e-8)	-3.36e-8 *** (2.37e-9)
父母最高受教育程度	-0.3171 *** (0.0143)	-0.0376 *** (0.0017)	-0.3170 *** (0.0132)	-0.0449 *** (0.0019)	-0.3240 *** (0.0107)	-0.0719 *** (0.0023)
地区人均 GDP	-0.0132 *** (0.0051)	-0.0016 *** (0.0006)	-0.0152 *** (0.0048)	-0.0022 *** (0.0007)	-0.0423 *** (0.0041)	-0.0094 *** (0.0009)
观测值	49689	49689	49689	49689	49689	49689

注:(1) *** 、** 、* 分别表示在 1%、5%、10%的水平上显著,括号内为稳健标准差。下表同。

(2)边际效应为平均边际效应的计算结果,括号内为 Delta-method 所得出的标准差。

　　为了更全面地诠释各解释变量对贫困状况的影响,本书进一步计算了各解释变量对贫困状况的边际效应。表15-5列(2)、列(4)、列(6)分别是在绝对贫困线标准、相对贫困线标准、相对比例贫困线标准三种衡量方式下的各解释变量对贫困状况的边际效应。具体而言,居民金融能力每增加一个单位,发生绝对贫困、相对贫困、相对比例贫困的概率分别减少1.50%、2.18%和5.07%。表15-6汇报了农村地区与城镇地区金融能力对贫困状况的不同影响,从回归结果可以看出,农村地区与城镇地区居民金融能力对绝对贫困、相对贫困和相对比例贫困均在1%显著性水平下为负,即金融能力的提升能够显著抑制农村地区与城镇地区的贫困状况。从估计系数来看,农村地区金融能力对绝对贫困、相对贫困、相对比例贫困影响的估计系数分别为-0.1151、-0.1313和-0.1493,而城镇地区为-0.1361、-0.1582和-0.2170,农村地区明显低于城镇地区,因此,金融能力的高低对城镇地区居民的贫困状况影响更大。另外,值得一提的是,尽管年龄的平方项在全样本回归时没有全部通过显著性检验,但年龄与年龄的平方项在农村样本回归中在1%水平下通过显著性检验,年龄项的系数符号为负,年龄平方项的系数符号为正,这说明农村地区居民的年龄与贫困状态呈现正"U"形关系,这一结论在一定程度上与生命周期理论相符,即年轻时期和老年时期更可能发生贫困,中年时期由于收入稳定,发生贫困的可能性较低。而在城镇地区,年龄平方没有通过显著性检验,这一结果可能由年龄的双重效应而导致,一方面随着年龄的增长,城镇居民能获得更突出的金融能力和丰富的金融决策经验,各项收入来源也会相应增多,因此发生贫困的概率较小;而另一方面,年龄越大的居民其体力、精力、脑力都会有所下降,因此更容易陷入贫困。

表15-6　分地区金融能力对贫困状况的回归结果

变量名称	农村样本			城镇样本		
	Probit (1)	Probit (2)	Probit (3)	Probit (4)	Probit (5)	Probit (6)
金融能力	-0.1151*** (0.0221)	-0.1313*** (0.0203)	-0.1493*** (0.0158)	-0.1361*** (0.0134)	-0.1582*** (0.0128)	-0.2170*** (0.0111)

续表

变量名称	农村样本			城镇样本		
	Probit (1)	Probit (2)	Probit (3)	Probit (4)	Probit (5)	Probit (6)
金融能力平方	0.0474 *** (0.0126)	0.0390 *** (0.0119)	0.0407 *** (0.0095)	0.0253 *** (0.0048)	0.0281 *** (0.0047)	0.0383 *** (0.0041)
性别	−0.0965 *** (0.0324)	−0.0836 *** (0.0289)	−0.0843 *** (0.0233)	−0.1242 *** (0.0240)	−0.1204 *** (0.0229)	−0.1201 *** (0.0199)
年龄	−0.0311 *** (0.0078)	−0.0360 *** (0.0066)	−0.0435 *** (0.0057)	0.0064 (0.0048)	0.0054 (0.0046)	0.0004 (0.0040)
年龄平方	0.0002 *** (6.65e-5)	0.0003 *** (6.07e-0)	0.0004 *** (5.28e-5)	−0.0002 *** (4.82e-5)	−0.0002 *** (4.55e-5)	−0.0001 *** (3.86e-5)
政治面貌	−0.1612 ** (0.0723)	−0.1269 ** (0.0625)	−0.1642 *** (0.0489)	−0.2261 *** (0.0420)	−0.2144 *** (0.0394)	−0.2881 *** (0.0339)
工作状况	−0.3573 *** (0.0375)	−0.2711 *** (0.0342)	−0.1551 *** (0.0289)	−0.3874 *** (0.0264)	−0.3601 *** (0.0251)	−0.2414 *** (0.0220)
健康水平	−0.0082 (0.0141)	−0.0315 ** (0.0127)	−0.0718 *** (0.0102)	−0.0266 ** (0.0105)	−0.0320 *** (0.0100)	−0.0513 *** (0.0087)
家庭规模	−0.0987 *** (0.0096)	−0.1062 *** (0.0086)	−0.1522 *** (0.0068)	−0.0930 *** (0.0089)	−0.0956 *** (0.0085)	−0.1018 *** (0.0072)
房屋资产现值	−2.24e-7 *** (5.39e-8)	−1.69e-7 *** (4.10e-8)	−3.80e-7 *** (3.59e-8)	−8.91e-8 *** (1.34e-8)	−9.78e-8 *** (1.30e-8)	−1.03e-7 *** (1.07e-8)
父母最高受教育程度	−0.2973 *** (0.0291)	−0.3072 *** (0.0255)	−0.2914 *** (0.0192)	−0.3232 *** (0.0166)	−0.3124 *** (0.0155)	−0.3014 *** (0.0131)
地区人均 GDP	−0.0023 (0.0107)	−0.0058 (0.0096)	−0.0454 *** (0.0077)	−0.0161 *** (0.0058)	−0.0163 *** (0.0056)	−0.0325 *** (0.0049)
观测值	15838	15838	15838	33851	33851	33851

三、内生性检验:工具变量检验

考虑到金融能力对贫困状况的影响可能存在内生性问题,基于数据的可得性,本书选取对经济金融信息的关注度作为工具变量,回归结果如表 15-7 所示。通过表 15-7 可以看出,沃尔德外生性检验在 1% 显著性水平下拒绝了"主要解释变量不存在内生性"的原假设,这说明运用工具变量法的合理性和必要性。且第一阶段回归系数均在 1% 水平下显著,则对经济金融信息的关注度对金融能力有显著的影响，由此可见，工具变量具有较强的相关性。由表15-7还可以得出，在三和不同的贫困衡量方式下，第一阶段估计的 F 值均为6981.81，这进一步表明对经济金融信息的关注度对金融能力具有很强的解释力，因此不存在弱工具变量的问题。在纠正了内生性问题后，金融能力对绝对贫困、相对贫困、相对比例贫困仍在1%显著性水平下显著为负，且回归系数远远高于原回归结果，这表明 Probit 模型低估了金融能力对贫困的影响，金融能力的提升对贫困的抑制有显著的作用。

表15-7　金融能力对贫困状况的影响：ivProbit 模型

变量名称	ivProbit（1）	ivProbit（2）	ivProbit（3）
金融能力	−0.3846***（0.0487）	−0.3800***（0.0462）	−0.4396***（0.0386）
金融能力平方	0.0792***（0.0105）	0.0757***（0.0100）	0.0859***（0.0084）
性别	−0.1471***（0.0194）	−0.1340***（0.0182）	−0.1309***（0.0153）
年龄	−0.0141***（0.0043）	−0.0165***（0.0038）	−0.0187***（0.0031）
年龄平方	4.62e-5（4.24e-5）	6.03e-6（3.75e-5）	9.04e-5***（2.95e-5）
政治面貌	−0.0889**（0.0449）	−0.0918**（0.0416）	−0.1722***（0.0351）
工作状况	−0.4190***（0.0214）	−0.3401***（0.0205）	−0.1311***（0.0130）
健康水平	−0.0006（0.0089）	−0.0155*（0.0085）	−0.0553***（0.0073）
家庭规模	−0.1181***（0.0077）	−0.1173***（0.0070）	−0.1314***（0.0056）
房屋资产现值	−7.79e-8***（2.02e-8）	−9.23e-8***（2.02e-8）	−1.36e-7***（2.09e-8）
父母最高受教育程度	−0.2354***（0.0226）	−0.2447***（0.0212）	−0.2571***（0.0176）

续表

变量名称	ivProbit（1）	ivProbit（2）	ivProbit（3）
地区人均 GDP	0.0065（0.0061）	0.0021（0.0058）	-0.0258 ***（0.0051）
一阶段估计 F 值（工具变量 t 值）	6981.81（46.58）	6981.81（46.58）	6981.81（46.58）
沃尔德统计量（p-value）	25.99（0.0000）	23.23（0.0000）	29.88（0.0000）

四、进一步讨论

为了进一步验证假设 2 提出的金融能力对贫困可能存在的双重效应,本书在回归中引入了金融能力的二次项以考察金融能力与贫困之间是否呈现"U"形曲线关系。如表 15-5、表 15-6、表 15-7 所示,无论是全样本回归还是分地区样本回归,抑或是在工具变量法下的回归,金融能力均在 1% 的显著性水平下负向影响贫困状况,而金融能力的二次项同样均在 1% 的显著性水平下正向影响贫困,这一结果表明金融能力与贫困之间的确呈现正"U"形关系。本书通过运用 Stata 13.1 软件绘制了两者之间的线性拟合曲线和二次拟合曲线,进一步证明了假说 2 成立,如图 15-1 所示。

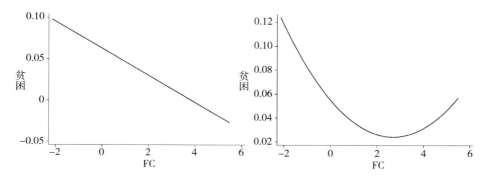

图 15-1　金融能力与贫困的线性拟合曲线（左）与二次拟合曲线（右）

通过表 15-7 中的回归系数可以得到拟合方程中的一次项、二次项系数从而求解出函数拐点。在三种贫困衡量方式下,基于表 15-7 的回归结果,本书得到了以下三个方程:

$$poverty_1 = 0.0792fc^2 - 0.3846fc \qquad (15-3)$$

$$poverty_2 = 0.0757fc^2 - 0.3800fc \qquad (15-4)$$

$$poverty_3 = 0.0859fc^2 - 0.4396fc \qquad (15-5)$$

其中, $poverty_1$、$poverty_2$、$poverty_3$ 分别表示绝对贫困、相对贫困、相对比例贫困三种衡量方式下的贫困状况,fc 为居民金融能力。通过对方程(15-3)、方程(15-4)、方程(15-5)求一阶偏导并令其等于零,可以得到三种贫困衡量方式下的金融能力拐点,分别为 2.4280、2.5099 和 2.5588。表 15-8 汇报了对拐点左右区间分别运用 ivprobit 模型进行实证回归的结果,即表 15-8 中列(1)表示在绝对贫困衡量方式下,当金融能力高于 2.4280 时金融能力对贫困的影响,列(2)表示绝对贫困衡量方式下金融能力低于 2.4280 时金融能力对贫困的影响,列(3)—(6)可由此类推。由表 15-8 列(2)、列(4)、列(6)可知,无论是绝对贫困抑或相对贫困、相对比例贫困,达到金融能力拐点之前即拐点的左区间内,金融能力在 1% 的显著性水平下抑制贫困,即金融能力对贫困有显著的"抑制效应"。由表 15-8 列(1)、列(3)、列(5)可知,在三种贫困衡量方式下,在达到金融能力拐点后,金融能力对贫困的影响没有通过显著性检验,即金融能力对贫困的影响存在"偏离效应",这一结论进一步验证了金融能力与贫困之间的正"U"形关系以及金融能力对贫困的双重效应。

表 15-8　"偏离效应"与"抑制效应"下金融能力对
贫困状况的回归结果:ivprobit 模型

变量名称	贫困 1 (1)	贫困 1 (2)	贫困 2 (3)	贫困 2 (4)	贫困 3 (5)	贫困 3 (6)
金融能力	0.5761 (0.3790)	-0.4202*** (0.0532)	0.0875 (0.5841)	-0.3962*** (0.0496)	-0.0759 (0.5843)	-0.4582*** (0.0412)
性别	-0.0978 (0.0908)	-0.1362*** (0.0193)	-0.0737 (0.1001)	-0.1231*** (0.0181)	-0.0997 (0.0889)	-0.1184*** (0.0152)

续表

变量名称	贫困1 (1)	贫困1 (2)	贫困2 (3)	贫困2 (4)	贫困3 (5)	贫困3 (6)
年龄	−0.0532** (0.0258)	−0.0193*** (0.0044)	−0.0645** (0.0266)	−0.0219*** (0.0039)	−0.0435* (0.0262)	−0.0239*** (0.0033)
年龄平方	0.0008** (0.0003)	3.61e−6 (4.23e−5)	0.0009*** (0.0003)	6.04e−5 (3.73e−5)	0.0007** (0.0003)	0.0001*** (2.97e−5)
政治面貌	−0.2450** (0.1172)	−0.0500 (0.0490)	−0.1892 (0.1652)	−0.0564 (0.0453)	−0.1511 (0.1574)	−0.1441*** (0.0384)
工作状况	−0.6844*** (0.1301)	−0.3961*** (0.0212)	−0.6862*** (0.1228)	−0.3167*** (0.0201)	−0.6691*** (0.1201)	−0.1033*** (0.0175)
健康水平	−0.0428 (0.0425)	0.0021 (0.0090)	−0.0551 (0.0485)	−0.0154* (0.0085)	−0.0604 (0.0467)	−0.0562*** (0.0073)
家庭规模	−0.1340*** (0.0513)	−0.1182*** (0.0077)	−0.1532*** (0.0509)	−0.1174*** (0.0071)	−0.0823* (0.0445)	−0.1333*** (0.0057)
房屋资产现值	−2.22e−8 (2.70e−8)	−9.98e−8*** (2.00e−8)	−3.19e−8 (3.63e−8)	−1.05e−7*** (2.02e−8)	−6.44e−8 (4.55e−8)	−1.42e−7*** (2.15e−8)
父母最高受教育程度	−0.2690*** (0.0442)	−0.2152*** (0.0256)	−0.2278*** (0.0556)	−0.2367*** (0.0236)	−0.2070*** (0.0555)	−0.2513*** (0.0196)
地区人均GDP	−0.0285 (0.0209)	−0.0313*** (0.0064)	−0.0298 (0.0242)	−0.0308*** (0.0061)	−0.0333 (0.0209)	−0.0280*** (0.0054)
观测值	3538	46151	3282	46407	3208	46481

第五节 "抑制效应"下金融能力影响贫困的内在机理

相比单纯地探究解释变量对被解释变量的相关研究,运用中介效应模型能更加深入地分析解释变量对被解释变量的影响过程和作用机制(温忠麟和叶宝娟,2014)。中介效应最初起源于心理学研究,当考虑解释变量对被解释变量的影响时,如果解释变量是通过某一变量影响被解释变量,则称该变量为中介变量,整个过程称为中介效应。温忠麟等(2004)提出了一个包含依次检验和Sobel检验的中介效应检验程序,该检验程序能较好地控制第一类错误率(即弃真错误率)和第二类错误率

（即存伪错误率），且能有效区分部分中介效应与完全中介效应。因此，本书基于前文的研究假说与实证分析，进一步地使用这一中介效应检验程序分析在"抑制效应"下居民金融能力对贫困状况的为在机理。

根据中介效应的检验程序，本书设置以下三个方程式：

$$poverty_i = \beta_0 + \beta_1 fc + \beta_2 x + \varepsilon \tag{15-6}$$

$$decision = \delta_0 + \delta_1 fc + \delta_2 x + \varepsilon \tag{15-7}$$

$$poverty_i = \varphi_0 + \varphi_1 fc + \varphi_2 decision + \varphi_3 x + \varepsilon \tag{15-8}$$

其中，$poverty_i$ 表示在三种不同衡量标准下的贫困状况，fc 表示金融能力，$decision$ 表示金融决策，x 表示所有控制变量的集合，ε 为随机扰动项。具体检验程序见图 15-2。

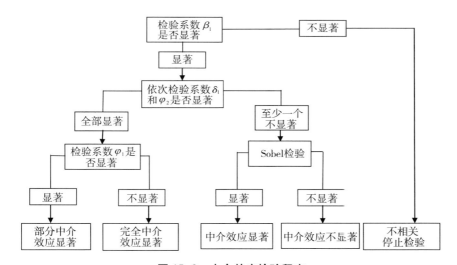

图 15-2 中介效应检验程序

根据以上中介效应的检验程序，本书首先对 β_1 的显著性进行了检验，β_1 所对应的式（15-6）已在表 15-8 中汇报，β_1 在三种贫困衡量标准下均在 1% 水平下显著，因此进入对 δ_1 和 φ_2 的依次检验程序。δ_1 所对应的式（15-7）考察的是金融能力对金融决策的影响，考虑到仅用 OLS 结果存在不稳健性，本书同时运用 OLS 和 Tobit 模型进行回归估计，并选取金融能力取值集合的交集，即金融能力低于 2.4280 的区间，结果见表 15-9。回归结果显示，在"抑制效应"下，金融能力在 1% 的显著性水平下正向影响金融决策,说明金融能力越高,风险资产占金融资产的比重越大。这一结果表明金融能力的提高可以加大居民参与金融市场的可能性,提高金融决策的有效性。在使用 Tobit 模型对数据进行处理后,居民金融能力仍在 1%的显著性水平下正向影响居民金融决策,足以证明结果的可信度较高,且通过两个模型的比较可以看出,模型(1)中金融能力的回归系数远小于模型(2)中的回归系数,这说明运用普通 OLS 可能低估了居民金融能力对金融决策的影响。

表 15-9 "抑制效应"下金融能力对金融决策的影响:OLS 和 Tobit 模型

变量名称	OLS (1)	Tobit (2)
金融能力	0.0083 *** (0.0008)	0.1379 *** (0.0075)
性别	0.0016 (0.0015)	0.0073 (0.0142)
年龄	0.0039 *** (0.0003)	0.0320 *** (0.0033)
年龄平方	$-3.49e-5$ *** (3.00e-6)	-0.0003 *** (3.24e-5)
政治面貌	-0.0005 (0.0023)	0.0179 (0.0182)
工作状况	-0.0035 ** (0.0017)	-0.1182 *** (0.0169)
健康水平	-0.0016 ** (0.0006)	0.0081 (0.0062)
家庭规模	-0.0017 *** (0.0005)	-0.0188 *** (0.0053)
房屋资产现值	8.37e-9 *** (5.65e-10)	1.14e-8 *** (3.70e-9)
父母最高受教育程度	0.0769 *** (0.0008)	0.4810 *** (0.0080)
地区人均 GDP	0.0019 *** (0.0004)	0.0093 *** (0.0031)
观测值	43848	43848

表 15-10 汇报了"抑制效应"下金融能力、金融决策对绝对贫困、相对贫困、相对比例贫困的影响。在模型（1）—（3）的回归结果下，金融能力与金融决策均在 1% 的显著性水平下影响贫困，由此证明回归系数 φ_1 和 φ_2 的显著性。综上所述，根据中介效应的检验程序，本书首先对系数 β_1 进行检验，其结果为显著，由此进入下一步，分别检验 δ_1 和 φ_2 的显著性，其结果为全部显著，因此最后检验系数 φ_1 是否显著，结果同样为显著，由此得出中介效应的假说成立，且为部分中介效应。在此基础上，本书参考麦金农等（Mackinnon 等，1995）提出的方法测算中介效应占比。具体测算公式为：

$$Mediation\ Effect = \frac{\varphi_2\delta_1}{\varphi_2\delta_1 + \varphi_1} \tag{15-9}$$

因此，在"抑制效应"下，对于三种不同的贫困状况衡量方式，金融决策的中介效应占比分别为 25.42%、22.96% 和 21.60%，这意味着金融能力对贫困发生的抑制作用有超过 20% 来自金融决策，金融能力对贫困状况的影响可以通过提高金融决策而改善。

表 15-10　"抑制效应"下金融能力、金融决策对贫困的影响：Tobit 模型

变量名称	Tobit (1)	Tobit (2)	Tobit (3)
金融决策	−0.4741*** (0.1550)	−0.5030*** (0.1331)	−0.5731*** (0.1637)
金融能力	−0.1919*** (0.0219)	−0.2329*** (0.0193)	−0.2868*** (0.0126)
性别	−0.2211*** (0.0368)	−0.1900*** (0.0319)	−0.1351*** (0.0204)
年龄	−0.0233*** (0.0075)	−0.0272*** (0.0066)	−0.0248*** (0.0043)
年龄平方	1.03e-5 (7.25e-5)	7.83e-5 (6.29e-5)	0.0002*** (4.10e-5)
政治面貌	−0.4311*** (0.0718)	−0.3712*** (0.0609)	−0.3920*** (0.0386)
工作状况	−0.6645*** (0.0408)	−0.4982*** (0.0352)	−0.1044*** (0.0226)

续表

变量名称	Tobit（1）	Tobit（2）	Tobit（3）
健康水平	−0.0373 ** (0.0160)	−0.0661 *** (0.0140)	−0.0975 *** (0.0090)
家庭规模	−0.1754 *** (0.0126)	−0.1678 *** (0.0108)	−0.1484 *** (0.0067)
房屋资产现值	−2.47e−7 *** (3.01e−8)	−2.24e−7 *** (2.50e−8)	−2.19e−7 *** (1.56e−8)
父母最高受教育程度	−0.5781 *** (0.0296)	−0.5560 *** (0.0255)	−0.4333 *** (0.0156)
地区人均 GDP	−0.0272 *** (0.0099)	−0.0292 *** (0.0086)	−0.0606 *** (0.0057)
观测值	43848	44099	44172

第六节　金融能力对贫困的影响

基于我国步入脱贫攻坚与乡村振兴有机衔接的现实背景,本书利用2013 年中国家庭金融调查数据和宏观数据匹配,通过构建居民金融能力指数,运用 Probit 模型考察了金融能力对贫困的影响,并且加入了二次项考察金融能力与贫困之间的非线性关系。为了避免模型中的内生性问题,本书使用对经济金融信息的关注度作为金融能力的工具变量,从而提高实证模型的精准性。通过对全国居民金融能力指数的比较来看,我国居民金融能力水平普遍偏低,并且农村地区平均金融能力水平远远低于城镇地区。从实证结果来看,金融能力可以显著改善居民贫困状况,且金融能力对城镇地区贫困状况的影响比农村地区更显著。金融能力与贫困之间呈现正"U"形关系,通过对金融能力和贫困的拟合方程求一阶偏导并令一阶偏导等于零得到了金融能力的拐点,进一步验证金融能力对贫困的影响不仅存在"抑制效应"还存在"偏离效应"。随后,本书运用中介效应模型进一步分析"抑制效应"下金融能力对贫困影响的作用机理发现,金融能力可以通过提高金融决策从而缓解居民贫困状况,在三种不同的贫困状况衡量方式下,金融决策的中介效应占比分别为 25.42%、22.96% 和 21.60%,即金融能力越高,居民作出有效金融决策的可能性越高,从而加剧财富的积累,抑制贫困的发生。

本书的研究不仅丰富和发展了现有文献,同时也为推进解决我国经济结构失衡以及为反贫困战略和政策提供重要参考。随着我国金融市场的快速发展,普遍偏低的金融能力难以满足参与金融市场的需求,提升整体金融知识水平迫在眉睫。针对这一现象,应拓宽金融知识普及渠道,将金融知识的学习纳入义务教育体系,从小培养居民的金融能力。金融机构应定期开展金融知识宣传活动,不断提高我国居民的金融素养和技能。另外,政府应鼓励发展普惠金融,将金融资本和服务"滴灌"至贫困人口中,使所有居民平等地享受金融服务,解决金融排斥难题。

最后,由于国内微观调查数据的限制,关于居民金融能力的指标体系构建还有待完善。此外,尽管本书从新的视角分析了金融决策在金融能力影响贫困中的中介效应,但通过实证分析发现金融决策在金融能力对贫困的影响中仅是部分中介效应,且对于金融能力与贫困的"偏离效应"有待进一步探索,这也是在后续研究中将继续突破的方向。

第十六章 普惠金融发展与贫困减缓

——直接影响与空间溢出效应

本章导读

　　基于我国 31 个省份 2006—2015 年的面板数据集,运用因子分析法从多维度确定普惠金融发展评价指标体系并计算其指数,采用空间 Durbin 模型考察普惠金融发展水平对贫困减缓的影响机制。结果表明:在控制了政府支出、产业结构、城镇化水平、消费水平和对外开放程度等因素后,一个地区普惠金融发展水平对贫困减缓有显著的促进作用,同时,邻近地区普惠金融发展水平与空间关系共同作用,对贫困缓解产生了正向的空间溢出效应。普惠金融不仅通过提高收入、促进经济增长、提高自有资本缓解贫困,而且还通过空间溢出效应显著降低周边地区的贫困率。

第一节 我国的贫困问题与普惠金融

　　贫困是一种普遍存在的社会现象,是吞噬人类社会机体的毒瘤。作为发展中国家,长期以来的贫困问题严重制约了我国经济社会的发展。从某种意义上来说,人类社会发展的历史就是同贫困作斗争的历史(曹子坚,2011)。党的十八大以来,以习近平同志为核心的党中央把解决好"三农"问题作为全党工作的重中之重,把脱贫攻坚作为全面建成小康社会的标志性工程,组织推进人类历史上规模空前、力度最大、惠及人口最多的脱贫攻坚战,经过 8 年持续奋斗,如期完成了新时代脱贫攻坚目标任务,现行标准下农村贫困人口全部脱贫,贫困县全部摘帽,消除了绝对贫困和区域性整体贫困。脱贫攻坚不是最终的胜利,还要继续乡村振兴战略,实现农村居民物质文明和精神文明共同富裕。

随着经济社会的不断发展,我国的贫困问题很大程度上由宏观经济制度、社会制度以及政治制度缺失而引致(王曙光,2013)。普惠金融于2005年由世界银行宣传国际小额信贷年时提出,旨在立足机会平等要求和商业可持续性原则,以合理的成本为有金融服务需求的社会各级人群尤其是传统金融难以触及的贫困人群提供适当、有效的金融服务。普惠金融自提出伊始便成为大多数发展中国家解决贫困问题、低收入人群特别是农民融资困难的一种有效金融制度安排。构建普惠金融体系的目标在于完善农村金融市场竞争结构,服务广大农民和弱势群体,内生性地满足农村各类经济主体的融资需求,同时实现金融机构自身的可持续发展。近年来,我国普惠金融发展呈现出服务主体日益多元化、服务覆盖广度和深度增强、数字普惠金融发展迅速等特点。就中短期而言,大力发展普惠金融的重要意义在于,这是我国实现脱贫攻坚与乡村振兴有效衔接的必然要求;从长期来看,有利于促进金融与经济的可持续发展、增进社会公平及社会和谐。国家和政府对普惠金融的重视程度也逐年提高。在党的十八届三中全会决议中,首次将"普惠金融"写进决议,将发展普惠金融上升到国家战略层面,并于2014年、2015年连续两年被写入政府工作报告。2016年国务院印发《推进普惠金融发展规划(2016—2020年)》,提出到2020年建立与全面建成小康社会相适应的普惠金融服务和保障体系,发展普惠金融已成为我国深化体制改革的重要内容。

然而,普惠金融在发展过程中存在着政府与市场双重失灵,即减贫和金融机构经营可持续性目标难以兼容的现实问题。金融机构基于自身利润最大化的经营目标偏好中高端市场,从而出现一定程度的"使命漂移"。农村信贷市场"资源错配"和农户家庭"资源无效"现象严重(孙同全,2015),在政府主导的普惠金融发展模式下,金融机构更容易偏离金融服务需求主体的真实需求,造成金融服务的低效性,同时,贫困家庭天然的财务残缺致使其被排斥在金融市场之外。鉴于此,本章旨在对普惠金融发展的目标实现予以检验,在其发展的十余年里是否对贫困的减缓产生重要作用,以及以何种机制产生影响是本章研究的重点。此外,随着我国城市群的加速发展,行政边界的制约逐渐突破,长江三角洲城市群、中原城市群等城市集合体的发展释放了巨大的经济发展潜力,2015年京津冀城市群协同发展进入正式战略部署,城市经济之间的耦合效应逐步凸显。这不禁引发了关于普惠金融发展与减贫空间效应的思考,从不同的理论视角去理解空间关系对普惠金融与贫困减缓的相关性,对于我国区域经济的发展具有重要意义。

第二节 对普惠金融的具体探讨

普惠金融作为与金融排斥相对的概念,一经提出便引起了国际组织、各国政府及各界学者的广泛关注。2006年联合国出版的"建设普惠金融体系"蓝皮书指出,各发展中国家应在健全的法律和监管框架下构建完善的普惠金融组织体系,为弱势群体提供全面的金融产品和服务。普惠金融的内涵已逐步从最初的推广小额信贷延伸至构建一个完善、惠及所有人的金融体系(Leeladhar,2006)。我国于2006年首次引入普惠金融理念,只有将包括穷人在内的金融服务有机地融于微观、中观、宏观金融体系,才能使过去遭受金融排斥的大规模客户群体受益(杜晓山,2006)。随后,各学者从普惠金融的起源、性质及发展目标等不同角度对其进行内涵界定(李明贤等,2012;吴国华,2013;郑中华等,2014;郭田勇等,2015;王颖等,2016)。

目前我国对于普惠金融的理论研究框架较为模糊且尚未统一。为了衡量各地区普惠金融发展水平,世界银行、国际货币基金组织(IMF)、金融包容联盟(AFI)以及金融包容全球合作伙伴组织(GPFT)等国际组织构建了一系列普惠金融评价指标体系。我国学界对普惠金融发展水平评价指标体系的确定仍存在较大争议。部分学者主要参照贝克等(Beck等,2007)和萨尔马(Sarma,2010)等学者从普惠金融渗透性、可得性和使用情况等维度运用降维的方法构建我国普惠金融发展评价指标体系(王婧等,2013;徐敏等,2014;蔡洋萍,2015;杜强等,2016)。还有学者从金融服务的实际使用情况和金融服务的地理覆盖情况两个方面来反映普惠金融状况(李涛等,2016)。此后,为了解决传统主观确权法对计算结果产生的偏误,张珩等(2017)运用 Cov-AHP 方法确定普惠金融各指标权重并借助 Oaxaca-Blinder 分解方法构建农村普惠金融发展评价体系。随着互联网金融的不断发展,数字技术与经济学的联系日益密切,文本挖掘法被引入普惠金融指标体系的确定与测算中(张正平等,2017)。

　　已有文献对普惠金融发展水平影响因素的研究不多。通过国际比较发现,市场化程度较低且国有银行占比较高的国家,贫困人群通常难以获得金融服务(Beck 等,2007)。从经济发展的角度来看、金融发展程度、劳动力水平和收入差距是影响普惠金融发展的重要因素(Anderloni 和 Vandone,2010);从政府干预的角度来看,政府政策激励和基础设施建设显著影响一国普惠金融发展水平(Priyadarshee,2010)。除此之外,顶层设计和信用制度的欠缺也是重要的影响因素之一(董晓林等,2012)。还有学者从农村信用社这一微观视角出发,研究发现投资环境、产业结构、竞争环境等因素对农信社普惠金融总体服务水平具有显著影响(张珩等,2017)。金融市场的不完善会使缺乏抵押品的低收入人群和小微企业面临突出的融资约束,普惠金融的发展能在较大程度上降低低收入人群和小微企业的流动性约束问题(King 和 Levine,1993;Honohan 和 Stiglitz,2004),通过扩大金融体系的覆盖范围、提高资源配置效率,从而促进经济增长。

　　总体来看,已有研究仍存在以下不足。一是在研究内容上,关于普惠金融发展水平的研究较多集中在其影响因素及对经济增长的作用上,而较少关注普惠金融对社会公平及和谐的作用。二是在普惠金融指标体系的构建上,已有文献多采用受个人偏好影响的传统主观方法来确定各指标权重,且鲜有学者从普惠金融可持续性角度确定普惠金融评价指标体系,这难以体现普惠金融减贫和可持续发展的双重任务,从而无法准确衡量各地区普惠金融发展水平。三是在研究方法上,现有文献主要采用传统计量模型考察普惠金融的影响因素或是其对经济增长的影响,传统计量模型遵循样本间相互独立的假设,而没有将区域间的空间相关性纳入其中,从而可能导致计量结果的有偏,而空间计量经济学则将空间关系以空间权重的形式引入模型的设置中,更合理地刻画其他区域普惠金融的发展对贫困减缓的影响。鉴于此,本章基于新经济地理学的理论基础,研究普惠金融发展水平与贫困减缓的作用,运用因子分析法从普惠金融渗透性、普惠金融效用性和普惠金融可持续性三个维度构建普惠金融评价指标体系,从而测量我国 31 个省份普惠金融发展水平。利用省份之间的邻接性构建空间权重矩阵,采用空间 Durbin 模型考察普惠金融发展水平对贫困减缓的直接影响与空间溢出效应。

第三节　普惠金融评价指标体系的构建

借鉴现有学者对普惠金融评价指标体系构建的研究成果,本章结合普惠金融的理论内涵与现实意义,从普惠金融渗透性、普惠金融效用性、普惠金融可持续性三个维度来衡量普惠金融发展水平,同时,为避免传统方法对评价指标权重的主观臆断和个人偏好影响,本章运用主成分因子分析法对我国 31 个省份 2006—2015 年普惠金融发展水平进行测算,利用降维的思想找出公因子,以各公因子的方差贡献率在累计方差贡献率的占比为权重,由此计算综合因子得分从而得出各省各年份普惠金融指数。本章普惠金融评价指标体系中各变量所使用的数据均来源于相应年份的《中国金融年鉴》、《中国统计年鉴》、各省统计年鉴及国家统计局、中国人民银行、中国银行保险监督管理委员会、中国证券监督管理委员会等部门官方网站。

一、普惠金融评价指标体系的内容

(一)普惠金融渗透性

该维度衡量了普惠金融发展的深度与广度,普惠金融的主要目标在于将金融服务覆盖到传统金融机构无法触及的低端客户甚至是贫困人群中,鉴于此,本章选择每万平方千米银行机构网点数、每万人拥有的银行

机构网点数、每万人拥有的银行机构从业人员数以及每万平方千米拥有的银行机构从业人员数四个变量来表示银行机构普惠金融的渗透性。

（二）普惠金融效用性

该维度体现银行作为支持普惠金融发展的主要金融主体对经济发展及城乡居民福祉的贡献程度，因此，本章选取人均贷款余额、人均存款余额、各项贷款余额与当地生产总值之比、各项存款余额与当地生产总值之比四个变量反映普惠金融效用性。

（三）普惠金融可持续性

普惠金融发展的核心理念在于可持续性，在金融机构可持续发展的基础上践行金融服务的"普"与"惠"，因此本章选取商业银行不良贷款率变量衡量普惠金融可持续性。各变量含义及其描述性统计详见表 16-1。

表 16-1　普惠金融评价指标体系构建及其描述性统计

指标维度		具体变量	符号	均值	标准差
普惠金融发展水平	普惠金融渗透性（P）	每万平方千米银行机构网点数	P_1	527.13	930.561
		每万人拥有的银行机构网点数	P_2	1.62	1.70
		每万人拥有的银行机构从业人员数	P_3	39.92	27.83
		每万平方千米拥有的银行机构从业人员数	P_4	28747.50	77104.40
	普惠金融效用性（U）	人均贷款余额	U_1	4.19	4.10
		人均存款余额	U_2	2.43	1.82
		各项贷款余额与当地生产总值之比	U_3	1.10	0.39
		各项存款余额与当地生产总值之比	U_4	1.61	0.70
	普惠金融可持续性（S）	商业银行不良贷款率	S_1	0.76	0.55

二、普惠金融指数的计算

本章运用主成分因子分析法对我国 31 个省份 2006—2015 年普惠金融发展水平进行测算。因子分析法由查尔斯·斯皮尔曼（Charles

Spearman,1904)提出,其核心思想在于降维,通过众多指标数据中的内在关联探索数据的基本结构,将原始多维变量指标进行重组从而找出公因子,利用公因子的方差贡献率,在累计方差贡献率的比重作为权重乘以由软件计算出的相应因子得分后,加和得到本省当年的普惠金融发展指数。由于文章篇幅所限,本章仅以 2006 年我国各省份普惠金融指数测算具体过程为例。2007—2015 年各省份普惠金融指数由相同方法分别计算得出。具体过程如下。

(一)因子分析法检验

本章选择常用检测方法 Bartlett 球形检验与 KMO 检验对数据是否适合因子分析法进行检验。Bartlett 球形检验基于各变量指标的相关系数矩阵,其原假设为各变量指标间的相关系数矩阵为单位阵,若在 5% 的置信水平下不能拒绝原假设,则说明各变量指标间的相关系数较小,不适宜因子分析法。KMO 检验与 Bartlett 球形检验类似,通过对变量指标间的相关系数和偏相关系数比较,若各变量相关性小,则偏相关系数大于相关系数,KMO 测度则越小,KMO 检验值小于 0.5 则不适宜进行因子分析。运用 Stata 13.0 统计软件,本章得到 2006 年 31 个省份 KMO 检验结果为 0.6327,Bartlett 球形检验在 1% 置信水平下拒绝原假设,如表 16-2 所示,2007—2015 年均通过相关检验,足以说明使用因子分析法的合理性与必要性。

表 16-2　2006 年各省份数据 Bartlett 球形检验和 KMO 检验结果

检验方法	检验值	
KMO 检验	—	0.6327
Bartlett 球形检验	卡方检验	378.676
	自由度	36
	p 值	0.000

(二)对数据进行同向化、标准化处理

考虑到不同性质数据对因子分析结果产生的逆向影响以及消除量纲对指标的影响,本章首先对普惠金融评级指标体系中所需数据进行同向

化及标准化处理。对于不同性质数据的问题，由于反映普惠金融可持续性维度的变量"商业银行不良贷款率"与普惠金融指数呈逆向关系，因此在衡量地区普惠金融发展程度时本章对"商业银行不良贷款率"这一变量采取倒数处理。除此之外，为了消除量纲对指标的影响从而增强其可比性，本章采用"Z-score 标准化"对所需样本数据进行标准化处理。

（三）求解初始公因子及因子载荷矩阵

本章依据特征值大于 1 的标准，运用主成分分析方法提取公因子，根据 Stata 13.0 的计算结果，获得了特征值大于 1 的两个公因子，其累计贡献率为 80.26%，同时得到因子载荷矩阵。为了深入了解每个公因子的意义以便对实际问题作出科学分析，对因子载荷矩阵进行旋转，得到两个公因子各自方差贡献率在累计方差贡献率的比重作为权重，分别为 67.13% 和 13.13%。

（四）计算因子得分

在因子模型建立后，运用回归的思想计算两个公因子的因子得分，将两个公因子乘以权重加和，从而得到 2006 年各省份普惠金融指数。基于以上 4 个步骤，本章分别对我国 31 个省份 2006—2015 年的数据进行普惠金融发展指数的测算。

第四节　我国普惠金融发展对贫困减缓的实证分析

一、计量模型构建

由于我国普惠金融发展水平空间不平衡且贫困人口分布不均，普惠金融减贫效应会存在明显的地域差异，为了对前文普惠金融减贫效应的分析及理论假设佐以支撑，本章分别构建面板数据基础模型和空间模型从而用科学的实证分析加以验证。本章设定以下计量模型：

$$PR_{it} = a_0 + a_1 PUC_{it} + a_2 X_{it} + \mu_i + \lambda_t + \varepsilon_{it} \qquad (16-1)$$

式（16-1）中，PR_{it} 表示 t 年 i 省份的贫困率；PUC_{it} 是 t 年 i 省份的普

惠金融发展指数；X_{it} 代表模型中 t 年 i 省份的控制变量；a_0 为截距项；a_1 和 a_2 是待估参数；μ_i 和 λ_t 分别是空间固定效应和时间固定效应；ε_{it} 是随机扰动项。

就本章研究重点而言，需要考察其他区域普惠金融发展对本地区贫困减缓产生的影响，在空间估计过程中，除了被解释变量包含空间滞后之外，解释变量同样可能存在空间自相关问题或空间误差依赖性问题（Brueckner，1983），而空间 Durbin 模型的优点在于无论所考察的数据是空间滞后模型还是空间误差模型，包含空间滞后解释变量、被解释变量的空间 Durbin 模型在绝大多数情况下都能得到系数的无偏估计。因此，本章构建空间 Durbin 模型从而考察普惠金融减贫的空间溢出效应。具体形式如下：

$$Y = \lambda WY + X\beta + WX\delta + \varepsilon \tag{16-2}$$

式（16-2）中，Y 为被解释变量；X 为解释变量集合；β 为解释变量估计系数；λWY 为被解释变量的空间滞后项，λ 反映邻近地区 WY 对被解释变量 Y 的影响；$WX\delta$ 为解释变量的空间滞后项，δ 反映邻近地区 WX 对被解释变量 Y 的影响；ε 是模型的残差项，服从期望为 0、方差为 $\sigma2$ 的标准正态分布。需要另外说明的是，式（16-2）中 W 为二进制邻接空间权重矩阵，其为 31×31 的对称矩阵，该矩阵元素在省域单位相邻时取值为 1，不相邻时取值为 0，对角线元素均为 0，具体如式（16-3）所示。

$$W = \begin{cases} 1, & \text{当区域 } i \text{ 和区域 } j \text{ 相邻} \\ 0, & \text{当区域 } i \text{ 和区域 } j \text{ 不相邻} \end{cases} \tag{16-3}$$

二、数据来源、变量说明与数据平稳性检验

（一）数据来源与变量说明

本章构建了我国 31 个省份 2006—2015 年的面板数据集，数据来源于 2006—2015 年《中国统计年鉴》、各省统计年鉴及国家统计局、各省统计局以及民政部等政府部门官方网站。上述数据均由国家统计局及地方统计局编著，统计口径一致，数据具有较高的权威性和可信度。

本章的研究目的在于从直接影响与空间溢出效应两个角度衡量普惠

金融对贫困减缓的作用,因此,本章的因变量为文章第三部分构建的体现普惠金融发展水平的普惠金融指数,自变量为各省份 2006—2015 年的贫困率。改革开放以来,我国贫困线标准在不断调整,2000 年贫困线标准为农村居民人均收入 625 元,2011 年提高至 2300 元,而社会资源的重新分配是解决贫困问题的最好体现,因此,为了确保各省份贫困率度量的精准性,本章借鉴肖挺(2016)对贫困率的设定,选取由民政部公布的各省份低保人数与各省份总人口数的比值作为贫困率的衡量指标,低保户的识别是根据各地区收入贫困指标而确定,因此基本能作为贫困的代理指标。

在控制变量中,影响贫困的因素还包括公共支出、产业结构、城镇化水平、消费水平及对外开放程度等方面,因此本章将其作为控制变量的选取依据。公共支出政策是政府致力于贫困减缓的重要政策工具,如何有效配置资源从而迅速减少贫困以实现发展成果由人民共享是建设社会主义和谐社会的基本要求(王娟等,2012),本章选取各省份地方公共财政支出占 GDP 的比重度量各省份公共支出的效率。产业结构对贫困问题的减缓有显著影响(单德朋,2012),因此本章选取各省份农业总产值占 GDP 的比重作为控制变量。除此之外,城镇化是工业化进程中的必然结果,主要表现为农业人口向非农人口的转变,城镇化通过推动区域经济增长从而达到减贫的效果,因此本章选取各省份城镇人口与总人口的比重作为城镇化水平的衡量指标。服务和商品的消费是人类福利的基本决定因素,消费在个体间的分布影响着包括贫困在内的许多重要问题,因此,本章将各省份人均消费额度作为衡量指标,并在回归模型中采取对数处理。最后,随着我国开放程度的不断提高,对外开放程度是一省份经济发展水平的重要体现,因此本章选取各省份出口额与 GDP 的比重来表示各省份对外开放程度。各变量含义与描述性统计如表 16-3 所示。

表 16-3　变量选取与描述性统计

分类	变量名称	符号	变量定义	样本量	均值	标准差
解释变量	普惠金融指数	PUC	依据普惠金融评价指标体系构建的指数	310	0.1965	0.2199

续表

分类	变量名称	符号	变量定义	样本量	均值	标准差
被解释变量	贫困率	PR	各省份低保人数占总人口的比重	310	0.0567	0.0345
控制变量	公共支出	PUB	各省份地方公共财政支出占GDP的比重	310	0.2452	0.1861
	产业结构	STR	各省份农业总产值占GDP的比重	310	0.0989	0.0503
	城镇化水平	URB	各省份城镇人口占总人口的比重	310	0.5143	0.1461
	消费水平	$COST$	各省份人均消费额(元)	310	12237.2	7392.64
	对外开放程度	EXP	各省份出口额占GDP的比重	310	0.1474	0.1634
矩阵	空间权重矩阵	W	根据我国31个省份地理位置构建的31×31区域矩阵,相邻的区域取值为1,否则为0	—	—	—

注:由于民政部公布的各省低保人数为季度数据,因此本章采用四个季度算数平均值对数据进行处理;由于海南省地理位置的特殊性,在构建空间权重矩阵时本章假定其仅与广东省相邻。

(二)数据平稳性检验

数据的平稳性检验是面板数据进行计量分析的必要条件,只有满足平稳性要求时传统的计量分析方法才有效。最常见的数据平稳性检验方法是单位根检验,若存在单位根则可能导致自回归系数的估计值有偏、传统的 t 检验失效或者两个相互独立的单位根出现伪回归等问题。本章采用 LLC 检验法对数据是否存在单位根进行检验,该方法允许不同截距和时间趋势、异方差和高阶序列相关,且适合于中等维度的面板单位根检验(Levin 等,2002),其原假设为每个个体时间序列均含单位根。因此,本章运用 Stata 13.0 统计软件对各项指标进行 LLC 检验,结果如表 16-4 所示。

表 16-4　面板数据单位根 LLC 检验结果

变量	原序列	变量	原序列
PR	-18.5820^{***} (0.0000)	URB	-6.2167^{***} (0.0000)
PUC	-11.0788^{***} (0.0000)	$COST$	-8.4010^{***} (0.0000)

续表

变量	原序列	变量	原序列
PUB	−6.3846*** (0.0000)	EXP	−12.5042*** (0.0000)
STR	−4.8264*** (0.0000)	—	—

注:括号内为 p 值。

由表 16-4 可知,各变量 LLC 法检验结果偏差校正 t^* 统计量均为负数,p 值均为 0.0000,故强烈拒绝面板数据包含单位根的原假设。因此认为面板数据是平稳的。

三、实证分析

(一)空间相关性检验

在确定是否使用空间计量方法前,首先应考虑数据是否存在空间依赖性,即普惠金融发展水平空间相关性和贫困率空间相关性是否存在,若存在,方可使用空间计量方法。本章采用全局莫兰指数 I(Moran's I)检验普惠金融发展水平与贫困率的空间分布是否存在相关性,其计算公式为:

$$I = \frac{\sum_{i=1}^{n}\sum_{j=1}^{n}w_{ij}(x_i - \bar{x})(x_j - \bar{x})}{s^2\sum_{i=1}^{n}\sum_{j=1}^{n}w_{ij}} \tag{16-4}$$

在式(16-4)中,$s^2 = \sum_{i=1}^{n}(x_i - \bar{x})^2/n$ 为样本方差,w_{ij} 为空间权重矩阵的(i,j)元素,以度量区域 i 与区域 j 是否相邻。x_i 和 x_j 分别表示地区 i 和地区 j 普惠金融发展水平或贫困率的观测值。莫兰指数 I 的取值通常介于−1 到 1 之间,大于 0 表示目标区域存在空间正相关,小于 0 则表示目标区域存在空间负相关,若该指数接近于 0 则表明空间分布相互独立,不存在空间自相关。本章运用 Stata 13.0 统计软件对 2006—2015 年我国普惠金融发展水平空间相关性及贫困率空间相关性进行莫兰指数 I 检验,其结果如表 16-5 所示。

表 16-5　我国 31 个省份 2006—2015 年贫困率及
普惠金融发展水平全局莫兰指数 I 检验

年份	Moran's I		年份	Moran's I	
	贫困率	普惠金融发展水平		贫困率	普惠金融发展水平
2006	0. 502 ***	0. 118 *	2011	0. 484 ***	0. 141 *
2007	0. 545 ***	0. 129 *	2012	0. 487 ***	0. 128 *
2008	0. 593 ***	0. 114 *	2013	0. 499 ***	0. 116 *
2009	0. 573 ***	0. 163 **	2014	0. 503 ***	0. 131 *
2010	0. 511 ***	0. 138 *	2015	0. 463 ***	0. 125 *

注: *** 、** 、* 分别表示在 1%、5%、10%的水平上显著。

从检验结果可以得出,2006—2015 年普惠金融发展水平及贫困率的莫兰指数 I 均大于 0,且强烈拒绝"无空间自相关"的原假设,表明我国普惠金融发展水平和贫困率并非完全随机分布,都具有明显的空间相关性,具有较高普惠金融发展水平(或贫困率)的省份相互邻近、普惠金融发展水平(或贫困率)较低的省份相互邻近。因此,从空间维度对普惠金融减贫效应进行分析很有必要。

(二)计量检验结果

本章对 2006—2015 年我国 31 个省份面板数据进行计量检验和结果分析,首先在不考虑空间相关性的条件下对面板数据进行 Hausman 检验,从而判断应选择固定效应抑或随机效应。根据 Stata 13.0 统计软件的结果,Hausman 检验值为 43.69,且在 1%的显著性水平下拒绝原假设,因此,固定效应面板模型的估计方法更优。其结果如表 16-6 所示。

在空间计量模型的使用中,若仍采用普通最小二乘估计(OLS)将会导致计量结果有偏,而极大似然法(ML)能很好地解决此问题。因此本章采用 ML 估计方法对空间计量模型进行参数估计,结果如表 16-6 所示。通过主要解释变量的估计结果可以得出,固定效应面板模型与空间Durbin 模型结果一致,且模型拟合优度较高,进一步证实了空间计量模型的有效性。从实证结果可以看出,在固定效应面板模型与空间 Durbin 模型中,普惠金融指数分别在 1%和 5%水平下通过假设性检验,且系数为负,表明普惠金融发展对贫困减缓有显著的正向作用。普惠金融发展水平的空间滞后项系数在5%显著性水平下通过假设性检验,且符号为负,即周边地区普惠金融发展水平对本地区贫困减缓同样有显著作用。

在控制变量方面,从空间Durbin模型结果可以看出,公共支出和城镇化水平均在1%的显著性水平下拒绝原假设,存在显著的负相关关系,地方公共财政支出能有效缓解贫困,同时,城镇化水平存在显著的空间效应,而其他地区公共财政支出程度对本地区贫困减缓没有影响。地方政府财政扶贫资金的投入规模逐年增加,通过转移性支付等手段实现其基本职能,从提高贫困人群可得性收入角度完成减贫任务。但目前我国政府存在"地方本位"的现象,仅从地方保护和局部利益出发,割裂了区域间的联系和共同发展。此外,消费水平的增长能显著影响贫困,且本地区贫困减缓会从周边地区消费水平的增长中明显受益,在投资增长乏力、产能过剩较为严重、出口贸易陷入停滞的大背景下,消费水平的增长释放了巨大的经济潜力,对经济增长的拉动作用日益突出,因此消费水平表现出了显著的减贫效应和空间溢出效应。近年来,我国贫困地区农业产业劳动力不断向城市输出,农产品市场环境和产业结构发生变化,我国贫困人群多集中在农村偏远地区,在我国政府主导的产业发展中,"做大做强"服务业、发挥服务业最大的就业功能这一政策有明显的经济效益,因此农业产业占比对贫困减缓没有显著作用。同时,对外开放程度对各省份贫困减缓没有显著影响。

表 16-6　固定效应面板模型及空间 Durbin 模型估计结果

变　量	固定效应面板模型	空间 Durbin 模型
PUC	−0.0382 *** (−2.69)	−0.0277 ** (−1.98)
PUB	−0.1359 *** (−7.57)	−0.1388 *** (−8.61)
STR	−0.0410 (−0.60)	−0.0686 (−1.09)
URB	−0.2339 *** (−3.72)	−0.2299 *** (−3.90)

续表

变　量	固定效应面板模型	空间 Durbin 模型
ln*COST*	−0.1932*** （−2.79）	−0.3652** （−2.02）
EXP	−0.0266 （−0.14）	−0.0258 （−0.1）
W×*PUC*	—	−0.0313** （−2.02）
W×*PUB*	—	−0.7327 （−1.21）
W×*STR*	—	−2.0841 （−1.15）
W×*URB*	—	−3.8833** （−2.11）
W×ln*COST*	—	−1.1199*** （−4.53）
W×*EXP*	—	0.4572 （1.12）
Log*L*	—	977.0947
R^2	0.3643	0.6416
观测值	310	310

注：***、**、*分别表示在 1%、5%、10%的水平上显著，括号内为 *t* 值。

四、直接影响与空间溢出效应的测算及分析

当空间计量模型中存在空间滞后项时，回归系数不再简单反映解释变量对被解释变量的影响效应，而将总效应分解为直接效应和间接效应可以更好地描述变量之间的空间交互作用，从而进一步验证其空间溢出性的存在。运用这一方法使直接效应表示为解释变量对本地区造成的平均影响，间接效应为解释变量对其他地区造成的平均影响，总效应则为解释变量对所有地区造成的平均影响。勒萨热和佩斯（Lesage 和 Pace，2009）观察发现偏微分可以解释为不同模型设定中变量变化的影响，它可以作为检验是否存在空间溢出效应假设更为有效的基础。因此，本章通过偏微分方法进一步求解各效应的程度。将空间 Durbin 模型改为以

下矩阵形式：

$$Y = (I - \theta W)^{-1}(X\beta + WX\delta) + R \qquad (16-5)$$

其中，I 为单位向量，R 是包括截距和残差项的剩余项，对于时间上从单位 1 到 N 的第 k 个解释变量 X，其对应的 Y 的期望值的偏微分矩阵为：

$$\left[\frac{\partial E(Y)}{\partial x_{1k}} \cdot \frac{\partial E(Y)}{\partial X_{Nk}}\right] = (I - \theta W)^{-1}\begin{bmatrix} \beta_k & w_{12}\delta_k & \cdots & w_{1N}\delta_k \\ w_{21}\delta_k & \beta_k & \cdots & w_{2N}\delta_k \\ \cdots & \cdots & \cdots & \cdots \\ w_{N1}\delta_k & w_{N2}\delta_k & \cdots & \beta_k \end{bmatrix} \quad (16-6)$$

在式（16-6）中，最右侧矩阵的对角线元素均值度量了直接效应，间接效应亦称为溢出效应的概述性指标用该矩阵的非对角线元素的行或列的均值来度量。即被解释变量的直接效应为 β_k，相邻区域间接效应（溢出效应）的平均值为 $\sum_{i=1}^{N}\sum_{j=1}^{N} w_{ij}\delta_k/N$，$(i \neq j)$。由此可以计算出各变量对贫困的直接影响、空间溢出效应和总体效应，结果如表 16-7 所示。

表 16-7　空间 Durbin 模型的直接效应、间接效应和总效应

效应变量	直接效应	间接效应	总效应
PUC	−0.1281 *** (−5.7)	−0.0772 ** (−2.11)	−0.2054 *** (−5.41)
PUB	−1.2665 *** (−4.24)	−0.5816 (−0.77)	−0.6850 (−0.79)
STR	−0.7489 (−0.82)	−2.7881 (−1.23)	−3.5370 (−1.29)
URB	−4.4703 *** (−4.76)	−3.5898 (−1.48)	0.8805 (0.30)
lnCOST	0.3160 * (1.89)	−1.2762 *** (−4.24)	−0.9602 *** (−2.92)
EXP	−0.0015 (−0.01)	0.5513 (1.09)	0.5498 (0.88)

注：*** 、** 、* 分别表示在 1%、5%、10% 的水平上显著，括号内为 t 值。

本章主要关注普惠金融发展水平对于贫困减缓的影响机制，从表

16-7的结果可见,对于解释变量普惠金融发展水平而言,其对贫困的减缓有着显著为正的直接影响,其他区域的普惠金融发展水平与邻接关系共同作用,对贫困的减缓有着显著为正的空间溢出效应,同时,总效应也同样显著。具体而言,当地普惠金融发展水平每提高1%,贫困率减少约0.1281%,若其他区域普惠金融发展水平每提高1%,当地贫困率减少约0.0772%。因此,普惠金融的发展对于贫困的减缓不仅有时间上的正向作用,同时也具有空间上的辐射带动作用。在我国普惠金融发展十余年的进程中,受到了政府和学界的广泛关注。政府充分调动银行类金融机构和新型金融机构的主观能动性,引导其结合自身优势和特点,瞄准市场定位,不断完善我国金融市场结构、改善金融市场发展环境,努力提高金融的资源配置效率,提高贫困人群的自我发展能力,逐步构建政府、金融机构和个人共享的征信体系,这对于解决"金融沙漠化"、改善城乡二元经济结构,从而实现世界银行所倡导的农村金融覆盖面提高、贫困户福利水平改善和农村金融机构可持续发展目标具有重要意义。

第五节　普惠金融减贫的影响机制分析

在上述内容中,本章通过对普惠金融指数的测算同时利用空间Durbin模型从定量分析的角度实证检验了我国31个省份十年间普惠金融发展与贫困减缓之间的相关关系,并对其空间溢出效应进行测算分析。而对普惠金融和贫困减缓之间内在逻辑的探讨有助于从理论层面了解其内生性的关系,即普惠金融通过何种途径实现贫困减缓。普惠金融对减贫的效应主要从以下三个方面实现,从根本上解决低收入人群的贫困陷阱和恶性循环。

一、收入增长与减贫

目前我国农村金融市场金融排斥问题严重,贫困人群通常由于缺乏抵押品和自身认知偏差等因素被排除在金融市场之外,无法从正规金融机构获得融资以支持生产性经营活动,社会的绝大多数资源集中在高端金融市场,富者更富而穷者更穷,因而使贫困人群陷入贫困的恶性循环。普惠金融作为金融排斥的对立面,发展普惠金融通过增加银行物理网点(指具有全功能银行系统网点号并办理业务的网点)提高金融服务的可获得性和使用效率,将受到严重金融排斥的低收入人群纳入金融体系内,提高其信贷可得性,将资金流入农村市场,增加低收入人群的生产性经营收入,从而实现永久脱离贫困的目标。

二、经济增长与减贫

金融是现代经济运行的核心所在,金融部门通过资源的有效配置将资金输向最具生产力的领域。从微观层面来看,发展普惠金融通过提高金融账户的使用率促进经济社会生活的发展以提高个人消费、收入和投资水平,从而促进经济增长。从宏观层面来看,传统金融服务的非斥性导致收入差距现象严重,制约了经济的可持续发展,基于金融机构可持续性的普惠金融的发展有效提高了收入水平和机会的平等性,优化了金融市场的资源配置,促进金融发展和经济增长的良性循环,从而有效缓解贫困问题。

三、自有资本发展与减贫

脱贫致富的根本在于自身能力的提高,仅仅依靠政府的转移性支付无法实现脱贫的可持续性。人力资本和社会资本的发展有利于贫困者内生地提高自身可行能力,增强其社会生存能力和风险抵抗力。人力资本和社会资本是无形资本,普惠金融通过金融知识的普及和金融生态环境的改变提高贫困者的知识储备和生产技能,从而获得人力资本和社会资本的提高,增强自身的道德素质同时强化社会网络关系,使得贫困人群实现自身的可持续发展和"造血式"脱贫。

第六节　普惠金融减贫的政策建议

本章尝试从空间溢出视角出发,构建 2006—2015 年我国 31 个省份的空间面板数据集和空间邻接矩阵,运用因子分析法从普惠金融渗透性、普惠金融效用性和普惠金融可持续性三个维度确定普惠金融发展水平评价指标体系,计算普惠金融指数,采用空间 Durbin 模型分析并检验普惠金融发展水平对贫困减缓的影响,获得了丰富、完整的结果。估计结果表明,在控制了政府支出、产业结构、城镇化水平、消费水平和对外开放程度等因素之后,一个地区普惠金融发展水平对贫困减缓有显著的促进作用。同时,邻近城市的普惠金融发展水平具有显著的空间溢出效应。普惠金融不仅通过提高收入、促进经济增长、提高自有资本缓解贫困,而且还通过溢出效应显著降低周边城市的贫困率。因此,本章研究成果为我国普惠金融发展政策选择提供了一定的参考价值:第一,当前阶段普惠金融发展是促进贫困减缓的重要因素,各级地方政府应明确自身在普惠金融政策实施中的职能,避免对金融市场和金融机构的过度干预,努力提高金融市场的竞争力,为普惠金融发展提供良好的外部环境,提高金融资源的运用效率,进一步加快减贫的步伐。第二,普惠金融对于贫困的减缓具有明显的空间溢出效应,因此,缩短经济距离、打破经济分割具有重要意义,地方政府应打破原有"本位主义"的执政理念,加强区域间的经济合作和联系,发展资源和人才共享的城市群,因地制宜地发展经济,充分发挥空间合理分布的溢出效应,从而实现脱贫攻坚与乡村振兴的有机衔接。

结语　普惠金融的未来发展

　　普惠金融是指以可以负担的成本为有金融服务需求的社会各阶层和群体提供适当、有效的金融服务。"普"是指人人可得,"惠"是指惠及百姓。党中央、国务院高度重视发展普惠金融,提出普惠金融,目的是要服务实体、精准扶贫。构建普惠金融体系,是提升金融服务覆盖广度、增强服务实体经济能力的题中应有之义。我国金融二元结构根深蒂固,大量小微企业、贫困人口游离于传统大型金融机构金融服务范围之外。或因无利可图,或因风险不可期,"大机构"不愿做"小生意",客观上未能对有金融需求的客户实现服务全覆盖,服务实体仍存短板。从客户主体方面看,小微企业、农业人口等难以获得金融服务的客户恰恰又是最需要资金支持的群体。这些"金融弱势群体"跨不过信用审查的门槛,无力承担金融服务的成本,因贫不得贷,无贷更加贫。习近平总书记提出"要建设普惠金融体系,加强对小微企业、'三农'和偏远地区的金融服务,推进金融精准扶贫",李克强总理再次强调普惠金融要"大力支持小微企业、'三农'和精准脱贫等经济社会发展薄弱环节,着力解决融资难融资贵问题",可见,普惠金融的服务群体主要是小微企业、"三农"、城镇低收入人群等。

　　我国土地辽阔、人口众多,地区资源不均衡,加之政策差异、体制机制等众多因素,导致区域发展不平衡,造成了我国现有的突出的城乡"二元"经济结构,传统金融的嫌贫爱富导致农村地区金融供给贫乏,金融需求难以有效满足,普惠金融应运而生。普惠金融对农村地区发展有其优势和必要性。一是以金融资源供给促进贫困地区经济发展。根据戈尔史密斯(Goldsmith)和帕特里克(Patrick)的金融发展理论,经济欠发达的国家和地区通常采用金融优先的金融资源供给带动政策,以刺激储蓄和投资,能够对经济发展起到较明显的促进作用。贫困地区经济发展落后,通过金融扶贫,增加金融资源的投放力度,加大金融基础设施建设,可以助力提高贫困地区金融发展水平,促进贫困地区经济发展。二是以金融资源配置带动不发达地区产业发展。金融扶贫通过发挥金融资源配置的核心作用,发挥金融资本的杠杆作用,以产业帮扶为重点,以资金带动产业发展,完善落后地区产业链,培育贫困地区有前景的企业,拉动农村地区人口就业。通过促进产业发展这一实现农村发展的根本之策,带动农村就业,带动致富,实现短期快速发展和长效稳定致富的有机统一。三是以金融机构履行社会责任促进社会更加和谐。助力农村地区发展是金融机构履行社会责任、承担经济社会发展义务的具体体现。履行社会责任、遵守契约精神不仅是应有之义,更是促进社会财富合理配置的有效途径。以金融资源助力脱贫攻坚,是金融机构参与促进乡村振兴、构建和谐社会的必然要求。

普惠金融的未来一定是根植于小微企业、"三农"等大中型金融机构无法触及的长尾客户群体中。普惠金融起始于小额信贷,在我国快速发展得益于近些年国家大力推进脱贫攻坚战略,不少农村金融机构尤其是农村商业银行在脱贫攻坚战略中起到了关键作用,当下我国脱贫攻坚基本完成,但是乡村振兴战略工作任务任重道远,农业、农村、农民的"三农"工作是仍是长期持续的,农村金融机构在此过程中仍大有可为,进一步提高普惠金融助力实现乡村的可持续发展,增强农村地区经济发展活力,为解决相对贫困和实现乡村振兴发挥金融资源的优势作用,国家和农村金融机构需要共同构建普惠金融助力脱贫攻坚和乡村振兴的长效机制。

一、加强金融基础设施建设

第一,扩大金融基础设施覆盖面,普遍惠及广大农村地区和欠发达地区。第二,推动农村金融机构的数字化转型,建立多层次、广覆盖的农村金融服务体系。近年来,有关部门加大了对贫困地区、农村地区网络通信基础设施建设力度,农村智能化手机的普及率已经很高,农民对数字化服务的接受程度越来越高。应当发挥数字技术在提高效率、降低成本、扩展服务范围和深度方面的巨大潜力,让更多原本无法享受传统金融服务的农村中低收入群体可以得到更加方便快捷、经济实惠的服务。第三,加强金融知识普及教育。帮助农村地区群众、干部树立正确的金融理念,强化金融安全意识。帮助农村地区农户、小微企业了解金融扶贫和助推乡村振兴的措施和工具,宣传介绍金融扶贫和助力乡村振兴的成功经验,促进农户积极主动利用多种金融支持工具满足其生产发展的资金需求。进一步加强风险意识和信用意识,优化农村地区金融生态和信用环境。

二、加强信用体系建设

第一,完善农村地区信用评价体系,加快建立农户信用信息数据库,充分利用大数据、人工智能及时更新信息,实现动态化管理,解决金融精准扶贫工作中信息不对称问题,降低银行信贷调查成本,增加信贷扶贫工具风险与收益的匹配,提升商业银行和小贷公司持续开展扶贫事业的内在动力。第二,建立完善信用信息整合机制。打破信息壁垒,整合农业农村、市场监管、税务、国土等部门和金融机构的涉农信用信息。促进农村经济和社会管理发展。第三,深度融入社会治理,实施"信用+信贷""信用+社会管理"等工作机制,构筑"金融+乡村治理"的普惠金融深度参与乡村治理新模式。

三、完善相关制度和政策

第一,支持大中型商业银行发展普惠型涉农金融服务,在内部资金转移定价、考核激励制度等方面予以政策倾斜,形成专业化助力脱贫攻坚和服务乡村振兴的金融服务供给机制。提高对农村地区不良贷款的容忍度,完善尽职免责制度,激励金融机构一线人员参与乡村振兴工作的积极性。第二,完善农村产权制度体系。加快农村产权的确权,推动农村产权抵押制度改革。完善法律顶层设计,研究建立农村产权评估机制、处置机制、仲裁机制及相关配套措施。

四、推动金融产品创新

建立和推出符合市场机制的金融产品。加强金融各部门协作,合力开发金融扶贫产品,发挥行业联动效应,引导资金、人才、技术流向农村地区。第一,结合农户信贷需求特点,创新机制,提供与农户生产周期匹配、信用抵质押方式灵活的信贷产品。第二,创新资本市场参与扶贫的方式方法,吸引金融行业资金广泛参与乡村振兴工作,推动乡村振兴资金多渠道多样化投入,促进农村地区产业优化升级。第三,发掘农村地区资源优势,开发有针对性的期货品种,通过市场机制延长产业链,扶持产业发展。

五、建立风险分担机制

进一步促进和加强银行与担保公司、保险公司等机构的合作,加强保险与期货的合作,建立全方位、多层次的风险防范补偿机制。第一,加大"保险+信贷"融合,合理定位各金融主体的市场职能,有效推动保险化解涉农贷款中的各类风险,推动银行、保险在农村金融的普惠定位,形成有效防控金融风险、分散金融风险的分担机制。第二,扩大"保险+期货"覆盖面,推广农产品风险补偿机制。第三,研究发挥农业信贷担保机制和国家融资担保基金的作用,缓解借款主体因缺少抵质押物所造成的融资困境。加大银保合作,配套完善农业保险,扩大保险范围,并通过费用补贴、保费补贴等,支持和鼓励农户进行参保。引入保证保险制度,有效分担乡村振兴领域的金融风险,提高金融参与乡村振兴的可持续发展能力。

参 考 文 献

[1]白永秀、马小勇:《农户个体特征对信贷约束的影响:来自陕西的经验证据》,《中国软科学》2010年第9期。

[2]柏雪银、刘艳杰:《黑龙江省县域资金外流的金融途径及对策》,《黑龙江金融》2012年第11期。

[3]蔡昉:《城乡收入差距与制度变革的临界点》,《中国社会科学》2003年第5期。

[4]蔡丽艳、冯宪彬、丁蕊:《基于决策树的农户小额贷款信用评估模型研究》,《安徽农业科学》2011年第2期。

[5]曹子坚编著:《农村反贫困战略研究》,甘肃人民出版社2011年版。

[6]曾康霖、王长庚:《信用论》,中国金融出版社1993年版。

[7]曾志耕、何青、吴雨、尹志超:《金融知识与家庭投资组合多样性》,《经济学家》2015年第6期。

[8]陈彬:《信用制度能提高农户信贷获得吗?——来自农村金融调研数据的证据》,《湘潭大学学报(哲学社会科学版)》2016年第3期。

[9]陈福生、李婉丽:《外资银行进入对我国银行业效率的影响——基于商行2004—2010年面板数据的经验证据》,《投资研究》2012年第11期。

[10]陈强编著:《高级计量经济学及Stata应用》,高等教育出版社2010年版。

[11]陈伟光:《银行垄断及其市场势力研究》,《国际经贸探索》2007年第2期。

[12]陈锡文:《资源配置与中国农村发展》,《中国农村经济》2004年第1期。

[13]陈尧:《村落家族文化与当代中国现代化——〈当代中国村落家族文化〉评介》,《社会科学》2000年第4期。

[14]陈宗胜、沈扬扬、周云波:《中国农村贫困状况的绝对与相对变动——兼论相对贫困线的设定》,《管理世界》2013年第1期。

[15]陈宗胜、于涛:《中国城镇贫困线、贫困率及存在的问题》,《经济社会体制比较》2017年第6期。

[16]程民选:《信用的经济学分析》,中国社会科学出版社2010年版。

[17] 程郁、罗丹：《信贷约束下农户的创业选择——基于中国农户调查的实证分析》，《中国农村经济》2009 年第 11 期。

[18] 单德朋：《教育效能和结构对西部地区贫困减缓的影响研究》，《中国人口科学》2012 年第 5 期。

[19] 邓富辉、吴斌：《对欠发达地区金融资金外流与信贷收缩的思考——贵州省黔南州个案》，《西南金融》2006 年第 11 期。

[20] 邓国胜：《政府与 NGO 的关系：改革的方向与路径》，《中国行政管理》2010 年第 4 期。

[21] 董晓林、高瑾：《小额贷款公司的运营效率及其影响因素——基于江苏 227 家农村小额贷款公司的实证分析》，《审计与经济研究》2014 年第 1 期。

[22] 杜晓山：《小额信贷的发展与普惠性金融体系框架》，《中国农村经济》2006 年第 8 期。

[23] 费孝通：《江村经济》，上海人民出版社 2006 年版。

[24] [美] 弗兰西斯·福山：《信任——社会道德与繁荣的创造》，李宛蓉译，远方出版社 1998 年版。

[25] 傅鹏、张鹏：《农村金融发展减贫的门槛效应与区域差异——来自中国的经验数据》，《当代财经》2016 年第 6 期。

[26] 高连水：《什么因素在多大程度上影响了居民地区收入差距水平？——基于 1987—2005 年省际面板数据的分析》，《数量经济技术经济研究》2011 年第 1 期。

[27] 高沛星、王修华：《我国农村金融排斥的区域差异与影响因素——基于省际数据的实证分析》，《农业技术经济》2011 年第 4 期。

[28] 高帅：《社会地位、收入与多维贫困的动态演变——基于能力剥夺视角的分析》，《上海财经大学学报》2015 年第 3 期。

[29] 郭田勇、丁潇：《普惠金融的国际比较研究——基于银行服务的视角》，《国际金融研究》2015 年第 2 期。

[30] 何剑伟：《小额信贷商业化中的目标偏移——一个理论模型及西部小额贷款公司的经验研究》，《当代经济科学》2012 年第 4 期。

[31] 洪玫：《金融创新的社会信用环境》，社会科学文献出版社 2011 年版。

[32] 胡必亮：《村庄信任与标会》，《经济研究》2004 年第 10 期。

[33] 胡金焱、姜斐然：《小额贷款公司的目标偏移：鲁省个案》，《改革》2015 年第 11 期。

[34] 胡振、臧日宏：《金融素养对家庭理财规划影响研究——中国城镇家庭的微观证据》，《中央财经大学学报》2017 年第 2 期。

[35] 胡宗义、袁亮、刘亦文：《中国农村金融排斥的省际差异及其影响因素》，《山西财经大学学报》2012 年第 8 期。

[36]胡宗义、罗柳丹:《小额信贷缓减农村贫困的效用研究——基于面板模型的分析》,《财经理论与实践》2016年第3期。

[37]湖南大学信用研究中心主编:《湖南省信用环境评价》,湖南大学出版社2010年版。

[38]黄惠春、褚保金:《县域农村金融市场结构与绩效研究》,科学出版社2012年版。

[39]黄晓红:《农户借贷中的声誉作用机制研究》,浙江大学2009年博士学位论文。

[40][美]黄宗智:《华北的小农经济与社会变迁》,中华书局1986年版。

[41]李明贤、叶慧敏:《普惠金融与小额信贷的比较研究》,《农业经济问题》2012年第9期。

[42]李实:《中国农村劳动力流动与收入增长和分配》,《中国社会科学》1999年第2期。

[43]李似鸿:《金融需求、金融供给与乡村自治——基于贫困地区农户金融行为的考察与分析》,《管理世界》2010年第1期。

[44]李涛、王志芳、王海港、谭松涛:《中国城市居民的金融受排斥状况研究》,《经济研究》2010年第7期。

[45]李宪印:《城市化、经济增长与城乡收入差距》,《农业技术经济》2011年第8期。

[46]李永友、沈坤荣:《财政支出结构、相对贫困与经济增长》,《管理世界》2007年第11期。

[47]李长生、张文棋:《信贷约束对农户收入的影响——基于分位数回归的分析》,《农业技术经济》2015年第8期。

[48]李正波、高杰、崔卫杰:《农村信用社农户贷款的信用风险评价研究》,《北京电子科技学院学报》2006年第1期。

[49]刘生龙、李军:《健康、劳动参与及中国农村老年贫困》,《中国农村经济》2012年第1期。

[50]刘西川、程恩江:《贫困地区农户的正规信贷约束:基于配给机制的经验考察》,《中国农村经济》2009年第6期。

[51]刘锡良、刘利红、刘海二:《农信社股份制改革绩效评价:农商行案例分析》,《财经科学》2013年第8期。

[52]刘渝琳、白艳兰:《金融深化影响城乡居民收入差距的作用机制分析》,《第十一届中国管理科学学术年会论文集》2009年10月。

[53]刘志友、孟德锋、杨爱军:《金融发展、支农目标与微型金融机构的成本效率——以江苏省小额贷款公司为例》,《财贸经济》2012年第8期。

［54］马九杰:《农村金融风险管理与信贷约束问题研究》,中国经济出版社 2004 年版。

［55］彭克强、刘锡良:《农民增收、正规信贷可得性与非农创业》,《管理世界》2016 年第 7 期。

［56］高昌淼:《关于农户信用、农户融资与农村信用体系建设情况的调查——基于宿州市案例研究》,《金融纵横》2012 年第 2 期。

［57］石新中:《论信用概念的历史演进》,《北京大学学报(哲学社会科学版)》2007 年第 6 期。

［58］石智雷、杨云彦:《外出务工对农村劳动力能力发展的影响及政策含义》,《管理世界》2011 年第 12 期。

［59］孙同全、董翀、陈方、韩磊等:《中国农户家庭资产负债表与农村普惠金融建设》,中国社会科学出版社 2017 年版。

［60］唐柳洁:《微型金融机构使命偏移研究》,《华东经济管理》2012 年第 6 期。

［61］田青:《小额贷款公司的目标偏离与矫正——基于效率视角的研究》,《金融论坛》2017 年第 1 期。

［62］王春超、叶琴:《中国农民工多维贫困的演进——基于收入与教育维度的考察》,《经济研究》2014 年第 12 期。

［63］王德文:《中国经济增长能消除收入差距吗?》,《经济社会体制比较》2005 年第 4 期。

［64］王婧、胡国晖:《中国普惠金融的发展评价及影响因素分析》,《金融论坛》2013 年第 6 期。

［65］王娟、张克中:《公共支出结构与农村减贫——基于省级面板数据的证据》,《中国农村经济》2012 年第 1 期。

［66］王曙光、高连水:《农行之道——大型商业银行支农战略与创新》,中国发展出版社 2014 年版。

［67］王曙光、王丹莉:《边际改革、制度创新与现代农村金融制度构建(1978—2008)》,《财贸经济》2008 年第 12 期。

［68］王曙光:《中国的贫困与反贫困》,《农村经济》2011 年第 3 期。

［69］王曙光、李冰冰:《农村金融负投资与农村经济增长——库兹涅茨效应的经验验证与矫正框架》,《财贸经济》2013 年第 2 期。

［70］王树娟、霍学喜、何学松:《农村信用社农户信用综合评价模型》,《财贸研究》2005 年第 5 期。

［71］王修华、马柯、王翔:《关于我国金融排斥状况的评价》,《理论探索》2009 年第 5 期。

［72］王修华、邱兆祥:《农村金融发展对城乡收入差距的影响机理与实证研究》,

《经济学动态》2011 年第 2 期。

[73]王颖、曾康霖：《论普惠：普惠金融的经济伦理本质与史学简析》，《金融研究》2016 年第 2 期。

[74]王正位、邓颖惠、廖理：《知识改变命运：金融知识与微观收入流动性》，《金融研究》2016 年第 12 期。

[75]温涛、冉光和、熊德平：《中国金融发展与农民收入增长》，《经济研究》2005 年第 9 期。

[76]温铁军：《农户信用与民间借贷研究：农户信用与民间借贷课题主报告》，中经网 50 人论坛。

[77]温忠麟、张雷、侯杰泰：《中介效应检验程序及其应用》，《心理学报》2004 年第 5 期。

[78]董晓林、徐虹：《我国农村金融排斥影响因素的实证分析——基于县域金融机构网点分布的视角》，《金融研究》2012 年第 9 期。

[79]吴海兵、林婷：《特殊信任主义条件下的中国农村信用研究》，《金融与经济》2006 年第 1 期。

[80]吴雨、彭嫦燕、尹志超：《金融知识、财富积累和家庭资产结构》，《当代经济科学》2016 年第 4 期。

[81]肖挺：《地区贫困、创新潜力与经济增长——基于中国省级面板数据的分析》，《财经研究》2016 年第 2 期。

[82]谢婷婷、郭艳芳：《西部少数民族地区非正规金融减贫效应研究——以新疆为例》，《中央民族大学学报（哲学社会科学版）》2015 年第 5 期。

[83]邢春冰：《分位回归、教育回报率与收入差距》，《统计研究》2008 年第 5 期。

[84]熊学萍：《农户金融信用度及其征信制度指向研究——基于湖北省 561 个农户数据》，《农业经济问题》2009 年第 8 期。

[85]徐超、宫兵：《农民创业是否降低了贫困脆弱性》，《现代财经（天津财经大学学报）》2017 年第 5 期。

[86]徐敏、张小林：《普惠制金融对城乡居民收入差距的影响》，《金融论坛》2014 年第 9 期。

[87]徐少君、金雪军：《农户金融排除的影响因素分析——以浙江省为例》，《中国农村经济》2009 年第 6 期。

[88]徐淑芳、彭馨漫：《微型金融机构使命偏移问题研究》，《经济学家》2013 年第 5 期。

[89]许圣道、田霖：《我国农村地区金融排斥研究》，《金融研究》2008 年第 7 期。

[90]许月丽、翟文杰：《农村金融补贴政策功能界定：市场失灵的弥补意味着什么?》，《金融研究》2015 年第 2 期。

[91][英]亚当·斯密:《道德情操论》,蒋自强等译,商务印书馆1997年版。

[92]尹希果、陈刚、程世骑:《中国金融发展与城乡收入差距关系的再检验——基于面板单位根和VAR模型的估计》,《当代经济科学》2007年第1期。

[93]尹志超、宋全云、吴雨:《金融知识、投资经验与家庭资产选择》,《经济研究》2014年第4期。

[94]余泉生、周亚虹:《信贷约束强度与农户福祉损失——基于中国农村金融调查截面数据的实证分析》,《中国农村经济》2014年第3期。

[95]张栋浩、尹志超:《金融普惠、风险应对与农村家庭贫困脆弱性》,《中国农村经济》2018年第4期。

[96]张杰:《农户、国家与中国农贷制度:一个长期视角》,《金融研究》2005年第2期。

[97]张立军、湛泳:《金融发展影响城乡收入差距的三大效应分析及其检验》,《数量经济技术经济研究》2006年第12期。

[98]张全红、周强:《中国多维贫困的测度及分解:1989—2009年》,《数量经济技术经济研究》2014年第6期。

[99]张三峰、卜茂亮、杨德才:《信用评级能缓解农户正规金融信贷配给吗?——基于全国10省农户借贷数据的经验研究》,《经济科学》2013年第2期。

[100]张颖慧、聂强:《基于分位数回归的小额信贷目标偏移研究》,《商业研究》2016年第1期。

[101]张正平、杨丹丹:《市场竞争、新型农村金融机构扩张与普惠金融发展——基于省级面板数据的检验与比较》,《中国农村经济》2017年第1期。

[102]章奇、刘明兴、陶然等:《中国的金融中介增长与城乡收入差距》,《中国金融学》2004年第1期。

[103]赵建斌:《普惠金融背景下我国小额贷款公司效率研究》,《金融理论与实践》2014年第6期。

[104]赵志耘、吕冰洋、郭庆旺、贾俊雪:《资本积累与技术进步的动态融合:中国经济增长的一个典型事实》,《经济研究》2007年第11期。

[105]郑中华、特日文:《中国三元金融结构与普惠金融体系建设》,《宏观经济研究》2014年第7期。

[106]中国农村金融学会编:《创新与改革:"'蓝海'战略与农业银行转型征文"优秀论文选集》,经济科学出版社2008年版。

[107]周广肃、谭华清、李力行:《外出务工经历有益于返乡农民工创业吗?》,《经济学(季刊)》2017年第2期。

[108]周孟亮:《我国小额信贷社会绩效评价指标设计研究》,《农村金融研究》2011年第2期。

［109］周小斌、耿洁、李秉龙：《影响中国农户借贷需求的因素分析》，《中国农村经济》2004 年第 8 期。

［110］周云波：《城市化、城乡差距以及全国居民总体收入差距的变动——收入差距倒 U 形假说的实证检验》，《经济学（季刊）》2009 年第 4 期。

［111］周振、伍振军、孔祥智：《中国农村资金净流出的机理、规模与趋势：1978—2012 年》，《管理世界》2015 年第 1 期。

［112］朱喜、李子奈：《改革以来我国农村信贷的效率分析》，《管理世界》2006 年第 7 期。

［113］邹薇、方迎风：《关于中国贫困的动态多维度研究》，《中国人口科学》2011 年第 6 期。

［114］Abdulai A., Delgado C., "Determinants of Nonfarm Earnings of Farm-based Husbands and Wives in Northern Ghana", *American Journal of Agricultural Economics*, No.1, 1999.

［115］Acs Z., Audretsch D., "Entrepreneurship, Innovation and Technological Change", *Foundations and Trends in Entrepreneurship*, No.4, 2005.

［116］Alfaro L., S. Kalemli-Ozcan, V. Volosovych, "Why Doesn't Capital Flow from Rich to Poor Countries? An Empirical Investigation", *Review of Economics & Statistics*, No.2, 2004.

［117］Amaeshi K. M., Ezeoha A. E., Adi B. C., et al., "Financial Exclusion and Strategic Corporate Social Responsibility: A Missing Link in Sustainable Finance Discourse", *Research Paper Series*, 2007.

［118］Anderloni L., Vandone D., "Risk of Over Indebtedness and Behavioural Factors", *Departmental Working Papers*, 2010.

［119］Asli DemirgüçKunt, Maksimovic V., "Institutions, Financial Markets, and Firm Debt Maturity", *Journal of Financial Economics*, No.3, 1999.

［120］Atkinson, S. D. Mckay, H. Kempson, S. B. Collard, "Levels of Financial Capability in the UK: Results of a Baseline Survey", England: Financial Services Authority, 2006.

［121］Banerjee A., Newman A., "Occupational Choice and the Process of Development", *Journal of Political Economy*, No.2, 1993.

［122］Basker E., "Job Creation or Destruction? Labor Market Effects of Wal-Mart Expansion", *Review of Economics & Statistics*, No.1, 2006.

［123］Beck T., Demirguc-Kunt A., Peria M. S. M., "Reaching Out: Access to and Use of Banking Services Across Countries", *Journal of Financial Economics*, No.1, 2007.

［124］Brueckner J. K., Fansler D. A., "The Economics of Urban Sprawl: Theory and

Evidence on the Spatial Sizes of Cities", *Review of Economics & Statistics*, No.3,1983.

[125] Campbell J. Y., "Household Finance", *Journal of Finance*, No.3,2006.

[126] Campbell J. Y., "Restoring Rational Choice: The Challenge of Consumer Financial Regulation", *Social Science Electronic Publishing*, No.5,2016.

[127] Carlos Serrano-Cinca, Begoña Gutiérrez-Nieto, "Microfinance, the Long Tail and Mission Drift", *International Business Review*, 2013.

[128] Chaudhuri S., Jalan J., Suryahadi A., "Assessing Household Vulnerability to Poverty from Cross-sectional Data: A Methodology and Estimates from Indonesia", *Department of Economics*, No.2,2002.

[129] Chowa G., D. Ansong, M. R. Despard, "Financial Capabilities: Multilevel Modeling of the Impact of Internal and External Capabilities of Rural Households", *Social Work Research*, No.1,2014.

[130] Costa G., Machado A., Amaral P., "Vulnerability to Poverty in Brazilian Municipalities in 2000 and 2010: A Multidimensional Approach", *Economia*, No.1,2018.

[131] D. J. Poirier, "Partial Observability in Bivariate Probit Models", *Journal of Econometrics*, No.2,1980.

[132] Dennis T. Yang, "Urban-Biased Policies and Rising Income Inequality in China", *American Economic Review*, No.2,1999.

[133] Despard M.R., G.Chowa, "Testing a Measurement Model of Financial Capability Among Youth in Ghana", *Journal of Consumer Affairs*, No.2,2014.

[134] E. Kempson, C. Whyley, *Kept Out or Opted Out? Understanding and Combating Financial Exclusion*, Bristol (Policy Press), 1999.

[135] Edward S. Shaw, *Financial Deepening in Economic Development*, New York: Oxford University Press, 1973.

[136] F. Iqbal, *The Demand and Supply of Funds Among Agricultural Households in India London: World Bank Publication*, John Hopkins University Press, 1986.

[137] Farhana Ferdousi, "Impact of Microfinance on Sustainable Enterneurship development", *Development Studies Research*, No.1,2015.

[138] Fismana R., Khannab T., "Is Trust A Historical Residue? Information Flows and Trust Levels", *Journal of Economic Behavior and Organization*, No.1,1999.

[139] Frank W.Agbola, Angelito Acupan, Amir Mahmood, "Does Microfinance Reduce Poverty? New Evidence from Northeastern Mindanao, the Philippines", *Journal of Rural Studies*, 2016.

[140] Fudenberg D., Tirole J., *Game Theory*, MIT Press, 1992.

[141] Fukuyama F., "*Trust: The Social Virtues & the Creation of Prosperity*", Diane

Pub Co.,2000.

[142]Gary S. Fields, Gyeongjoon Yoo, "Failing Labor Income Inequality in Korea's Economic Growth: Patterns and Under lying Causes", *Review of Income and Wealth*, No.2,2000.

[143] Gathergood J., J. Weber, "Financial Literacy, Present Bias and Alternative Mortgage Products", *Journal of Banking & Finance*, No.2,2015.

[144]Gaudecker H. M. V., "How Does Household Portfolio Diversification Vary with Financial Literacy and Financial Advice?" *Social Science Electronic Publishing*, No.2,2015.

[145] Glewwe P., Hall G., "Are Some Groups More Vulnerable to Macroeconomic Shocks than Others? Hypothesis Tests Based on Panel Data from Peru", *Journal of Development Economics*, No.1,1998.

[146]Huang J. K., S.Rozelle and H. L. Wang, "Fostering or Stripping Rural China: Modernizing Agriculture and Rural to Urban Capital Flows", *The Developing Economies*, *Institute of Developing Economies*, No.1,2006.

[147]Imai K.S., Gaiha R., Thapa G., et al., "Microfinance and Poverty—A Macro Perspective", *World Development*, No.8,2012.

[148]Imai K., Gaiha R., Thapa G., "Does Non-farm Sector Employment Reduce Rural Poverty and Vulnerability? Evidence from Vietnam and India", *Journal of Asian Economics*, No.36,2015.

[149]J. D. Foltz, "Credit Market Access and Profitability in Tunisian Agriculture", *Agricultural Economics*, No.3,2004.

[150]J.E.Stiglitz, A.Weiss, "Credit Rationing in Markets with Imperfect Information", *American Economic Review*, No.71,1981.

[151]J.Greenwood, B.Jovanovic, "Financial Development Growth, and the Distribution of Income", *Journal of Political Economy*, No.5,1990.

[152] J. Morduch, T. Sicular, "Rethinking Inequality Decomposition, with Evidence from Rural China", *The Economic Journal*, No.476,2002.

[153]J. Stiglitz, "Reflections on the Natural Rate Hypothesis", *Journal of Economic Perspectives*, No.1,1997.

[154] Johnson E., M. Sherraden, "From Financial Literacy to Financial Capability smong Youth", *Journal of Sociology & Social Welfare*, No.3,2007.

[155] Kempson E., "In or Out? Financial Exclusion: A Literature and Research Review", *University of Bristol*,2000.

[156]Knight J., Shi L., Quheng D., "Education and the Poverty Trap in Rural China: Closing the Trap", *Oxford Development Studies*, No.1,2010.

［157］Kushalakshi D.，Raghurama A.，"Rural Entrepreneurship：A Catalyst for Rural Development"，*International Journal of Science and Research*，No.8，2014.

［158］Leeladhar S. V.，"Taking Banking Services to the Common Man Financial Inclusion"，*Reserve Bank of India Working Papers*，2006.

［159］Leyshon N. Thrift，"Geographies of Financial Exclusion：Financial Abandonment in Britain and the United States"，*Transactions of the Institute of British Geographers*，No.3，1995.

［160］Lusardi A.，"Americans' Financial Capability"，*NBER Working Papers*，No.1203，2011.

［161］Lusardi A.，O. S. Mitchell，"Financial Literacy and Retirement Planning：New Evidence from the Rand American Life Panel"，*Social Science Electronic Publishing*，2007.

［162］Lv Gang，Yu Bulei，Chen Zhangqi，et al.，"The Analysis of Peasant Household's Credit Behavior"，*Procedia Computer Science*，No.9，2012.

［163］M. Lipton，"Migration from Rural Areas of Poor Countries：The Impact of Rural Productivity"，*Word Development*，No.1，1980.

［164］M. R. Cater，"Equilibrium Credit Rationing of Small Farm Agriculture"，*Journal of Development Economics*，No.1，1988.

［165］Marc J. Epstein，Kristi Yuthas，"Mission Impossible：Diffusion and Drift in the Microfinance Industry"，*Management and Policy Journal*，2010.

［166］Mayo E.，"Policy Responses to Financial Exclusion"，*Working Paper*，1997.

［167］Monticone C.，"How Much Does Wealth Matter in the Acquisition of Financial Literacy?"，*Journal of Consumer Affairs*，No.2，2010.

［168］P. B. Duong，Y. Izumidaa，"Rural Development Finance in Vietnam：A Microeconometric Analysis of Household Surveys"，*World Development*，No.2，2002.

［169］P. R. Rosenbaum，D. B. Rubin，"The Central Role of the Propensity Score in Observational Studies for Causal Effects"，*Biometrika*，No.1，1983.

［170］Pace R. K.，Lesage J. P.，"Omitted Variable Biases of OLS and Spatial Lag Models"，Germany：Progress in Spatial Analysis，2009.

［171］Paulson A.，Townsend R.，"Entrepreneurship and Financial Constraints in Thailand"，*Journal of Corporate Finance*，No.2，2004.

［172］Pritchett L.，Suryahadi A.，Sumarto S.，"Quantifying Vulnerability to Poverty：A Proposed Measure，with Application to Indonesia"，*World Bank Policy Research Working Paper*，No.3，2000.

［173］Priyadarshee A.，"Financial Inclusion and Social Protection：A Case for India Post"，*Competition & Change*，No.3-4，2010.

［174］R. Blundell, S. Bond, F. Windmeijer, "Estimation in Dynamic Panel Data Models: Improving on the Performance of the Standard GMM Estimator", *Emerald Group Publishing Limited*, No.15, 2001.

［175］R. Mitch Casselman, Linda M. Sama, "Microfinance, Mission Drift, and the Impact on the Base of the Pyramid: A Resource-Based Approach", *Business and Society Review*, No.4, 2013.

［176］Robert E. Lucas, "On the Mechanics of Economics Development", *Journal of Monetary Economics*, No.3, 1988.

［177］Ronald I. McKinnon, "Financial Deregulation and Integration in East Asia", *the National Bureau of Economic Research*, 1996.

［178］Ross Levine, "Financial Development and Economic Growth: Views and Agenda", *Journal of Economic Literature*, No.2, 1997.

［179］S. Claessens, E. Perotti, "Finance and Inequality: Channels and Evidence", *Journal of Comparative Economics*, No.4, 2007.

［180］Sarma M., "Index of Financial Inclusion", Indian Council for Research on International Economic Relations New Delhi Working Papers, 2010.

［181］Sen A. K., "Capabilities, Lists, and Public Reason: Continuing the Conversation", *Feminist Economics*, No.3, 2004.

［182］Sen A. K., *Development as Freedom*, Oxford University Press, 1999.

［183］Senay A., A. Mozumdar, "The Impact of Capital Market Imperfections On Investment-cash Flow Sensitivity", *Journal of Banking & Finance*, No.2, 2008.

［184］T. Beck, A. Demirguc-Kunt, R. Levine, "Finance Inequality and the Poor", *Journal of Economic Growth*, No.1, 2007.

［185］V. Galbis, "Financial Intermediation and Economic Growth in Less-Developed Countries: A Theoretical Approach", *Journal of Development Studies*, No.13, 1977.

［186］Wan G., "Accounting for Income Inequality in Rural China: A Regression-based Approach", *Economic Research Journal*, No.2, 2004.

［187］X. Zhang, K. H. Zhang, "How does Globalization Affect Regional Inequality within A Developing Country? Evidence from China", *Journal of Development Studies*, No.4, 2003.

［188］Xavier Giné, Dean Karlan, "Group Versus Individual Liability: Short and Long Term Evidence from Philippine Microcredit Lending Groups", *Journal of Development Economics*, 2014.

［189］Xiao J. J., C. Chen, F. Chen, "Consumer Financial Capability and Financial Satisfaction", *Social Indicators Research*, No.1, 2014.

后　记

　　本书是集体劳动的成果，是大家智慧的结晶，依托于国家自然科学基金项目"金融排斥背景下信用环境与中国农村商业银行可持续发展研究——基于湖南省实地调研数据"，在湘潭大学商业银行经营与管理研究所多届同学（含博士研究生、硕士研究生）的共同努力下，才使得此书得以顺利完成，所获的研究成果离不开每一个人的辛勤付出。

　　七年以来，我与博士研究生、硕士研究生们在全国各地开展了农村金融相关问题的实地调研，特别是对整个湖南省的调研，我们一直坚持着"看一看""听一听""想一想"的原则，去真正地感知和认识农村金融发展的难题。我们翻山越岭，走遍了山山水水，不仅对中部地区湖南省68家农村商业银行、农村合作银行、农村信用社等农村金融机构进行调研，甚至奔赴全国各大具有代表性的农村金融机构，如东部地区的浙江丽水、西部地区的四川成都等，通过发放问卷等多种形式，收集、了解大量关于农村金融的真实数据和状况，并对农村金融市场进行具体分析，为学术研究奠定了基础。我们甚至邀请中央电视台的记者，与我们一同走访农村，深入了解农户生产生活现状，感受到了湖南浏阳农商银行举足轻重的市场地位，湖南衡南农商银行和星沙农商银行的与众不同，更为重要的是，在这个过程中形成了我们对农村金融初步的数据，同时也让我们深入了解到了农村金融发展的现实问题与其制约因素，理论和实践也均证实了信用环境的改善是破解农村金融排斥难题和实现农商行可持续发展的关键，这有利于破解农村金融内生性难题，实现农村金融机构与贫困农户的共赢，更有利于实现世界银行倡导的农村金融覆盖面提高、贫困户福利水平改善和农村金融机构可持续发展三大目标。

值得欣慰的是,我们经过多年的努力,紧紧围绕党和国家急需的重大课题开展前瞻性的研究,收获了丰硕的科研成果。我指导的硕士研究生丁浩的学位论文《金融排斥与中国农户正规借款行为研究》和硕士研究生陈彬(与凌千千合著)的学位论文《我国农村金融排斥影响因素研究》均被评为湖南省优秀硕士学位论文,在 CSSCI 来源期刊发表了二十余篇农村金融相关文献,出版了 6 部著作,更值得一提的是,我们的研究成果得到了党和国家高度重视,这将是我们日后科研更加奋进的不竭动力。

从拟定本书的框架到不断地思索总结,直至本书的完成,我要感谢北京大学经济学院王曙光教授、湖南省银保监局黄向阳副局长、广东省张新副省长(原国家外汇管理局副局长)、上海农商银行湖南省村镇银行管理部戴克明主任、浏阳农商银行原董事长罗成林先生、中国人民银行长沙中心支行徐涌副行长、中国人民银行长沙中心支行征信处刘敏处长、湖南省农村信用联社前副主任陈治文先生、宁乡农商银行王进董事长、衡南农商银行邬小平董事长以及中央电视台记者冷冰先生,是这些在金融一线行业工作的专家为本书提供了宝贵的建议,让我受益颇丰。此外,我要感谢湘潭大学商业银行经营与管理研究所整个团队,感谢 2010 级至 2019 级所有的博士研究生和硕士研究生,没有大家的共同努力,就不会有本书的问世,请原谅我无法一一列出。

2018 年,在湘潭大学商业银行经营与管理研究所整个团队的努力下,我们又申请到了国家社会科学基金重点项目"村支两委在金融脱贫中的作用机制研究"。这将是一个新的起点和征程,任重而道远,我们定会继续保持对科研的热情和初心,保持坚定的信念和方向,准确把握国内外金融前沿动态和发展趋势,不断开拓进取,发掘科研创新能力,争取更加优异的成绩,为我国农村金融的可持续发展作出贡献。

我们要特别感谢人民出版社的郑海燕同志,是她的信任、鼓励和督促,才使得本书得以顺利出版。

最后,由于我们的水平和能力有限,书中不足之处在所难免,请读者和专家批评指正,在此深表感谢。

谭燕芝

2021 年 3 月于湘潭大学